ŒUVRES
COMPLÈTES
DE CONDILLAC.

TOME VII.

A PARIS,

Chez
{
GRATIOT, cul-de-sac Pecquay, rue des Blancs-Manteaux.
HOUEL, rue du Bacq, N°. 940.
GUILLAUME, rue de l'Eperon, N°. 12.
POUGIN, rue des Pères, N°. 61.
GIDE, place St.-Sulpice.
}

Et A STRASBOURG,
Chez LEVRAULT, libraire.

ŒUVRES
DE CONDILLAC,

Revues, corrigées par l'Auteur, imprimées sur ses manuscrits autographes, et augmentées de La Langue des Calculs, ouvrage posthume.

COURS D'ÉTUDES

POUR L'INSTRUCTION

D'U PRINCE DE PARME.

L'ART D'ÉCRIRE.

A PARIS,

DE L'IMPRIMERIE DE CH. HOUEL.

AN VI. — 1798. (E. vulg.)

TRAITÉ
DE
L'ART D'ÉCRIRE.

Deux choses, Monseigneur, font toute la beauté du style: la netteté et le caractère. Deux choses à considérer dans le style: la netteté et le caractère.

La première demande qu'on choisisse toujours les termes qui rendent exactement les idées; qu'on dégage le discours de toute superfluité; que le rapport des mots ne soit jamais équivoque; et que toutes les phrases, construites les unes pour les autres, marquent sensiblement la liaison et la gradation des pensées. Ce qui constitue la netteté du style.

Vous savez que le caractère d'un homme dépend des différentes qualités qui le modifient. C'est par-là qu'il est triste ou gai, vif ou lent, doux ou colère, etc. Or les différens sujets que traite un écrivain, sont également susceptibles de différens caractères, parce qu'ils sont susceptibles Ce qui constitue le caractère.

de différentes modifications. Mais ce n'est pas assez de leur donner le caractère qui leur est propre, il faut encore les modifier suivant les sentimens que nous devons éprouver en écrivant. Vous ne parlerez pas avec le même intérêt de la gloire et du jeu; car vous n'avez pas et vous ne devez pas avoir une passion égale pour ces deux choses : vous n'en parlerez pas non plus avec la même indifférence. Réfléchissez donc sur vous-même, Monseigneur : comparez le langage que vous tenez lorsque vous parlez des choses qui vous touchent, avec celui que vous tenez lorsque vous parlez des choses qui ne vous touchent pas; et vous remarquerez comment votre discours se modifie naturellement de tous les sentimens qui se passent en vous. Quand vous prenez vos leçons en pénitence, vous êtes triste, je suis sérieux, et les leçons sont aussi tristes que vous, et aussi sérieuses que moi. N'êtes-vous plus en pénitence? ces mêmes leçons deviennent un jeu : elles nous amusent l'un et l'autre, et nous trouvons du plaisir jusques dans les choses qui paroîtroient faites pour nous ennuyer.

Le caractère du style doit donc se former de deux choses : des qualités du sujet qu'on traite, et des sentimens dont un écrivain doit être affecté.

Chaque pensée, considérée en elle-même, peut avoir autant de caractères, qu'elle est susceptible de modifications différentes : il n'en est pas de même, lorsqu'on la considère comme faisant partie d'un discours. C'est à ce qui précède, à ce qui suit, à l'objet qu'on a en vue, à l'intérêt qu'on y prend, et en général aux circonstances où l'on parle, à indiquer les modifications auxquelles on doit la préférence ; c'est au choix des termes, à celui des tours, et même à l'arrangement des mots, à exprimer ces modifications : car il n'est rien qui n'y puisse contribuer. Voilà pourquoi, dans un cas donné, quel qu'il soit, il y a toujours une expression qui est la meilleure, et qu'il faut savoir saisir.

Les mêmes pensées prennent différens caractères, suivant les circonstances.

Nous avons donc deux choses à considérer dans le discours : la netteté et le caractère. Nous allons rechercher ce qui est nécessaire à l'une et à l'autre.

LIVRE PREMIER.

Des constructions.

<small>Pour savoir comment nous devons écrire, il faut savoir comment nous concevons.</small>

LA netteté du discours dépend sur-tout des constructions, c'est-à-dire, de l'arrangement des mots. Mais comment connoîtrons-nous l'ordre que nous devons donner aux mots, si nous ne connoissons pas celui que les idées suivent, quand elles s'offrent à l'esprit ? Découvrirons-nous comment nous devons écrire, si nous ignorons comment nous concevons ? Cette recherche vous paroîtra d'abord difficile ; cependant elle se réduit à quelque chose de bien simple. En effet, lorsque nous concevons, nous ne faisons et ne pouvons faire que des jugemens ; et, si nous observons notre esprit, lorsqu'il en fait un, nous saurons ce qui lui arrive, lorsqu'il en fait plusieurs.

CHAPITRE PREMIER.

De l'ordre des idées dans l'esprit, quand on porte des jugemens.

A L'OCCASION des Grecs, je puis penser aux fables qu'ils ont imaginées; comme à l'occasion des fables je puis penser aux Grecs. L'ordre dans lequel ces idées naissent en moi n'a donc rien de fixe.

<small>Quand on porte un jugement, toutes les idées qu'il renferme, s'offrent en même-temps à l'esprit.</small>

Mais, lorsque je dis : *les Grecs ont imaginé des fables*, ces idées ne suivent plus aucun ordre de succession : elles me sont toutes également présentes au moment que je prononce *les Grecs*. Voilà ce qu'on appelle *juger :* un jugement n'est donc que le rapport apperçu entre des idées qui s'offrent en même temps à l'esprit.

Quand un jugement renferme un plus grand nombre d'idées, nous n'en découvrons les rapports que parce que nous les saisissons encore toutes ensemble. Car, pour juger, il faut comparer, et on ne compare pas des choses qu'on n'apperçoit pas en même temps. Lorsque je dis, *les Grecs ignorans ont imaginé des fables grossières*, non-seulement j'apperçois le rapport des Grecs aux fables imaginées ; mais j'apperçois encore, au même instant, le caractère d'ignorance que je donne aux Grecs, et celui de grossièreté que je donne aux fables. Si toutes ces choses ne s'offroient pas à-la-fois à mon esprit, je les modifierois au hasard : il pourroit m'arriver de dire, *les Grecs éclairés ont imaginé des fables raisonnables* ; et je ne saurois pourquoi je préférerois une épithète à une autre. Il est vrai que je puis d'abord avoir dit seulement, *les Grecs ont imaginé des fables*, et avoir ensuite ajouté les caractères d'ignorance et de grossièreté. Par-là je n'aurai achevé ce jugement qu'en deux reprises ; mais enfin je ne puis m'assurer qu'il est exact dans toutes ses parties, que parce que je l'embrasse dans toute son étendue.

<small>Deux jugemens sont même présens à la fois, lorsqu'on apperçoit quelque rapport entr'eux.</small>

Je dis plus : c'est que, si votre esprit sent que deux jugemens ont quelque rapport l'un avec l'autre, il faut nécessairement qu'il les saisisse tous les deux à-la-fois. *Les Grecs étoient trop ignorans pour ne pas imaginer des fables grossières; et ils avoient trop d'esprit, pour ne les pas imaginer agréables.* Vous ne saisissez l'opposition qui est entre ces idées, que parce que vous appercevez les deux jugemens ensemble. Cette vérité vous sera encore plus sensible, si vous réfléchissez sur vous-même, lorsque vous faites un raisonnement.

Allons encore plus loin : considérons une de ces suites de jugemens et de raisonnemens dont nous avons formé des systèmes: vous le pouvez, Monseigneur; car vous savez ce que tout le monde sait à votre âge, comment toutes les opérations de l'entendement forment un système, comment celles de la volonté en forment un autre, et comment les deux se réunissent en un seul.

L'esprit peut se rendre capable d'appercevoir à la fois un grand nombre d'idées.

C'est peu-à-peu que nous avons achevé ce système : nous avons fait un jugement, et puis un autre encore. Il nous est arrivé ce qui arrive à un architecte qui fait un bâtiment. Il met avec ordre des pierres sur des pierres: le bâtiment s'élève peu-à-peu; et lorsqu'il est fini, on le saisit d'un coup-d'œil. En effet, vous appercevez dans le mot *entendement* une certaine suite d'opérations, vous en appercevez une autre dans celui de *volonté*, et le seul mot *pensée* présente à votre vue tout le système des facultés de votre ame.

Il étoit très-important de vous accoutumer de bonne heure à bien saisir un système : mais ce n'est pas assez, il faut encore réfléchir sur les moyens qui vous ont rendu capable de le saisir. Car il faut que vous sachiez comment vous en pourrez former d'autres.

Vous voyez, par l'art avec lequel nous nous sommes conduits, qu'un seul mot suffit pour vous retracer un grand nombre d'idées. Voulez-vous savoir comment cela se fait, vous n'avez qu'à réfléchir sur vous-même, et vous rappeler l'ordre que nous avons suivi.

Comment il y peut réussir. Vous remarquerez donc une suite d'idées principales, que nous avons successivement développées, et qui, partant d'un même principe, se réunissent et forment un seul tout. Vous remarquerez que vous avez fait une étude de la subordination qui est entre elles; que vous avez observé comment elles naissent les unes des autres; et que vous avez contracté l'habitude de les parcourir rapidement. A mesure que vous avez contracté cette habitude, votre esprit s'est étendu, et il vous est enfin arrivé de saisir l'ensemble, qui résulte d'un grand nombre d'idées.

Cette conduite, vous ayant réussi une fois, devoit vous réussir toujours. Nous l'avons tenue dans tous les autres systêmes que vous vous êtes faits, et vous en savez déjà assez pour sentir que c'est le seul moyen d'acquérir de vraies connoissances. En effet, il n'y a de la lumière dans l'esprit, qu'autant que les idées s'en prêtent mutuellement. Cette lumière n'est sensible, que parce que les rapports qui sont entre elles, nous frappent la vue : et si, pour connoître la vérité d'un jugement, il faut saisir à-la-fois tous les rapports, il est encore plus nécessaire de n'en laisser échapper aucun, lorsqu'on veut s'assurer de la vérité d'une longue suite de jugemens. Il faut un plus grand jour pour appercevoir les objets qui sont répandus dans une cam-

pagne, que pour appercevoir les meubles qui sont dans votre chambre.

Mais le premier coup-d'œil ne suffit pas pour démêler tout ce qui se montre à nous dans un espace fort étendu. Vous êtes obligé d'aller d'un objet à un autre, de les observer chacun en particulier ; et ce n'est qu'après les avoir parcourus avec ordre, que vous êtes capable de distinguer plus de choses à-la-fois. Or vous suppléez à la foiblesse de votre esprit avec le même artifice que vous employez pour suppléer à la foiblesse de votre vue ; et vous n'êtes capable d'embrasser un grand nombre d'idées, qu'après que vous les avez considérées chacune à part.

Vous ne savez peut-être pas, Monseigneur, ce que c'est qu'un esprit faux ; il est à propos de vous l'apprendre, car vous en rencontrerez beaucoup dans le monde.

S'il n'y réussit pas, il s'expose à être faux.

Un esprit faux est un esprit très-borné : c'est un esprit qui n'a pas contracté l'habitude d'embrasser un grand nombre d'idées. Vous voyez par-là qu'il doit souvent en laisser échapper les rapports. Il ne lui sera donc pas possible de s'assurer de la vérité de tous ses jugemens. S'il a l'ambition de faire un système, il tombera dans l'erreur : il accumulera contradictions sur contradictions, absurdités sur absurdités. Je vous en donnerai quelque jour des exemples, et vous sentirez combien il est important d'étendre votre esprit, si vous ne voulez pas qu'il soit faux.

Mais, me direz-vous, j'aurai beau l'étendre, il sera toujours borné, et par conséquent toujours faux.

L'esprit n'est pas faux, précisément parce qu'il est borné, mais parce qu'il est si borné, qu'il n'est pas capable d'étendre sa vue sur beaucoup d'idées : il ne se doute pas même de tous les rapports qu'il faut saisir, avant de porter un jugement : il juge à la hâte, au hasard, et il se trompe. *Ce qui caractérise l'esprit faux.*

Celui qui au contraire s'est accoutumé de bonne heure à se porter sur une suite d'idées, sent combien il est nécessaire de tout comparer pour juger de tout. Lors donc qu'il n'est pas assez étendu pour embrasser un système, il suspend ses jugemens, il observe avec ordre toutes les parties, et il ne juge que lorsqu'il est assuré *Ce qui caractérise l'esprit juste.*

que rien ne lui a échappé. Le caractère de l'esprit juste, c'est d'éviter l'erreur, en évitant de porter des jugemens ; il sait quand il faut juger ; l'esprit faux l'ignore et juge toujours.

C'est la liaison des idées qui fait toute la netteté de nos pensées.

Quoique plusieurs idées se présentent en même temps à vous, lorsque vous jugez, que vous raisonnez, et que vous faites un systême, vous remarquerez qu'elles s'arrangent dans un certain ordre. Il y a une subordination qui les lie les unes aux autres. Or plus cette liaison est grande, plus elle est sensible, plus aussi vous concevez avec netteté et avec étendue. Détruisez cet ordre, la lumière se dissipe, vous n'appercevez plus que quelques foibles lueurs.

Elle fait donc aussi toute la netteté des discours.

Puisque cette liaison vous est si nécessaire pour concevoir vos propres idées, vous comprenez combien il est nécessaire de la conserver dans le discours. Le langage doit donc exprimer sensiblement cet ordre, cette surbordination, cette liaison. Par conséquent le principe que vous devez vous faire en écrivant, est de vous conformer toujours à la plus grande liaison des idées : les différentes applications que nous ferons de ce principe, vous apprendront tout le secret de l'art d'écrire.

Je puis même déjà vous faire entrevoir comment ce principe donnera au style différens caractères. Si nous réfléchissons sur nous-mêmes, nous remarquerons que nos idées se présentent dans un ordre qui change suivant les sentimens dont nous sommes affectés. Telle dans une occasion nous frappe vivement, qui se fait à peine appercevoir dans une autre. De-là naissent autant de manières de concevoir une même chose, que nous éprouvons successivement d'espèces de passions. Vous comprenez donc que, si nous conservons cet ordre dans le discours, nous communiquerons nos sentimens en communiquant nos idées.

Je ne sais si le principe que j'établis pour l'art d'écrire, souffre des exceptions; mais je n'ai pu encore en découvrir.

Elle en fait même le caractère.

CHAPITRE II.

Comment dans une proposition, tous les mots sont subordonnés à un seul.

<small>Subordination des mots dans les discours.</small> Dans cette phrase, *un prince éclairé est persuadé que tous les hommes sont égaux, et qu'il ne se met au-dessus d'eux, qu'en donnant l'exemple des vertus : éclairé* est subordonné à *prince ; est persuadé,* à *prince éclairé ; que tous les hommes sont égaux, et qu'il ne se met au-dessus d'eux,* à *persuadé ;* et *qu'en leur donnant l'exemple des vertus,* à *ne se met au-dessus d'eux.*

Le propre des mots subordonnés est de modifier les autres, soit en les déterminant, soit en les expliquant. *Éclairé* modifie *prince,* parce qu'il le détermine à une classe moins générale; et tout le reste de la phrase modifie *prince éclairé,* parce qu'il explique l'idée qu'on s'en fait. Vous remarquerez aussi, que tous les mots des propositions particulières sont subordonnés les uns aux autres, dans le même ordre, dans lequel ils sont ici placés.

Ces rapports de subordination se reconnoissent à différens signes : au genre et au nombre, *prince éclairé*, *princesses éclairées*; à la place que les mots occupent, comme vous le voyez dans tout le tissu de cette phrase ; aux conjonctions, vous en avez deux dans cet exemple, *que*, *et*; aux prépositions, il y en a aussi deux, *de* et *à*.

A quoi se reconnoissent les rapports de subordination.

Le nom est proprement le premier terme de la proposition, puisque c'est à lui que tous les autres se rapportent. Lorsque je dis, *courageux soldat*, on voit bien qu'au moment où je prononce *courageux*, je pense à un nom que j'ai dessein de modifier. *Soldat*, quoique énoncé le second, est donc le premier dans l'ordre des idées, et *courageux* est un mot subordonné.

Le nom est le premier terme d'une proposition.

De-là naissent deux sortes de constructions : l'une qui suit la surbordination des mots, et que nous avons nommée *construction directe*; l'autre qui s'en écarte, et que nous avons nommée *construction*

Construction directe et construction inverse, ou inversion.

renversée ou *inversion*. *Soldat courageux* est une construction directe, et *courageux soldat* est une inversion.

<small>L'inversion est vicieuse, pour peu qu'elle altère le rapport des mots.</small>

Il ne faut jamais faire d'inversion lorsque le rapport des mots doit être marqué par la place qu'ils occupent. *J'aurois à rendre compte de mille autres secrets*, voilà une construction directe : on peut la renverser, et dire, *de mille autres secrets j'aurois à rendre compte*, parce que le rapport de *compte* à *mille autres secrets*, est suffisamment marqué par la préposition *de* : mais le rapport de *compte à rendre*, ne doit être marqué que par la place; et par conséquent ce seroit mal de dire *de mille autres secrets j'aurois compte à vous rendre*. On dira, *j'aurois des comptes à rendre*, ou *j'aurois à rendre des comptes*, et ces deux constructions sont même directes ; car on dit également *j'ai des comptes*, *je rends des comptes* : mais on ne dit pas *j'ai compte*, comme on dit *je rends compte*.

Quelquefois une construction directe commence par un mot subordonné; c'est qu'alors le nom est sous-entendu. *Des savans pensent ; savans* est subordonné, puisqu'il est précédé de la préposition *de* et le mot sous-entendu est *une partie*, ou *quelques-uns*.

On distingue les mots en régissans et en régimes. Le régissant est celui qui détermine le genre, le nombre, la place ou la préposition qui doit précéder un mot subordonné ; le régime est celui qui ne prend tel genre, tel nombre, telle place ou telle préposition, que parce qu'il est subordonné à un autre. *Éclairé* est régi par *prince*, *est persuadé* est le régime de *prince éclairé ;* ainsi du reste. Je parle de ces mots, parce que les grammairiens en font un grand usage : je crois cependant que nous nous en servirons peu. Ils sont plus nécessaires dans la grammaire latine que dans la grammaire française.

<small>Ce qu'on entend par régissant et régime.</small>

CHAPITRE III.

Des propositions simples et des propositions composées de plusieurs sujets, ou de plusieurs attributs.

<small>Propositions simples.</small> *Vous êtes heureux*, *vous lisez*, sont des exemples de propositions simples. Vous voyez que ces propositions ne sont composées que d'un nom, du verbe *être* et d'un adjectif, ou simplement d'un nom et d'un verbe équivalent à un adjectif précédé du verbe *être*. *Vous lisez*, est la même chose que *vous êtes lisant*, qui ne se dit pas.

Des deux termes que l'on compare dans une proposition, l'un s'appelle *sujet*, et l'autre *attribut*.

<small>Proposition qui en renferme plusieurs autres.</small> On peut comparer plusieurs sujets avec un même attribut, plusieurs attributs avec un même sujet, ou tout-à-la-fois plusieurs sujets et plusieurs attributs. Et dans

tous ces cas, on a une proposition composée de plusieurs autres.

La construction de ces sortes de propositions ne souffre point de difficulté. Lorsque Boileau peint la mollesse par ce vers :

Soupire, étend les bras, ferme l'œil et s'endort ;

il renferme quatre attributs dans une proposition, et il les présente par la gradation qui les lie davantage. L'ordre des mots est donc alors déterminé par la gradation des idées, et on n'a pas à choisir entre deux constructions.

Si la gradation n'a pas lieu, les idées seront également liées, quel que soit l'ordre qu'on leur donne. En pareil cas, les constructions seront donc arbitraires : il suffira de consulter l'oreille.

Il seroit inutile de multiplier ici les exemples : ces sortes de phrases ne souffrent point de difficultés.

CHAPITRE IV.

Des propositions composées par la multitude des rapports.

<small>La multitude des rapports rend la construction vicieuse.</small>

UN verbe peut avoir rapport à un objet : *j'envoie ce livre :* à un terme, *à votre ami :* à un motif, ou à une fin, *pour lui faire plaisir :* à une circonstance, *dans sa nouveauté :* à un moyen, *par une commodité.*

Il semble d'abord qu'il suffiroit d'ajouter toutes ces choses les unes aux autres : cependant le plus médiocre écrivain ne se permettroit pas cette phrase, *j'envoie ce livre à votre ami, pour lui faire plaisir, dans sa nouveauté, par une commodité.* Or quelle est cette loi à laquelle nous obéissons, lors même que nous ne la connoissons pas ?

Pour découvrir la raison de ce qui est mal, le moyen le plus simple et le plus sûr, c'est de chercher la raison de ce qui est bien.

<small>Le même rap-</small>

Premièrement le même rapport a beau

être répété, il est certain que la phrase n'en sera pas moins correcte. Par exemple : *vous ne connoissez pas l'ennui qui dévore les grands, l'obsession où ils sont de cette multitude de valets dont ils ne peuvent se passer, l'inquiétude qui les porte à changer de lieu sans en trouver un qui leur plaise, la peine qu'ils ont à remplir leur journée, et la tristesse qui les suit jusques sur le trône.*

<small>*peut peut être répété.*

Lettres de madame de Maintenon.</small>

Vous voyez dans cette phrase autant de fois le même rapport que le verbe *connoissez* a d'objets différens. En pareil cas, ou il y a quelque gradation entre les idées, ou il n'y en a point. S'il y en a une, vous devez vous assujettir à l'ordre qu'elle vous indique; s'il n'y en a point, vous pouvez les disposer comme il vous plaît, ou vous n'avez du moins que l'oreille à consulter.

Les Romains savoient profiter admirablement de tout ce qu'ils voyoient dans les autres peuples de commode pour les campemens, pour les ordres de bataille, pour le genre même des armes, en un mot, pour faciliter tant l'attaque que la défense.

<small>Bossuet.</small>

Voilà un exemple où un adjectif, *commode*, a rapport à plusieurs fins indiquées par la préposition *pour* : que ce soit un verbe, ou un adjectif, et quel que soit le rapport, pourvu qu'il soit toujours le même, il est évident que la construction ne souffre point de difficulté.

La gradation des idées étoit *le genre des armes, les campemens et les ordres de batailles* : mais Bossuet a fait un renversement, parce qu'il a voulu faire sentir jusqu'où les Romains portoient l'attention qu'il leur attribue ; c'est à quoi contribue encore l'adjectif *même*.

<small>Dans quel ordre les rapports se lient au verbe.</small>

Comme il y a une gradation entre les rapports de même espèce, il y en a une également entre les rapports d'espèce différente. Le verbe est plus lié à son objet qu'à son terme, et à son terme qu'à une circonstance.

Si, par exemple, je m'interromps après avoir dit, *j'envoie*... on ne me demandera pas d'abord *à qui* ni *où*, à moins qu'on ne sût d'ailleurs ce que j'ai dessein d'envoyer : on demandera *quoi ?* si j'ajoute *un livre*, la première question ne sera pas *pourquoi*, ni *par quelle occasion*, mais plutôt *à qui*.

Vous voyez par-là que ce qu'il y a de plus lié au verbe, c'est l'objet, et qu'après l'objet c'est le terme. Il sera donc mieux de dire *j'envoie ce livre à votre ami*, que de dire, *j'envoie à votre ami ce livre*.

Vous remarquerez que le sens de cette phrase, pour être fini, doit renfermer un objet et un terme ; et qu'il n'est pas nécessaire qu'il renferme les circonstances, le moyen, la fin ou le motif. Or j'appelle *nécessaires* toutes les idées sans lesquelles le sens ne sauroit être terminé ; et j'appelle *sur-ajoutées* les circonstances, le moyen, la fin, le motif, toutes les idées, en un mot, qu'on ajoute à un sens déjà fini.

<small>Idées nécessaires au sens de la phrase. Idées sur-ajoutées.</small>

Puisque le sens est terminé indépendamment des idées sur-ajoutées, il est évident que, lorsqu'aucune n'est énoncée, le verbe ne porte pas à faire des questions sur l'une plutôt que sur l'autre. Elles n'y sont pas liées essentiellement. Si l'on fait des questions, ce sera uniquement par un esprit de curiosité, et elles pourront avoir pour objet les circonstances, plutôt que les moyens ; les moyens plutôt que la fin, et réciproquement.

<small>Une construction peut être terminée par une idée surajoutée.</small>

Je puis ajouter une circonstance à la phrase donnée pour exemple. *J'envoie ce livre à votre ami dans sa nouveauté.* Cette circonstance *dans sa nouveauté*, n'altère point la liaison des idées ; elle est à sa place, et la construction est bien faite.

Je puis encore substituer à la circonstance la fin ou le moyen, et je dirai également bien, *j'envoie ce livre à votre ami pour lui faire plaisir : j'envoie ce livre à votre ami par une commodité.*

<small>Elle ne doit pas être terminée par plusieurs.</small>

Mais si je veux rassembler les circonstances, les moyens et la fin, je n'ai pas de raison pour commencer par l'une de ces idées, plutôt que par l'autre, voilà pourquoi la construction devient choquante : chacune d'elles a le même droit de précéder, et la dernière paroit hors de sa place. Lors donc que je dis, *j'envoie ce livre à votre ami dans sa nouveauté, pour lui faire plaisir, par une commodité* ; ces idées, *pour lui faire plaisir*, *par une commodité*, terminent mal la phrase; parce qu'elles sont trop séparées du verbe auquel seul elles se rapportent, et que d'ailleurs elles ne sont pas liées entre elles.

La multitude des rapports n'est donc un défaut, que parce qu'elle altère la liaison des idées; et cette altération commence, lorsqu'à l'objet et au terme on ajoute encore deux rapports. La règle générale est donc, que le verbe n'ait jamais que trois rapports après lui.

Je dis *après lui*, car le sens étant fini indépendamment des idées sur-ajoutées, le verbe ne leur marque point de place: il n'est pas plus lié aux unes qu'aux autres, et elles peuvent commencer ou terminer la phrase.

Les idées sur-ajoutées n'ont pas de place marquée.

Par le moyen de ces transpositions, on peut faire entrer dans la même phrase un rapport de plus. On dira donc: *pour faire plaisir à votre ami, je lui envoie ce livre dans sa nouveauté*; et cette construction est mieux que, *j'envoie ce livre à votre ami dans sa nouveauté pour lui faire plaisir*.

On en peut construire deux dans une phrase, l'une en terminant, une au commencement.

Quand nous commençons la première construction, l'idée sur ajoutée, *pour faire plaisir, etc.*, attire notre attention, et nous fait attendre le verbe auquel elle est subordonnée. Aussitôt donc que nous lisons *j'envoie*, nous l'y lions naturellement.

Il n'en est pas de même de la seconde construction. Au contraire, quand nous arrivons au mot *nouveauté*, nous n'attendons plus rien. Le sens portera bien à lier encore *pour lui faire plaisir* à *j'envoie*: mais la liaison ne se fera pas si naturellement.

Il faut qu'une phrase paroisse faite d'un seul jet; il ne faut pas qu'on paroisse y revenir à plusieurs reprises. Or, quand on ajoute à la fin plusieurs idées à un sens d'ailleurs fini, il semble qu'on a oublié ce qu'on veut dire, et qu'on est obligé d'y revenir à plusieurs fois.

La règle est donc qu'on peut faire entrer dans une phrase autant d'idées sur-ajoutées qu'on veut, lorsqu'elles ont toutes le même rapport avec le verbe: mais, si elles ont des rapports différens, on n'en peut faire entrer qu'une, lorsqu'on n'en met point au commencement ; et on en peut faire entrer deux, lorsqu'on en met une au commencement et une à la fin.

N'imaginez pas cependant qu'on soit toujours libre de changer la place des idées sur-ajoutées. Lorsque Pellisson, croyant louer Louis XIV, dit, *le roi reçut fièrement les députés de Tournay, pour avoir osé tenir en sa présence*, vous sentez qu'on ne peut rien transposer. Mais s'il avoit d'abord été question du roi et de ces députés, on auroit pu dire également, *le roi les reçut fièrement, pour avoir osé tenir en sa présence*, ou *pour avoir osé tenir en sa présence, le roi les reçut fièrement.*

Vous devez encore éviter les transpositions, lorsqu'il en peut naître quelque équivoque. Quoique vous puissiez dire, *par la voie des expériences la philosophie fait des progrès ;* vous ne direz pas, *ce n'est pas en imaginant qu'on découvre la vérité ; par la voie des expériences la philosophie fait des progrès.* Car *par la voie des expériences* se rapporteroit à ce qui précède, comme à ce qui suit.

Le terme n'a pas une place aussi fixe

<small>Il ne faut pas que celle transposition puisse faire équivoque.</small>

<small>Le terme peut être une idée sur-</small>

ajoutée, et une circonstance peut être une idée nécessaire. que l'objet, et l'on peut souvent le transposer. *Aux yeux de l'ignorance tout est prodige, ou tout est naturel.*

Tout est prodige, tout est naturel, fait un sens fini, et cela vous montre que le terme peut être au nombre des idées sur-ajoutées. Les circonstances peuvent à leur tour devenir des idées nécessaires : je vous fais cette remarque, afin que vous vous accoutumiez à juger des choses par le sens. Voici un exemple que je tire de Bossuet.

Près du déluge se rangent le décroissement de la vie humaine, le changement dans le vivre, et une nouvelle nourriture substituée aux fruits de la terre; quelques préceptes donnés à Noé de vive voix seulement, la confusion des langues arrivée à la tour de Babel, etc.

Près du déluge est une circonstance absolument nécessaire pour terminer le sens du verbe *se rangent*. Remarquez que Bossuet n'a pas suivi l'ordre direct, parce qu'il l'a trouvé moins propre à lier les idées. En effet, l'esprit eût été suspendu par l'énumération de cette multitude de sujets, et là liaison n'eût été formée qu'à la fin de la phrase ; au lieu que dans la construction qu'il a choisie, chaque nom se lie au verbe, à mesure qu'il est prononcé.

Avec un peu de réflexion, vous sentirez facilement les occasions où vous pouvez à votre choix vous permettre l'ordre direct ou l'ordre renversé. Vous direz donc également : *le rouge, l'orangé, le jaune, le verd, le bleu, l'indigo, le violet entrent dans la composition de chaque faisceau de lumière*, ou, *dans la composition de chaque faisceau de lumière entrent le rouge, l'orangé, etc.*

Au reste, quand je donne deux constructions pour bonnes, c'est que je considère une phrase comme isolée. Vous verrez que dans la suite d'un discours, le choix n'est jamais indifférent.

Nous avons vu que l'objet doit suivre le verbe et précéder le terme, et cela est vrai toutes les fois que l'objet et le terme ne sont pas plus composés l'un que l'autre. Mais si l'objet est plus composé, le principe de la liaison des idées veut que le terme précède l'objet.

<small>Comment le terme et l'objet se construisent avec le verbe.</small>

Vous direz fort bien avec madame de Maintenon : *M. de Catinat fait son métier ; mais il ne connoît pas Dieu. Le roi n'aime pas à confier ses affaires à des gens sans dévotion.* Ce tour est mieux que *le roi n'aime pas à confier à des gens sans dévotion ses affaires.* Mais si vous disiez : *M. de Catinat ne connoît pas Dieu, le roi ne confie pas le commandement de ses armées à des incrédules,* ce tour ne seroit pas le meilleur, quoique les idées y suivent le même ordre que dans le premier exemple. Il seroit mieux de transposer le terme avant l'objet et de dire : *le roi ne confie pas à des incrédules le commandement de ses armées.* La raison de cette transposition, c'est que le terme est trop éloigné du verbe, lorsqu'il en est séparé par un objet exprimé en beaucoup plus de mots. Mais s'il étoit lui-même à-peu-près aussi composé, il faudroit lui faire reprendre sa place, et préférer ce tour : *le roi ne confie pas le commandement de ses armées à des hommes qui sont sans religion,* à celui-ci, *le roi ne confie pas à des hommes qui sont sans religion le commandement de ses armées.* Lorsqu'il faut que le terme ou l'objet soit séparé du verbe par plusieurs mots, c'est par le terme qu'on doit finir, parce que par sa nature il est moins lié au verbe. C'est ainsi que suivant les circonstances les mêmes idées s'arrangent différemment.

CHAPITRE V.

Des propositions composées par différentes modifications.

<small>Pour mieux juger des choses composées, il en faut observer de plus simples.</small>
Les propositions n'ont que trois termes qu'on puisse modifier : le nom, le verbe et l'attribut. Quoique l'arrangement de ces modifications soit aisé, il faut l'étudier avec soin, afin d'apprendre à surmonter les difficultés, lorsque nous voudrons ajouter des modifications aux termes d'une proposition déjà fort composée. Toutes les fois que vous voudrez vous rendre raison d'une chose un peu compliquée, souvenez-vous, Monseigneur, de commencer toujours par observer dans le même genre les choses qui seront plus simples.

Les modifications sont ou des adjectifs, ou des adverbes, ou des substantifs précédés d'une préposition, ou d'autres propositions, ou tout cela ensemble. Nous allons traiter successivement des modifications du nom, de celles du verbe et de celles de l'attribut.

DES MODIFICATIONS DU NOM.

Quand la modification est un adjectif, la liaison est égale, quelque arrangement qu'on suive. *Cet heureux mortel, ce mortel heureux.* Mais l'usage ne laisse pas toujours la liberté de mettre à notre choix l'adjectif avant ou après le nom ; et il ne paroît pas suivre en cela de loi bien fixe.

Place de l'adjectif qui modifie un nom.

Si le nom est modifié par un substantif, précédé d'une préposition, ou ce substantif est pris d'une manière vague, ou il a un sens déterminé. Dans le premier cas, l'usage ne permet qu'une seule construction : *l'homme de fortune a presque toujours des revers à craindre* ; on ne dira jamais *de fortune l'homme.* Dans le second cas, on a le choix entre deux constructions. On peut dire : *enfin, les revers de la fortune sont à craindre* ; et *de la fortune enfin les revers sont à craindre. De la fortune* est une idée déterminée, sur laquelle l'esprit

Place du substantif précédé d'une préposition.

s'arrête, il attend le nom qu'elle modifie et il lie l'un à l'autre. Il ne lui est pas si naturel de se fixer d'abord sur une idée vague : c'est pourquoi l'on ne peut pas dire *de fortune l'homme*.

Vous remarquerez que la transposition du substantif avant le nom qu'il modifie, demande qu'ils soient séparés l'un de l'autre par quelque chose ; et ce'a ne nuit pas à la liaison des idées. Car s'il y a des cas où les idées ne sont liées qu'autant que les mots se suivent immédiatement, il y en a d'autres où la construction écarte les idées pour en rendre la liaison plus sensible. Tout l'artifice consiste à présenter d'abord l'idée qui dans l'ordre direct devroit être la dernière : l'esprit la fixe, et la lie lui-même à celle dont elle a été séparée, et qu'elle lui a fait attendre. Quand on lit *de la fortune*, on attend le nom que ce substantif détermine, et aussitôt qu'on lit *les revers*, la liaison est faite. Or la liaison est la même, soit que la construction rapproche elle-même les idées en rapprochant les mots, soit qu'elle écarte les mots avec cet art qui engage l'esprit à rapprocher lui-même les idées. Ces deux constructions ont chacune des avantages, et elles sont tour-à-tour préférables l'une à l'autre. L'ordre direct est le point fixe, que vous ne devez jamais perdre de vue. Vos constructions peuvent s'en écarter; mais il faut qu'elles puissent y revenir sans effort, autrement elles seront obscures ou du moins embarrassées : *de la fortune enfin les revers sont à craindre*, ne s'entend que parce que l'esprit rétablit naturellement l'ordre direct.

Un excellent fruit d'Italie ; un fruit excellent d'Italie : voilà un nom, *fruit*, modifié par un adjectif *excellent*, et par un substantif indéterminé, précédé d'une préposition, *d'Italie*. Vous avez ici deux constructions, parce qu'*excellent* peut avoir deux places différentes. Dans la première cependant, *fruit* se lie mieux avec ses modifications : aussi est-elle préférable. Avec l'adjectif *bon* vous n'auriez absolument qu'une construction, parce qu'on ne dit pas *fruit bon*.

Si le substantif qui modifie étoit déterminé, vous auriez quelquefois quatre cons-

<small>Lorsque le substantif est déterminé, la transposition donne lieu</small>

<small>à plusieurs constructions.</small> tructions et d'autres fois deux. Quatre : *la victoire sanglante de Fontenoi ; la sanglante victoire de Fontenoi ; de Fontenoi la victoire sanglante ; de Fontenoi la sanglante victoire.* Deux : *les attirails assujettisans de la grandeur ; de la grandeur les attirails assujettissans.* Il ne seroit pas bien de dire, *les assujettissans attirails.* Chacune de ces constructions a son usage ; c'est ce qui vous sera expliqué dans la suite. Je vous prie seulement de vous souvenir qu'on ne les emploie pas indifféremment.

Vous pouvez encore construire de quatre manières différentes *les revers dangereux de la fortune*, et de deux seulement *les coups incertains de la fortune.* Mais il est inutile de multiplier les exemples. On dira *l'ambitieux, l'intrépide, le téméraire roi de Suède,* et *le roi de Suède ambitieux, intrépide, téméraire ;* et on ne dira jamais *le roi ambitieux, intrépide, téméraire de Suède. De Suède* est un substantif pris vaguement, et qui, par conséquent, ne doit pas être séparé du nom qu'il modifie.

Si vous vouliez n'employer qu'une seule épithète, vous ne pourriez la transposer après le substantif, que dans le cas où elle seroit accompagnée de quelque circonstance et renfermée dans une parenthèse. Vous ne direz pas *le roi de Suède téméraire entreprit;* quoique vous puissiez dire, *le roi de Suède, téméraire en cet occasion, entreprit.* Alors *téméraire* est à sa place, parce qu'il doit se lier à la circonstance, exprimée par ces mots: *en cette occasion;* vous pourriez dire aussi, *téméraire en cette occasion, le roi, etc.*

Il faut toujours prendre garde que les transpositions ne donnent pas lieu à des équivoques: ne dites donc pas, *peintures des mœurs vives et brillantes;* car d'un côté on verroit que vous voulez que les épithètes modifient *peintures,* et de l'autre elles paroîtroient modifier *mœurs.*

On peut encore remarquer qu'il doit y avoir une certaine proportion entre les parties d'une phrase. Si cette proportion n'y étoit pas, l'oreille en seroit blessée; et tout ce qui l'offense cause une distraction, qui ne permet pas à l'esprit de saisir également la liaison des idées. Ne dites donc pas : *on trouve dans la Bruyère des peintures vives, brillantes et vraies des mœurs.* Il seroit mieux de retrancher quelque chose d'un côté et d'ajouter de l'autre, en disant : *on trouve dans la Bruyère des peintures vives et brillantes des mœurs de son siècle.* En général, il ne faut pas multiplier les épithètes sans nécessité : car tout mot qui n'est pas nécessaire, nuit à la liaison.

Au reste, sans compter les épithètes, il suffit d'avoir l'esprit juste pour discerner les constructions qui altèrent la liaison des idées : il seroit ridicule de s'assujettir à compter les mots.

Des constructions lorsque la modification est une proposition, Si la modification est une proposition, elle se joint au nom par le moyen des adjectifs conjonctifs, *qui, que, dont,* etc. précédés quelquefois d'une préposition. *L'homme qui m'a parlé de vous, que vous connoissez, à qui vous avez obligation.*

Ces propositions incidentes doivent toujours suivre immédiatement le nom, lorsqu'elles en sont les seules modifications. S'il y en a plusieurs, il faut les disposer dans la gradation des idées. *Turenne qui attaqua les troupes de l'empire avec une armée bien inférieure, qui les défit dans plusieurs combats consécutifs et qui mit nos frontières à l'abri de toute insulte.*

Si la modification est tout-à-la-fois formée par des adjectifs, des substantifs et des propositions ; les adjectifs et les substantifs se construisent comme nous l'avons remarqué, et les propositions incidentes ne viennent jamais qu'après. *La sanglante victoire de Fontenoi, sur laquelle M. de Voltaire a fait un poëme.* Vous voyez par-là que les modifications qui tiennent le plus au nom, sont celles qui sont exprimées par un adjectif ou par un substantif précédé d'une préposition ; qu'il est de la nature de l'adjectif conjonctif d'être toujours entre les idées qu'il lie ensemble, et que, par conséquent, les propositions incidentes ne sauroient être transposées.

Et lorsqu'elle est tout-à-la-fois une proposition, un adjectif et un substantif.

DES MODIFICATIONS DE L'ATTRIBUT.

Quand l'attribut est un adjectif, il peut être modifié par un adverbe ou par un substantif précédé d'une préposition.

Les adverbes de quantité doivent toujours précéder l'adjectif : *les phénomènes sont* plus *communs: depuis que les observateurs sont* moins *rares*. Ceux de manière peuvent le précéder ou le suivre, comme l'usage vous l'apprendra : *il est* ouvertement *ambitieux, il est ambitieux* ouvertement.

Si les substantifs précédés d'une préposition sont l'équivalent d'un adverbe, ils doivent être placés après l'adjectif : *il est économe sans avarice, il est courageux avec prudence.*

Ces expressions *sans avarice, avec prudence* marquent la manière dont on est économe ou courageux. Mais si les substantifs, précédés d'une préposition, indiquoient moins la manière que le rapport au terme, à la cause ou à quelques circonstances, alors les transpositions auront lieu ou n'auront pas lieu suivant les cas.

Exemples où les transpositions n'ont pas lieu. *La tige des plantes est toujours perpendiculaire à l'horison. Un prince n'est grand que par les connoissances et les vertus. On est bien inférieur aux* autres, quand on ne leur est supérieur que par la naissance.

Dans ces exemples aucun des noms précédés d'une préposition ne sauroit changer de place.

Vous savez que l'adjectif et le verbe sont quelquefois renfermés dans un seul mot. En pareil cas rien n'est si commun que des exemples où les transpositions ne sont pas permises. En voici quelques-uns.

J'aime mieux commander à ceux qui possèdent de l'or que d'en posséder moi-même, disoit Fabricius aux ambassadeurs de Pyrrhus. *Les lois que suit la lumière lorsqu'elle passe d'un milieu dans un autre, ont été découvertes par les philosophes modernes. Si vous perdez vos enseignes*, disoit Henri-le-Grand, *ne perdez point de vue mon panache blanc, vous le trouverez toujours au chemin de l'honneur et de la victoire.*

Exemples où la transposition peut se faire. *Aux yeux des flatteurs vous êtes charmant ; mais aux yeux de votre gouverneur et de votre précepteur, l'êtes-vous ? Pour votre âge vous êtes*

Cas où on peut les transposer.

bien peu avancé. Avec de l'attention on se corrige de ses mauvaises habitudes, avec de l'application ou en acquiert de bonnes. On pourroit également dire : *vous êtes charmant aux yeux des flatteurs ; mais l'êtes-vous aux yeux*, etc.

Après Saül paroît David ; David paroît après Saül : dans ces deux constructions les idées sont également liées, car l'une n'est que le renversement de l'autre. Mais dans *David après Saül paroît, après Saül David paroît,* la liaison n'est pas si grande.

Si nous ajoutons *sur le trône*, voici les constructions, où les mots se suivront dans la plus grande liaison. *Après Saül David paroît sur le trône : sur le trône David paroît après Saül.*

La liaison ne seroit plus si sensible si l'on disoit : *David paroît après Saül sur le trône :* car sur le trône est une circonstance qui ne doit faire qu'une idée avec le verbe *paroît*.

Si le nom est accompagné de plusieurs modifications, on ne pourra se permettre qu'une seule construction.

Après Saül paroît un David, cet admirable berger, vainqueur du fier Goliath, et de tous les ennemis du peuple de Dieu : grand roi, grand conquérant, grand prophète, digne de chanter les merveilles de la toute-puissance divine, homme enfin selon le cœur de Dieu, et qui par sa pénitence a fait même tourner son crime à la gloire de son Créateur.

Bossuet.

Il y a quelques observations à faire sur les temps composés. On dira également, *les femmes vous avoient gâté prodigieusement,* ou *vous avoient prodigieusement gâté.* Mais l'usage vous apprendra que tous les adverbes ne peuvent pas se transposer, et qu'on ne peut pas dire, *les femmes vous avoient gâté bien.*

Construction de ces modifications, avec les temps composés.

Quand la modification est exprimée par un substantif précédé d'une préposition, elle ne doit jamais précéder le participe. On ne dira pas, *il nous a avec magnificence traités,* quoiqu'on dise, *il nous a magnifiquement traités.* La raison de cette différence, c'est que la modification ne formant qu'une seule idée avec le participe, on ne peut la faire précéder que dans le cas où l'on ne craindroit pas qu'elle se liât avec le verbe. Or, dans *il nous a avec magnificence*, *avec* sembleroit se lier au verbe *a*.

<small>Construction des modifications d'un attribut, qui est un substantif.</small> Il nous resteroit à examiner la place des modifications, lorsque l'attribut est un substantif. Mais il vous sera facile de faire ici l'application de ce que nous avons dit en traitant des modifications du sujet : il faut seulement remarquer que les transpositions ne sont pas aussi fréquentes avec l'attribut. Quoiqu'on puisse dire, *le téméraire roi de Suède a ruiné ses états*, on ne dira pas : *Charles XII étoit un téméraire roi*. Si je vous rendois compte des vieilles erreurs et de quelques découvertes modernes, je pourrois ajouter en faisant une inversion : *des philosophes anciens ce sont-là les absurdités, des modernes ce sont-là les découvertes*. Mais je ne pourrois plus faire de transposition, si je disois, *l'horreur du vide est une absurdité des anciens philosophes, la pesanteur et le ressort de l'air sont deux découvertes des modernes;* cependant si *absurdité* et *découvertes*

étoient le sujet des propositions, je pourrois dire, *des anciens les absurdités sont innombrables, des modernes les découvertes sont rares*. Avec la plus légère réflexion sur la liaison des idées, il ne vous arrivera pas de vous tromper en pareil cas.

DES MODIFICATIONS DU VERBE.

Nous avons traité des modifications de l'attribut. Nous n'avons donc rien à dire sur les verbes qui renferment l'attribut, tels que *parler*, *aimer*, et il ne s'agit ici que du verbe *être*.

Construction des modifications du verbe être.

Les modifications de ce verbe comprennent les circonstances de temps, de lieu, d'ordre, et le degré d'assurance avec lequel on juge. Vous avez vu dans la grammaire, qu'elles peuvent prendre différentes places. Lorsque Massillon dit : *les conseils agréables sont rarement des conseils utiles, et ce qui flatte les souverains, fait d'ordinaire le malheur des sujets :* il pouvoit commencer la première proposition par *rarement*, et la seconde par *d'ordinaire*.

Madame de Maintenon a dit : *dans le monde tous les retours sont pour Dieu, dans le couvent tous les retours sont pour le monde.* Elle pouvoit dire: *tous les retours sont pour Dieu dans le monde*, ou encore, *tous les retours dans le monde sont pour Dieu.* Ce dernier tour altère un peu la liaison des idées. Madame de Maintenon a préféré l'ordre renversé, parce que l'opposition entre *dans le monde* et *dans le couvent* en est plus sensible. Vous voyez que le second membre de cette période est aussi susceptible de différentes constructions.

Si l'on ajoutoit des modifications au substantif *monde*, elles se construiroient comme nous l'avons dit : mais vous ne pourriez pas les insérer entre le nom et le verbe, et dire *tous les retours dans le monde, où tant de choses nous contrarient, nous dégoûtent et nous ennuient, sont pour Dieu.* Cette construction seroit choquante, parce que la liaison des idées seroit altéré.

Vous souvenez-vous d'un flatteur qui vous disoit: *Monseigneur étoit déjà bien habile, il y a deux ans? Déjà* et *il y a deux ans* sont des modifications du verbe *étoit :* la première ne peut se déplacer ; il n'en est pas de même de la seconde.

Que mon peuple soit bien nourri, je serai toujours assez bien logé. C'est une des meilleures choses que Louis XIV ait dites ; et c'est dommage qu'on ne puisse pas l'écrire sur les bâtimens qu'il a élevés. Quoi qu'il en soit, *toujours* modifie *serai*, et ne sauroit être transposé.

Sans multiplier davantage les exemples, souvenez-vous, Monseigneur, que les idées ne sont jamais plus liées, que lorsque l'ordre est direct ; et ne vous permettez des inversions qu'autant que la liaison demeure la même. Voilà le principe que vous ne devez jamais perdre de vue.

DES MODIFICATIONS QU'ON AJOUTE A L'OBJET, AU TERME ET AU MOTIF.

Si l'objet, le terme et le motif sont des substantifs, il faut observer ce que nous avons dit sur la place de ces sortes de noms.

Les inversions ont lieu lorsqu'un verbe a un autre verbe pour objet, pour terme ou pour motif.

Mais un second verbe peut être l'objet, le terme ou le motif du premier, et il peut avoir lui-même un objet, un terme, ou un motif. En pareil cas l'ordre direct vous fera sentir la liaison des idées, et vous ne vous permettrez que les inversions qui n'altéreront pas cette liaison. Un seul exemple suffira. *Les philosophes n'ont pu découvrir la nature du corps*, voilà l'ordre direct; vous pourriez faire une inversion et dire, *les philosophes n'ont pas pu du corps découvrir la nature.*

Découvrir est l'objet de *n'ont pu :* mais ces deux verbes tendent l'un et l'autre vers un objet commun, *la nature du corps.* Lors donc que vous transportez *du corps* entre l'un et l'autre, cette inversion anticipe sur l'objet commun aux deux, et elle les sépare sans diminuer la liaison ; car l'esprit sent que *du corps* doit se rapporter à ce qui suit : il attend, et aussitôt qu'il arrive au mot *nature*, il lie l'un à l'autre. Voilà pourquoi cette transposition n'est point contraire à la liaison des idées. Si vous disiez *découvrir du corps la nature,* vous sépareriez l'objet du verbe, *la nature* de *découvrir*, et la construction seroit vicieuse. Racine a dit :

>Celui qui met un frein à la fureur des flots,
>Sait aussi des méchans arrêter les complots.

Les phrases où il entre un objet, un terme, un motif, etc. avec différentes modifications, renferment ordinairement des propositions subordonnées et des propositions incidentes. Nous traiterons bientôt de ces propositions.

CHAPITRE VI.

De l'arrangement des propositions principales.

Nous allons traiter des phrases principales, sans avoir égard aux différentes modifications qu'on leur donne. Il ne s'agit que de remarquer comment elles se lient entre elles.

Or elles se lient par la gradation des idées, par les conjonctions, par l'opposition, ou parce que les dernières expliquent les premières.

<small>Les propositions principales se lient par la gradation des idées.</small>

Par la gradation. *D'un côté l'ame donne son attention, elle compare, elle juge, elle réfléchit, elle imagine, elle raisonne : de l'autre, elle a des besoins, elle a des désirs, elle a des passions, elle pense, en un mot. La sensation est le principe de ses facultés, le besoin en est le mobile, la liaison des idées en est le moyen.*

<small>Par la gradation et par les conjonctions.</small>

Par la gradation et par les conjonctions.

Un nouveau phénomène paroît : chacun en parle, chacun veut l'observer, enfin on le laisse par lassitude.

Scipion l'Africain, obligé de comparoître devant le peuple pour se purger du crime de péculat, au lieu de se défendre, parla ainsi : *Romains, à pareil jour je vainquis Annibal et je soumis Carthage : allons en rendre grâces aux dieux.*

Le peuple attache uniquement son estime aux richesses et au pouvoir, et les grands se laissent gouverner par l'opinion du peuple.

Si on a l'esprit juste, on découvrira presque toujours entre les phrases une gradation plus ou moins sensible ; et on sentira qu'il ne suffiroit pas de les lier par des conjonctions.

Par l'opposition. *Le désœuvrement fait sentir le poids des grandeurs, l'occupation les rendroit faciles à supporter.*

Le grand nombre voit ce qu'il croit, le philosophe croit ce qu'il voit.

Par l'opposition et par des conjonctions. Athéas roi des Scythes disoit à Philippe roi de Macédoine : *les Macédoniens sa-*

vent combattre des hommes, mais les Scythes savent combattre la faim et la soif.

<small>Parce qu'une est expliquée par d'autres.</small>

<small>Fontenelle.</small>

Phrases liées à une autre, parce qu'elles l'expliquent. *Chaque espèce commence où une autre finit. Rien ne ressemble plus à des animaux que certaines plantes: rien ne ressemble plus à des plantes que certains animaux : il y a des corps organisés, qui diffèrent à peine des corps bruts.*

Il est aisé de se corriger : les habitudes se contractent par des actes répétés. On peut donc acquérir les bonnes et perdre les mauvaises : il n'y a qu'à faire ou qu'à cesser de faire.

Vous remarquerez dans tous ces exemples une gradation d'idées qui en fait toute la netteté.

Quelquefois on renferme plusieurs phrases en une seule. *Nul n'est heureux comme un vrai chrétien, ni raisonnable, ni vertueux, ni aimable. Avec combien peu d'orgueil un chrétien se croit-il uni à Dieu : avec combien peu d'abjection s'égale-t-il au ver de la terre!*

Cette pensée est de Pascal. La première phrase en renferme quatre. Je vous ferai remarquer par occasion qu'il y a dans la dernière un terme qui n'est pas propre : car nous ne nous égalons qu'à ce qui est au-dessus de nous.

CHAPITRE VII.

De la construction des propositions subordonnées avec la principale.

<small>La phrase principale est la première dans l'ordre direct.</small>

Vous avez vu que dans l'ordre direct des idées, le sujet est le premier mot de la proposition. Or, la phrase principale est également la première; c'est à elle que se rapportent toutes les phrases subordonnées, comme tous les mots se rapportent au sujet. Pour démêler une phrase principale entre plusieurs autres, il suffit donc de consulter l'ordre direct des idées.

<small>Exemples où on suit l'ordre direct.</small>

Quelquefois l'arrangement de ces phrases se conforme à l'ordre diret.

<small>Fontenelle.</small>

De grands physiciens ont fort bien trouvé pourquoi les lieux souterrains sont chauds en hiver et froids en été : de plus grands physiciens ont trouvé depuis peu que cela n'est pas.

Alcibiade coupa la queue de son chien, afin que les Athéniens parlassent de cette singularité.

D'autres fois l'ordre renversé a la préférence.

Lorsque les écrevisses quittent leur enveloppe extérieure, elles se défont de leur estomac et s'en font un autre.

Lorsqu'elles se cassent la patte, il leur en vient une autre.

M. de Fontenelle a dit : *quand les oracles commencèrent à paroître dans le monde, heureusement pour eux la philosophie n'y avoit point encore paru.*

Dans une suite de phrases, chaque principale peut en avoir une subordonnée.

L'intelligence nous manque pour découvrir les causes naturelles, les yeux même nous manquent pour voir les effets. Nous ne devons donc pas être surpris, si les découvertes des modernes ont échappé aux anciens, la postérité auroit donc tort de demander, pourquoi nous n'avons pas observé bien des choses qui se présentent à nous ; et quelques progrès que fasse la philosophie, les hommes seront toujours fort ignorans.

Deux phrases principales peuvent être renfermées dans une seule : alors une première phrase subordonnée pourra se rapporter à l'une, et une seconde pourra se rapporter à l'autre.

Madame de la Fayette et madame de Coulanges essuyoient des railleries; celle-là, parce qu'elle avoit un lit galonné d'or, celle-ci, parce qu'elle avoit un valet de chambre.

On peut subordonner une phrase à un seul mot, à un seul verbe s'il est à l'impératif.

Songez que les femmes vous ont gâté.

Une phrase peut être subordonnée à une phrase qui l'est elle-même.

Comptez, dit madame de Maintenon, que presque tous les hommes noient leurs parens et leurs amis pour dire un mot de plus au roi, et pour lui montrer qu'ils lui sacrifient tout.

Une phrase est souvent comme enveloppée par des propositions subordonnées.

Quand un prince veut devenir aimable, il n'est rien qu'il ne tente pour se corriger de ses défauts.

Un grand nombre de propositions peuvent être subordonnées à une seule.

Vous avez vu qu'une subordination de cause et d'effets suppose nécessairement un premier principe; que l'ordre qui est dans tout ce que nous observons, prouve son intelligence et sa puissance infinie; qu'il est indépendant, parce qu'il est premier; qu'il est libre, parce que, connoissant tout et pouvant tout, il fait tout ce qu'il veut; qu'il est immense et éternel, qu'il existe dans tous les temps et dans tous les lieux; qu'il a été, est et sera par-tout la première cause, et que son action embrasse tout ce qui existe; qu'il est immuable, parce que, ne pouvant point acquérir de connoissances, il ne sauroit changer de dessein; qu'il est juste, parce que, connoissant tout et pouvant tout, il connoît le mieux, il le peut, et qu'il n'est pas en lui de ne pas le vouloir; qu'enfin tous ses attributs nous donnent une idée de la providence, par laquelle ce premier principe, que nous appellons Dieu, pourvoit à tout.

Dans tous les exemples que je viens de mettre sous vos yeux, la liaison est aussi

Il faut que le rapport d'la phrase subordonnée soit toujours sensible.

grande qu'elle peut l'être, et il ne manque rien à la netteté des constructions. Vous remarquerez que tantôt la phrase subordonnée précède la phrase principale, et que tantôt elle la suit. Quand elle la précède, il faut que, dès qu'on arrive à la principale, on voie que c'est celle à laquelle la subordonnée se rapporte. Par exemple : *tandis que les hommes adoptent avec tant de facilité des opinions qu'ils n'entendent pas, ils se refusent aux vérités les plus claires.* A peine lisez-vous *ils*, que vous voyez que c'est le commencement de la phrase principale, à laquelle vous devez rapporter la précédente.

Lorsque la phrase subordonnée vient après, il faut aussi qu'en lisant le premier mot, vous connoissiez à quelle phrase principale vous devez la rapporter. Par exemple : *on remarque des choses si singulières sur les insectes, qu'on croiroit que les animaux les plus admirables par le mécanisme sont ceux qui nous ressemblent le moins.* Vous n'avez pas besoin de lire ici toute la phrase subordonnée pour connoître la phrase principale dont elle dépend. Voici un exemple où cette liaison est altérée.

Polybe voyoit les Romains du milieu de la Méditerranée porter leurs regards par-tout aux environs, jusqu'aux Espagnes et jusqu'en Syrie; observer ce qui s'y passoit; s'avancer régulièrement et de proche en proche; s'affermir avant que de s'étendre; ne se point charger de trop d'affaires; dissimuler quelque temps et se déclarer à propos; attendre qu'Annibal fût vaincu pour désarmer Philippe, roi de Macédoine, qui l'avoit favorisé; après avoir commencé l'affaire, n'être jamais las ni contens, jusqu'à ce que tout fût fait; ne laisser aux Macédoniens aucun moment pour se reconnoître, et après les avoir vaincus, rendre par un décret public à la Grèce, si long-temps captive, la liberté à laquelle elle ne pensoit plus; par ce moyen répandre d'un côté la terreur, et de l'autre la vénération de leur nom; c'en étoit assez pour faire voir que les Romains ne s'avançoient pas à la conquête du monde par hasard, mais par conduite.

Exemple où il ne l'est pas assez.

Bossuet.

Après avoir commencé l'affaire, après les avoir vaincus, par ce moyen, sont des expressions qui suspendent la liaison, et qui rendent le discours languissant. *Après avoir commencé l'affaire*, a même l'inconvénient de paroître appartenir à la phrase qui précède, comme à celle qui suit. Il faut éviter toute équivoque ; car ce n'est pas assez que, quand on a lu une phrase, on sente la vraie liaison des idées ; il faut que dès les premiers mots on ne puisse pas s'y méprendre.

Puisque la liaison des propositions ne sauroit se faire sentir trop rapidement, il seroit mieux d'insérer les suspensions dans le cours d'une phrase, que de les placer au commencement. Il me semble donc qu'il eût fallu dire, *répandre par ce moyen*, plutôt que *par ce moyen répandre*.

Vous remarquerez que *du milieu de la Méditerranée* fait une équivoque : on ne sait d'abord si c'est Polybe qui voyoit du milieu de la Méditerranée, ou si ce sont les Romains qui portoient du milieu, etc.

Un plus grand défaut, c'est une Un autre défaut c'est de construire une

suite de propositions successivement subor- *suite de phrases subordonnées les unes aux autres.*
données les unes aux autres.

Le Correge étoit si rempli de ce qu'il entendoit dire de Raphaël, qu'il s'étoit imaginé qu'il falloit que l'artisan qui faisoit une si grande fortune dans le monde, fût d'un mérite bien supérieur. Du Bos.

Il eût été mieux de dire :

Le Correge, rempli de ce qu'il entendoit dire de Raphaël, s'étoit imaginé que l'artisan qui s'étoit fait une si grande fortune dans le monde, devoit être d'un mérite bien supérieur.

Ce n'est pas parce que les *que* sont répétés que nous sommes choqués de ces constructions : vous avez vu plus haut une longue phrase, où cette conjonction est fort répétée : c'est donc parce que la même conjonction sert à marquer des subordinations toutes différentes. On peut se permettre deux *que* employés de la sorte, parce qu'il est bien difficile de les éviter : mais on ne doit jamais s'en permettre davantage. Le fil des idées échappe, quand on subordonne trois ou quatre propositions successivement les unes aux autres. Voici encore un exemple de ce défaut :

Je fis entendre au roi qu'autant que j'avois pu pénétrer, je voyois que le prince d'Orange se flattoit que le roi d'Angleterre se démettroit de sa couronne.

Quelquefois un écrivain s'embarrasse par la difficulté où il est de lier également à une phrase principale plusieurs phrases subordonnées. Nicole a dit :

La volonté de Dieu étant toujours juste et toujours sainte, elle est aussi toujours adorable, toujours digne de soumission et d'amour, quoique les effets nous en soient quelquefois durs et pénibles, puisqu'il n'y a que des ames injustes qui puissent trouver à redire à la justice.

La proposition principale est ici, *la volonté de Dieu est toujours adorable*, etc. Elle est précédée d'une proposition subordonnée et suivie de deux : retranchez la dernière *puisqu'il n'y a*, etc., la construction sera bonne ; mais cette phrase répand de l'embarras, parce qu'elle n'est pas à sa place, car elle se rapporte immédiatement à la principale ; de la confusion, parce qu'elle paroît d'abord se rapporter à la subordonnée qui la précède. On ne corrigeroit pas ce défaut, en faisant une transposition, mais on tomberoit au contraire dans un autre ; et il n'y avoit qu'un moyen de l'éviter. C'étoit de dire : *la volonté de Dieu... est toujours digne de soumission et d'amour, quoique les effets en soient quelquefois durs et pénibles : il n'y a que des ames injustes qui puissent trouver à redire à la justice.* Vous voyez qu'en retranchant la conjonction, vous faites de la phrase subordonnée, une phrase principale ; et que par ce moyen elle se lie à ce qui la précède.

Quand une proposition principale se lie naturellement à d'autres, il faut bien se garder d'en faire une phrase subordonnée ; car, si les conjonctions n'embarrassent pas le discours, elles le rendent au moins languissant. Je pourrois dire :

On ne sent guère dans les divertissemens de la cour, que de la tristesse, de la fatigue et de l'ennui ; et le plaisir

<small>Quand deux propositions se lient naturellement, il ne les faut pas lier par des conjonctions.</small>

fuit à proportion qu'on le cherche ; parce que nos princes n'ont plus rien de nouveau à voir, puisqu'ils voient tout dans leur enfance, et que dès le berceau on leur prépare leur ennui.

Mais madame de Maintenon dit beaucoup mieux :

On ne sent guère dans les divertissemens de la cour, que de la tristesse, de la fatigue et de l'ennui ; et le plaisir fuit à proportion qu'on le cherche. Nos princes n'ont plus rien de nouveau à voir, parce qu'ils voient tout dans leur enfance : dès le berceau on leur prépare leur ennui.

Il ne reste plus, Monseigneur, qu'à vous rappeler de combien de manières les phrases subordonnées se lient aux principales.

<small>Différentes manières dont les phrases subordonnées se lient aux principales.</small>

1°. Par les conjonctions, comme vous le voyez dans les exemples précédens.

2°. En mettant à l'infinitif le verbe de la subordonnée. *La rosée paroît tomber d'une certaine région de l'air ; mais les bons observateurs la voient s'élever de la terre jusqu'à cette région.* Vous remarquerez cependant que vous pourriez en pareil cas considérer la subordonnée et la principale comme ne formant qu'une seule phrase. Car dans le vrai, l'un de ces verbes n'est qu'une circonstance de l'autre : *paroît tomber*, c'est *tombe en apparence*; *voir s'élever*, c'est *s'élève à la vue*. Mais il importe peu de discuter s'il y a ici deux propositions, *ou* s'il n'y en a qu'une.

3°. La subordonnée se lie à la principale par des propositions. *Les arts et les sciences suffiroient seuls pour rendre un règne glorieux, pour étendre la langue d'une nation peut-être plus que des conquêtes, pour lui donner l'empire de l'esprit et de l'industrie, également flatteur et utile, pour attirer chez elle une multitude d'étrangers qui l'enrichissent par leur curiosité.*

4°. Par des gérondifs. *Vous étudiez une montre, et vous en découvrez le méchanisme en la décomposant, en arrangeant sous vos yeux toutes les parties, en les examinant séparément, en observant comment elles s'agencent les unes avec les autres ; et en considérant comment le mouvement passe du premier ressort jusqu'à l'aiguille : en analysant de la même manière les opérations de votre ame, vous découvrirez ce qui se passe en vous, quand vous pensez.* Remarquez que c'est proprement la préposition *en* qui lie ici les phrases.

5°. Enfin par des participes. *Les hommes se sont rassemblés, ont bâti des villes, et ont formé des sociétés : considérant les malheurs d'une vie sauvage, réfléchissant sur les secours qu'ils pouvoient se donner, découvrant de nouveaux moyens pour soulager leurs besoins, et commençant à donner naissance aux arts et aux sciences.*

Ce sont-là des participes ; car vous pourriez dire : *parce qu'ils ont considéré, qu'ils ont réfléchi*, etc.

Vous sentez que ces sortes de propositions subordonnées peuvent se transposer comme toutes les autres. Mais n'insérez aucune expression qui puisse suspendre la liaison, et rendre vos constructions languissantes. Prenez garde aux équivoques; et souvenez-vous que le rapport de chaque proposition subordonnée doit se faire sentir dès le premier mot.

CHAPITRE VIII.

De la construction des propositions incidentes.

Place des propositions incidentes.

La place d'une proposition incidente est après le substantif qu'elle modifie.

Les substances ont des qualités relatives que nous pouvons connoître, et elles en ont aussi que nous ignorerons toujours, parce qu'il y a des comparaisons que nous ne pouvons pas faire. Elles ont encore des qualités absolues que nous ne découvrirons jamais. Les philosophes, qui se sont flattés de remonter à l'essence des choses, et qui ont cru trouver la nature de l'ame et du corps, ont dit des absurdités, ou ont prononcé des mots qui ne signifient rien. Les sens, que la nature nous a donnés pour voir au-dehors, ne nous apprennent point pourquoi les corps sont étendus, et nous interrogeons en vain cette conscience par laquelle nous observons ce qui se passe en nous, nous ne pouvons savoir ce qui rend l'ame sensible.

Dans cet exemple, il y a des propositions incidentes qui suivent immédiatement le substantif qu'elles modifient, *des comparaisons que ; les philosophes qui.* Il y en a d'autres qui ne sont séparées du substantif que par des adjectifs : *des qualités relatives, que.... des qualités absolues que.* Elles doivent être ainsi séparées, parce qu'elles ne se rapportent pas uniquement au substantif *qualités ;* mais au substantif déjà modifié par les adjectifs, *relatives* ou *absolues.* A ne consulter que les mots, la séparation est encore plus grande dans *elles en ont aussi que nous ignorerons toujours :* mais si vous consultez le sens, vous verrez que la proposition incidente suit immédiatement le substantif qu'elle modifie: car *elles en ont aussi* est la même chose *qu'elles ont aussi des qualités.* Jusqu'ici les constructions ne souffrent point de difficultés. Je crois cependant à propos de vous arrêter sur quelques exemples. En voici :

Le microscope nous fait voir des ani-

maux, qui sont vingt-sept millions de fois plus petits que le ciron.

Nous connoissons neuf planètes qui étoient inconnues aux anciens.

Le tumulte et l'agitation qui environne le trône, en bannit les réflexions, et ne laisse jamais le souverain avec lui-même. Massillon.

C'est l'adulation qui fait d'un bon prince un prince né pour le malheur de son peuple : c'est elle qui fait du sceptre un joug accablant, et qui, à force de louer les foiblesses des rois, rend leurs vertus mêmes méprisables. Massillon.

Je ne suis pas si convaincu de notre ignorance par les choses qui sont, et dont la raison nous est inconnue, que par celles qui ne sont pas, et dont nous croyons trouver la raison. Fontenelle.

Vous voyez dans ces exemples que la proposition incidente se lie à un nom par le moyen des adjectifs conjonctifs *qui*, *que*, *dont*, etc.

L'adjectif conjonctif ne se rapporte pas toujours au substantif qui le précède immédiatement.

Des grammairiens vous diront que les adjectifs conjonctifs se rapportent toujours au substantif qui les précède immédiatement ; mais cette règle est tout-à-fait fausse.

Si nous vous reprochons sans cesse des mouvemens d'habitude dont vous devriez vous défaire, c'est que vous songez peu à vous corriger.

Dont ne se rapporte certainement pas à *habitude*. Vous en avez appris la raison dans votre grammaire : c'est qu'un adjectif conjonctif ne se rapporte jamais à un nom qui n'a pas déjà été déterminé par un article, ou par quelque chose d'équivalent. En effet, *d'habitude* n'est pas là pour être modifié par ce qui suit, mais pour modifier lui-même ce qui le précède. Voilà pourquoi l'esprit lie naturellement *dont* à *mouvemens*.

En pareil cas, ce seroit faire une faute que de rapporter le conjonctif au dernier substantif. Ainsi Vertot s'est mal exprimé, lorsqu'il a dit : *il les fit patriciens avant de les élever à la dignité de sénateurs, qui se trouvèrent jusqu'au nombre de trois cents.* Si, en lisant cette phrase, vous vous arrêtez au conjonctif, vous croirez d'abord que la proposition incidente va modifier *dignité* ; il n'étoit donc pas naturel qu'elle modifiât *sénateurs*. Voici un exemple d'une autre espèce :

Il a fallu, avant toute chose, vous faire lire dans l'écriture l'histoire du peuple de Dieu, qui fait le fondement de la religion. Boss.

Ici *du peuple* détermine l'espèce d'histoire, et *de Dieu* détermine l'espèce de peuple. Ces deux mots étant suffisamment déterminés, l'esprit ne s'y arrête plus ; il remonte au substantif *histoire*, et rapporte à ce nom la proposition incidente. Voilà donc un second cas où le conjonctif se lie à un substantif éloigné. On seroit choqué de cette construction : *vous avez appris l'histoire du peuple de Dieu, qui est le créateur du ciel et de la terre.* C'est donc une règle de rapporter le conjonctif au substantif le plus éloigné, toutes les fois que le dernier substantif, n'étant employé que pour déterminer le premier, ne demande lui-même aucune modification.

Mais si l'on disoit avec Bossuet : *on vous a montré avec soin l'histoire de ce grand royaume que vous êtes obligé de rendre* heureux ; *que* se rapporteroit à *ce grand royaume.* Car si ce substantif commence à être déterminé, il ne l'est pas assez, et il fait encore attendre quelqu'autre modification : voilà le seul cas où la proposition incidente appartient au dernier substantif.

Jusqu'ici, je ne parle que des constructions où les substantifs se déterminent successivement, parce que ce sont les seules qui puissent embarrasser. Dans les autres, il ne vous arrivera pas de vous tromper. Vous sentez bien que vous ne pouvez pas dire : *ils trouvèrent des obstacles dans cette guerre qu'ils surmontèrent ;* ni *ils trouvèrent dans cette guerre des obstacles qu'ils entreprirent.* Vous direz toujours : *ils trouvèrent des obstacles dans cette guerre qu'ils entreprirent ; ils trouvèrent dans cette guerre des obstacles qu'ils surmontèrent.*

Vous avez vu, en étudiant la grammaire, pourquoi on dit : *une espèce de fruit qui est mûr en hiver, une sorte de bois qui est dur.* C'est que l'esprit s'arrêtant sur les mots *fruit* et *bois*, déjà déterminés par ce qui précède, leur rapporte tout ce qui suit. Par la même raison, *une troupe de soldats qui pillèrent le château*, sera mieux qu'*une troupe de soldats qui pilla le château*.

<small>Règle qu'on doit se faire à ce sujet.</small> La règle générale que vous devez vous faire dans ces sortes de cas, c'est de n'avoir nul égard à la forme matérielle du discours, de ne point examiner quel est le dernier substantif ; mais de considérer l'idée sur laquelle votre esprit se porte plus naturellement. Voici un passage de Fléchier, où vous trouverez des exemples de toute espèce.

Cette sagesse (de Turenne) étoit la source de tant de prospérités éclatantes. Elle entretenoit cette union des soldats avec leur chef, qui rend une armée invincible : elle répandoit dans les troupes un esprit de force, de courage et de confiance, qui leur faisoit tout souffrir, tout entreprendre dans l'exécution de ses desseins : elle rendoit enfin des hommes grossiers capables de gloire. Car, messieurs, qu'est-ce qu'une armée ? C'est un corps animé d'une infinité de passions différentes, qu'un homme ha-

bile fait mouvoir pour la défense de la patrie : c'est une troupe d'hommes armés, qui suivent aveuglément les ordres d'un chef, dont ils ne savent pas les intentions : c'est une multitude d'ames, pour la plupart, viles et mercenaires, qui, sans songer à leur propre réputation, travaillent à celle des rois et des conquérans : c'est un assemblage confus de libertins, qu'il faut assujettir à l'obéissance; de lâches, qu'il faut mener au combat ; de téméraires, qu'il faut retenir; d'impatiens, qu'il faut accoutumer à la constance.

Exerçons-nous encore sur d'autres exemples. Cette construction, *les tableaux de Rubens qui sont au Luxembourg*, est fort correcte : car on sent que *Rubens* n'est là que pour déterminer l'espèce de tableau, et qu'il ne demande point d'être modifié. On diroit, au contraire, *les tableaux de ce peintre qui vient de Rome*, parce que *ce peintre* veut une modification.

Les tableaux de Rubens qui est un grand peintre, est donc une construction forcée. Le lecteur croit d'abord que le conjonctif *qui* se rapporte à tableau, et il voit ensuite qu'il se rapporte à *Rubens*. Cette équivoque est momentanée ; elle est levée sur-le-champ, mais enfin c'est une équivoque, et les constructions ne sont jamais plus nettes, que lorsque le rapport indiqué par ce qui précède, n'est jamais changé par ce qui suit.

C'est un effet de la providence divine qui est conforme à ce qui a été prédit : c'est un effet de la providence divine, qui veille sur nous. Voilà deux constructions, sur lesquelles les grammairiens ont beaucoup disserté. Dans la première, *qui est conforme* se rapporte à *effet*, comme il doit s'y rapporter ; car si on disoit, sans achever la phrase : *c'est un effet de la providence divine qui,* on rapporteroit naturellement *qui* à *effet*, plutôt qu'à *providence divine ;* parce que ce mot est celui sur lequel l'attention s'arrête plus particulièrement. On est prévenu qu'*un effet* est l'idée principale dont on va s'occuper, et celle par conséquent qui sera modifiée. Quand ensuite on lit *de la providence divine*, l'attention ne s'y arrête pas, comme sur des mots qui font attendre quelques modifications : au contraire, on juge qu'ils ne sont-là que pour déterminer l'espèce d'effet dont on parle, et par conséquent, l'esprit revient naturellement au mot *effet*, auquel il lie la proposition incidente, *qui est conforme*.

Il est donc encore naturel de rapporter dans la seconde phrase le conjonctif *qui* au mot *effet*; et cependant le mot *veille* force à le rapporter à *providence divine*. Ce conjonctif a donc alors un double rapport. Je conviens néanmoins qu'il seroit rigoureux de condamner ces sortes de constructions : car l'équivoque ne s'apperçoit pas, lorsque le sens la lève sur-le-champ.

Il y a des écrivains qui, faute d'avoir saisi la nature de ces constructions, rapportent la proposition incidente au dernier substantif : ils disent avec confiance, *les tableaux de Rubens qui est un grand peintre*. Mais lorsqu'ils veulent que la proposition incidente modifie le premier, il disent, dans la crainte d'une équivoque imaginaire, *les tableaux de Rubens, lesquels; c'est un effet de la providence divine, lequel.* Enfin ils sont au bout de toutes leurs ressources, quand les deux substantifs sont au même genre et au même nombre : *c'est une punition de la providence divine,* ils n'ont plus ici de moyen pour éviter l'équivoque.

Vous remarquerez, Monseigneur, que le conjonctif *lequel* a mauvaise grâce dans ces dernières constructions. C'est que, si ce conjonctif est employé pour rapprocher d'un mot une proposition qui devroit plutôt appartenir à un autre, vous êtes choqué, parce qu'on fait violence à la liaison des idées. Si, au contraire, ce conjonctif sert à lier une proposition à un mot, auquel elle se lioit déjà d'elle-même, vous êtes encore choqué, parce que vous n'aimez pas qu'on prenne des précautions superflues. En effet, nous voulons qu'un écrivain soit clair, et nous voulons qu'il le soit sans travail. La beauté des constructions dépend toujours de l'ordre des idées; et le lecteur est fatigué des efforts d'un écrivain, parce qu'il les partage.

Plusieurs propositions incidentes peuvent se rapporter à un seul substantif.

Plusieurs propositions incidentes qui se rapportent à un même nom.

Tel fut cet empereur,(*Titus*) sous qui Rome adorée,
Vit renaître les jours de Saturne et de Rhée,
Qui rendit de son joug l'univers amoureux,
Qu'on n'alla jamais voir sans revenir heureux,
Qui soupiroit le soir, si sa main fortunée
N'avoit par ses bienfaits signalé sa journée.
Despréaux.

Tous ces *qui* se rapportent à *empereur :* ceux qui en sont le plus loin comme celui qui en est le plus près, et cette construction est fort bonne.

La construction suivante, au contraire, est très-défectueuse, quoique le conjonctif se rapporte presque toujours au substantif qui le précède immédiatement.

Les constructions sont défectueuses lorsque plusieurs propositions sont successivement incidentes les unes aux autres.

Il faut se conduire par les lumières de la foi, qui nous apprennent que l'insensibilité est d'elle-même un très-grand mal, qui nous doit faire appréhender cette menace terrible, que Dieu fait aux ames qui ne sont pas assez touchées de sa crainte. Nicole.

Nous ferons sur ces propositions incidentes la même observation que nous avons déjà faite, en parlant d'une suite de propositions subordonnées les unes aux autres. Ce n'est pas-là une phrase où les idées soient liées, c'est une suite de phrases qui tiennent mal ensemble. L'esprit s'écarte insensiblement du point d'où il est parti, et on ne sait plus où l'on est. En effet, le premier *qui* se rapporte à *lumières*, le second à *grand mal* où à *insensibilité*, le troisième à *menace*, et le dernier à *ames*. Il me semble que Nicole auroit pu dire : *il faut se conduire par les lumières de la foi, qui nous apprennent que l'insensibilité est d'elle-même un très-grand mal, et qu'elle doit nous faire appréhender cette menace terrible que Dieu fait aux ames trop peu touchées de sa crainte.*

On n'ignore pas que peu de temps après la mort d'Auguste, la poésie, qui avoit brillé avec tant d'éclat sous les yeux de ce prince, s'éclipsa peu-à-peu sous ses successeurs, et demeura enfin comme éteinte dans les ténèbres de la barbarie, qui amena du fond du nord ce déluge de nations féroces, qui des débris de l'empire romain forma la

plupart des royaumes qui *subsistent aujourd'hui dans l'Europe.* L'abbé du Bos.
Il y a ici le même défaut que dans l'exemple précédent: car un conjonctif se rapporte à *ténèbres*, un autre à *nations* et le dernier à *royaumes*.

Le vice est encore plus grand, lorsque les conjonctifs se rapportent tantôt au dernier substantif, tantôt à un substantif éloigné ; car il en résulte ou de l'embarras ou des équivoques.

Nous tombons sans y penser dans une infinité de fautes, à l'égard de ceux avec qui *nous vivons*, qui *disposent à prendre en mauvaise part ce qu'ils souffriroient sans peine, s'ils n'avoient déjà un commencement d'aigreur dans l'esprit.* Nicole.

On pourroit éviter le second *qui* en disant: *et par-là nous les disposons*, etc.

Qui ne croiroit que ceux que Dieu a éclairés par de si pures lumières, à qui il a découvert la double fin et la double éternité de bonheur ou de misère qui les attend, qui *ont l'esprit rempli de ces grands et effroyables objets*, qui *ont préféré Dieu à toute chose : qui ne croiroit, dis-je, qu'ils sont incapables d'être touchés des bagatelles du monde ?* Nicole.

Si en lisant ces exemples, vous vous arrêtez à chaque *qui*, vous remarquerez que vous rapportez naturellement le second au même nom, auquel vous avez rapporté le premier ; et cependant, lorsque vous continuez de lire, le sens demande que vous le rapportiez à un autre. Ces doubles rapports sont toujours vicieux, parce que s'ils ne causent pas d'équivoque, ils embarrassent au moins la construction.

Les étoiles fixes ne sauroient être moins éloignées de la terre que de vingt-sept mille six cent soixante fois la distance d'ici au soleil, qui est de trente millions de lieues. Fontenelle.

On ne peut pas absolument blâmer cette dernière proposition incidente : mais il me semble qu'elle termine mal la phrase, et qu'un tour où on l'eût évitée, eût été préférable.

Il n'y a personne dans le monde, si bien lié avec nous de société et de bienveillance, qui nous aime, qui nous goûte, qui nous fait mille offres de services et qui nous sert quelquefois, qui *n'ait en soi, par l'attachement à son intérêt, des dispositions très-proches à rompre avec nous.* La Bruyère.

Il n'y a qu'une affliction qui dure, qui est celle qui vient de la perte des biens. La Bruyère.

Il eût été mieux de dire : *c'est celle qui*, etc.

Racine, exact imitateur des anciens, dont il a suivi exactement la netteté et la simplicité de l'action. La Bruyère.

Cette phrase est mauvaise, parce que *la netteté* et *la simplicité* se construisent tout-à-la-fois avec *dont* qui les précède, et avec *de l'action* qui les suit. Mais voilà suffisamment d'exemples.

CHAPITRE IX.

De l'arrangement des modifications exprimées par des propositions subordonnées, par des propositions incidentes, ou par tout autre tour.

<small>En observant les mauvaises constructions, on apprend à en faire de bonnes.</small>

IL ne suffit pas, Monseigneur, d'étudier les bonnes constructions; il faut encore étudier les mauvaises : car l'art d'écrire renferme deux choses ; les lois qu'il faut suivre, et les défauts qu'il faut éviter. Vous saurez donc écrire avec clarté et avec précision, lorsque vous aurez observé ce qui rend le discours long, pesant et embarrassé. C'est pourquoi je vais, dans ce chapitre, rassembler des exemples où vous verrez des défauts de toute espèce.

<small>Ce qu'on nomme *période*.</small>

Nous aurons occasion de nous servir du mot de *période*, et il faut vous rappeler ce que nous en avons dit dans la grammaire. Venons à un exemple.

Il y a bien des phénomènes, qui embarrassent les philosophes ; et les plus communs ne sont pas ceux qui les embarrassent le moins. Voilà une période : vous voyez qu'elle renferme plusieurs phrases, qu'on appelle *membres*. *Il y a bien des phénomènes qui embarrassent les philosophes;* c'est le premier membre; *et les plus communs ne sont pas ceux qui les embarrassent le moins:* c'est le second.

Vous comprenez qu'une période peut avoir un plus grand nombre de membres, trois, par exemple, quatre ou davantage: mais il est inutile de les compter. Vous savez qu'il suffit de bien lier les idées, et qu'il seroit ridicule de s'occuper du nombre des phrases ou des mots.

Comme donc en considérant une carte universelle, vous sortez du pays où vous êtes né et du lieu qui vous renferme, pour parcourir toute la terre habitable, que vous embrassez par la pensée avec toutes ses mers, et tous ses pays; ainsi, en considérant l'abrégé chronologique, vous sortez des bornes de

Exemple d'une période bien faite.

votre âge, et vous vous étendez dans tous les siècles.

Mais de même que pour aider sa mémoire dans la connoissance des lieux, on retient certaines villes principales, autour desquelles on place les autres, chacune selon sa distance, ainsi dans l'ordre des siècles, il faut avoir certains temps marqués par quelque grand événement, auquel on rapporte tout le reste. Bossuet.

Voilà une période où tout est lié; en voici une où il y a quelques petits défauts.

Autre période bien faite, à quelques négligences près.

C'est la suite de la religion et des empires que vous devez imprimer dans votre mémoire, et comme la religion et le gouvernement politique sont deux points sur lesquels roulent les choses humaines, voir ce qui regarde ces choses renfermées dans un abrégé, et en découvrir par ce moyen tout l'ordre et toute la suite, c'est comprendre dans sa pensée tout ce qu'il y a de grand parmi les hommes, et tenir, pour ainsi dire, le fil de toutes les affaires de l'univers. Bossuet.

J'aimerois mieux voir dans un abrégé,

que *voir ce qui regarde ces choses renfermées dans un abrégé.* Je retrancherois encore *par ce moyen*, comme inutile.

Il y a deux inconvéniens à craindre dans les longues périodes : l'un de tomber dans des équivoques pour éviter les constructions forcées ; l'autre de faire violence aux constructions pour éviter les équivoques. Ce n'est pas assez qu'une transposition prévienne les doubles sens, il faut encore que les idées se lient également dans l'ordre renversé comme dans l'ordre direct. Voici une longue période qui est fort bien faite.

Quel témoignage n'est-ce pas de sa vérité, de voir que dans les temps où les histoires profanes n'ont à nous conter que des fables, ou tout au plus des faits confus et à demi oubliés, l'écriture, c'est-à-dire, sans contestation, le plus ancien livre qui soit au monde, nous ramène par tant d'événemens précis, et par la suite même des choses, à leur véritable principe ; c'est-à-dire, à Dieu qui a tout fait, et nous marque si distinctement la création de l'univers, celle de l'homme en particulier, le bon-

heur de son premier état, les causes de ses misères et de ses foiblesses, la corruption du monde et le déluge; l'origine des arts et celle des nations, la distribution des terres, enfin la propagation du genre humain, et d'autres faits de même importance, dont les histoires humaines ne parlent qu'en confusion, et nous obligent à chercher ailleurs les sources certaines ? Bossuet.

<small>Tous les membres d'une période doivent être distincts, et en même temps liés entr'eux.</small>

Vous voyez que dans une période tous les membres doivent être distincts, et liés les uns aux autres. Quand ces conditions ne sont pas remplies, ce n'est plus qu'un assemblage confus de plusieurs phrases. En voici un exemple.

<small>Exemple d'une période embarrassée et confuse.</small>

Comme les arcs triomphaux des Romains ne se dressoient que pour éterniser la mémoire d'un triomphe réel, les ornemens tirés des dépouilles qui avoient paru dans un triomphe, et qui étoient propres pour orner l'arc qu'on dressoit afin d'en perpétuer la mémoire, n'étoient point propres pour embellir l'arc qu'on feroit en mémoire d'un autre triomphe, principalement si la victoire avoit été remportée sur un autre peuple, que celui sur qui avoit été remportée la victoire, laquelle avoit donné lieu au premier triomphe comme au premier arc. L'abbé du Bos.

Bossuet conçoit nettement sa pensée, et ses idées s'arrangent naturellement : mais plus l'abbé du Bos fait d'efforts, plus il s'embarrasse. Il est obscur par les précautions qu'il prend pour se faire entendre. On démêle qu'il veut dire que les arcs triomphaux étant ornés des dépouilles des ennemis, on ne pouvoit pas faire servir les mêmes dans des occasions où la victoire avoit été remportée sur des peuples différens.

Quand on accumule les idées sans ordre, on s'embarrasse dans sa propre pensée, et on ne sait plus par où finir. On sent qu'on est obscur, et on le devient davantage, parce qu'on veut cesser de l'être. On pourroit dire :

Rien n'est plus propre à nous faire connoître ce que peuvent sur tous les hommes, et principalement sur les enfans, les qualités propres à l'air d'un Autre exemple.

certain pays, que de considérer le pouvoir des simples vicissitudes ou altérations passagères de l'air sur les organes qui ont acquis toute leur consistance.

L'abbé du Bos exprime cette même pensée avec beaucoup de désordre et de superfluité.

Rien n'est plus propre à nous donner une juste idée du pouvoir que doivent avoir sur tous les hommes, et principalement sur les enfans, les qualités qui sont propres à l'air d'un certain pays, en vertu de sa composition, lesquelles *on pourroit appeler ses qualités permanentes;* que de rappeler la connoissance que nous avons du pouvoir que *les simples vicissitudes ou les altérations passagères de l'air ont même sur les hommes,* dont *les organes ont acquis la consistance* dont *ils sont susceptibles.* Du Bos.

Autre. *Tout persuadé que je suis que ceux que l'on choisit pour de différens emplois, chacun selon son génie et sa profession, font bien ; je me hasarde de dire qu'il se peut faire qu'il y ait au monde plusieurs*

personnes, *connus ou inconnus, que l'on n'emploie pas, qui feroient très-bien.*
La Bruyère.

Quand vous lirez la Bruyère, vous y trouverez souvent des constructions dans ce goût-là.

Il me semble qu'on écriroit correctement, si l'on disoit :

L'Allemagne est aujourd'hui bien différente de ce qu'elle étoit quand Tacite l'a décrite. Elle est remplie de villes, et il n'y avoit que des villages : les marais, la plupart des forêts ont été changés en prairies ou en terres labourables ; mais quoique par cette raison la manière de vivre et de s'habiller des Allemands soit différente, en bien des choses, de celles des Germains, on leur reconnoît encore le même génie et le même caractère.

Voici comment l'abbé du Bos embarrasse cette pensée.

Quoique l'Allemagne soit aujourd'hui dans un état bien différent de celui où elle étoit quand Tacite la décrivit ; quoiqu'elle soit remplie de villes, au lieu qu'il n'y avoit que des villages dans

Autre.

l'ancienne Germanie ; quoique les marais et la plupart des forêts de la Germanie aient été changés en prairies et en terres labourables; enfin, quoique la manière de vivre et de s'habiller des Germains soient différentes par cette raison en bien des choses de la manière de vivre et de s'habiller des Allemands, on reconnoît néanmoins le genre et le caractère d'esprit des anciens Germains dans les Allemands d'aujourd'hui.

1. L'abbé du Bos pouvoit éviter la répétition de ces *quoique.* 2. *Par cette raison* et *dans les Allemands d'aujourd'hui* sont mal placés. 3. Les mots de *Germanie*, de *Germains* et d'*Allemands* sont trop répétés. Enfin, cette longue suite de propositions subordonnées tiennent trop longtemps l'esprit en suspens, le font revenir trop souvent au même tour, et ne sont pas en proportion avec la conclusion qu'elles amènent. Tous ces défauts rendent le style lourd et traînant; et vous voyez qu'on les évite, quand on se conforme à la liaison des idées.

<small>Comment les I. es se develop-</small>

Si vous étudiez les périodes que je vous

ai données pour modèles, vous remarquerez que les idées principales des différens membres tendent toutes au même but, et que les modifications qui les accompagnent, les développent et les arrangent avec ordre autour d'une idée qui est comme un centre commun. C'est pourquoi une période bien faite est appelée une période arrondie.

pendant une période.

Celui qui met un frein à la fureur des flots
Sait aussi des méchans arrêter les complots ;
Soumis avec respect à sa volonté sainte,
Je crains Dieu, cher Abner, et n'ai pas d'autre crainte.
      Racine.

Exemple d'une période arrondie.

Je ne crains que Dieu. Voilà à quoi toute la période se rapporte. Cette idée est en même temps la principale du second membre ; elle est naturellement liée à la principale du premier, et les propositions subordonnées la développent et l'arrondissent. Voici un passage où Massillon lie parfaitement ses idées dans une suite de périodes. L'idée principale, à laquelle toutes les autres se rapportent, est qu'on n'oseroit dire la vérité aux princes.

Gâtés par les louanges, on n'oseroit

Suite de périodes arrondies, qui

développent un *plus leur parler le langage de la vérité :*
idée principale. *eux seuls ignorent dans leurs états ce qu'eux seuls devroient connoître : ils envoient des ministres pour être informés de ce qui se passe de plus secret dans les cours et dans les royaumes les plus éloignés ; et personne n'oseroit leur apprendre ce qui se passe dans leur royaume propre : les discours flatteurs assiègent leur trône, s'emparent de toutes les avenues, et ne laissent plus d'accès à la vérité. Ainsi le souverain est seul étranger au milieu de ses peuples ; il croit manier les ressorts les plus secrets de l'empire, et il en ignore les événemens les plus publics: on lui cache ses pertes, on grossit ses avantages, on lui diminue les misères publiques, on le joue à force de le respecter ; il ne voit plus rien tel qu'il est, tout lui paroît tel qu'il le souhaite.*

Exemple, où les propositions incidentes nuisent à l'arrondissement d'une période. Voici une période qui n'est pas si bien faite, parce qu'il y a trop de propositions incidentes dans le premier membre. Elle est encore de Massillon.

Souvenez-vous de ce jeune roi de Juda,

qui pour avoir préféré les avis d'une jeunesse inconsidérée, à la sagesse et à la maturité de ceux aux conseils desquels Salomon, son père, étoit redevable de la gloire et de la prospérité de son règne, et qui lui conseilloient d'affermir les commencemens du sien par le soulagement de ses peuples, vit un nouveau royaume se former des débris de celui de Juda, et qui pour avoir voulu exiger de ses sujets au-delà de ce qu'ils lui devoient, perdit leur amour et leur fidélité qui lui étoient dûs.

La liaison des idées est ralentie, parce que Massillon s'arrête sur un nom de la première proposition incidente, pour le modifier par deux autres propositions assez longues : *aux conseils desquels*, etc., *et qui lui conseilloient*, etc. Or l'esprit n'aime pas à être retardé de la sorte.

Si des propositions de cette espèce, jetées dans le premier membre, ralentissent le discours, elles rendent la période traînante, lorsqu'elles sont ajoutées au dernier. Fénélon écrit ainsi à Madame de Maintenon.

<small>Exemple d'une période traînante.</small>

Comme le roi se conduit bien moins par des maximes suivies, que par l'impression des gens qui l'environnent, et auxquels il a confié son autorité; le capital est de ne perdre aucune occasion pour l'obséder par des gens sûrs, qui agissent de concert avec vous, pour lui faire accomplir dans leur vraie étendue ses devoirs dont il n'a aucune idée.

C'est au dernier *pour* que la période devient languissante. Vous vous souviendrez qu'une préposition ne peut être répétée, qu'autant qu'elle exprime le même rapport, et qu'elle subordonne deux propositions à une même proposition principale.

Exemple d'une suite de phrases mal liées. Ce ne seroit pas faire une période, ce seroit écrire une suite de phrases mal liées, que de dire avec Pascal.

1 *Qu'est-ce que nous crie cette avidité,* (d'acquérir des connoissances) *sinon qu'il y a eu autrefois en l'homme un véritable bonheur dont il ne lui reste maintenant que la marque et la trace toute vide,* 2 *qu'il essaie de remplir de tout ce qui l'environne;* 3 *en cherchant dans les choses absentes le secours*

qu'il n'obtient pas des présentes, et que les unes et les autres sont incapables de lui donner ; 4 parce que ce gouffre infini ne peut être rempli que par un objet infini et immuable.

J'ai distingué les phrases par des chiffres. Vous voyez que la seconde modifie le dernier nom de la première, que la troisième modifie la seconde, et que la quatrième modifie la dernière partie de la troisième. Ce n'est certainement pas là une période arrondie.

L'ennui dévore les grands et ils ont bien de la peine à remplir leur journée. Voilà une idée principale que madame de Maintenon développe dans une suite de phrases bien faites et bien liées.

Que ne puis-je vous donner toute mon expérience ; que ne puis-je vous faire voir l'ennui qui dévore les grands, et la peine qu'ils ont à remplir leur journée ! Ne voyez-vous pas que je meurs de tristesse dans une fortune qu'on auroit eu peine à imaginer, et qu'il n'y a que le secours de Dieu qui m'empêche d'y succomber ? J'ai été jeune et jolie ; j'ai

Suite de phrases bien liées.

goûté des plaisirs ; j'ai été aimée partout. Dans un âge plus avancé, j'ai passé des années dans le commerce de l'esprit ; je suis venue à la faveur ; et je vous proteste que tous les états laissent un vide affreux, une inquiétude, une lassitude, une envie de connoître autre chose, parce qu'en tout cela rien ne satisfait entièrement.

Ce dernier exemple est un modèle. Mais revenons encore à des critiques, Monseigneur ; car enfin le vrai moyen d'apprendre à écrire, c'est de savoir les défauts que vous avez à éviter.

<small>Un mot déplacé ou d'une construction vicieuse.</small>

Ce n'est pas assez de bien arranger les propositions principales, subordonnées et incidentes ; il faut encore que chaque mot soit à sa place.

<small>Exemple.</small>

Si la plupart des grecs et des latins qui les ont suivis, ne parlent point de ces rois babyloniens ; s'ils ne donnent aucun rang à ce grand royaume parmi les plus grandes monarchies dont ils racontent la suite ; enfin si nous ne voyons presque rien dans leurs ouvrages de ces fameux rois Teglathphalasar, Salmanasar.

Sennacherib , Nabuchodonosor , et de tant d'autres si renommés dans l'ecriture et dans les histoires orientales ; il le faut attribuer ou à l'ignorance des grecs, plus éloquens dans leurs narrations, que curieux dans leurs recherches; ou à la perte que nous avons faite de ce qu'il y a de plus recherché et de plus exact dans leurs histoires. Boss.

Dans *si la plupart des grecs et des latins qui* ... le conjonctif *qui* paroît d'abord se rapporter aux grecs comme aux latins. Cependant *les ont suivis* fait bientôt voir que l'écrivain ne veut pas qu'on le rapporte aux grecs. Mais il s'agit pour le moment de remarquer les mots qui ne sont pas à leur place. Il me semble donc qu'au lieu de *s'ils ne donnent aucun rang à ce grand royaume parmi*.... il falloit *s'ils ne donnent à ce grand royaume aucun rang parmi*... et qu'au lieu de *si nous ne voyons rien dans leurs ouvrages de ces fameux rois*... il falloit *si dans leurs ouvrages nous ne voyons presque rien de ces* ... Car la liaison des idées demande que *parmi* suive immédiatement *rang*, et que *de ces fameux rois* suive immédiatement *presque rien*.

Autre. *Il écrivit de sa propre main sur deux tables qu'il donna à Moyse au haut du mont Sinaï, le fondement de cette loi, c'est-à-dire, le décalogue.* Boss.

Une transposition eût rapproché le verbe de son objet, et la liaison des idées eût été plus grande, si Bossuet eût dit : *sur deux tables qu'il donna à Moyse au haut du mont Sinaï, il écrivit.*

Mais comme on n'est pas toujours sûr d'avoir raison lorsqu'on entreprend de corriger Bossuet, gâtons une de ses périodes en transposant seulement quelques mots.

Autre. *Gloire, richesse, noblesse, puissance, ne sont que des noms pour les hommes du monde ; pour nous, si nous suivons Dieu, ce seront des choses : au contraire, la pauvreté, la honte, la mort sont des choses trop effectives, et trop réelles pour eux ; pour nous ce sont seulement des noms.* Boss.

Cette période n'auroit pas la même grâce si vous écriviez :

Gloire, richesse, noblesse, puissance ne sont que des noms pour les gens du monde ; si nous suivons Dieu, ce seront des choses pour nous : au contraire, la pauvreté, la honte, la mort sont des choses trop effectives et trop réelles pour eux, ce sont seulement des noms pour nous.

Je n'ai cependant fait que transposer *pour nous* à la fin de chaque membre. Vous voyez donc qu'en laissant ces deux mots dans la place où Bossuet les a mis, les idées en sont beaucoup mieux liées ; et cela doit vous servir de règle dans tous les cas où vous avez des oppositions à marquer.

Despréaux a dit : *ce que l'on conçoit bien s'énonce clairement* ; c'est une maxime qu'on répète beaucoup : cependant vous avez vu des phrases où l'écrivain conçoit bien ce qu'il veut dire, quoiqu'il s'exprime d'un manière obscure ou du moins embarrassée. Cela devoit arriver ainsi ; car autre chose est de concevoir clairement sa pensée, et autre chose de la rendre avec la même clarté. Dans un cas, toutes les idées se présentent à-la-fois à

<small>Il ne suffit pas de concevoir bien pour s'énoncer clairement.</small>

l'esprit, dans l'autre, elles doivent se montrer successivement. Pour bien écrire, ce n'est donc pas assez de bien concevoir : il faut encore apprendre l'ordre dans lequel vous devez communiquer l'une après l'autre des idées que vous appercevez ensemble, il faut savoir analyser votre pensée. Accoutumez-vous de bonne heure à concevoir avec netteté, et familiarisez-vous en même temps avec le principe de la plus grande liaison.

CHAPITRE X.

Des constructions elliptiques.

Il ne s'agit pas ici seulement des ellipses qui sont d'un usage général, et dont nous avons parlé dans la grammaire; il s'agit encore de celles qui sont plus rares, et que les bons écrivains se permettent, pour donner plus de vivacité au discours.

<small>Il faut débarrasser le discours de tout mot qui se supplée facilement.</small>

Nous voudrions donner à nos expressions la rapidité de nos pensées. Ainsi, non-seulement le style doit être dégagé de toute superfluité, il doit être encore débarrassé de tout ce qui se supplée facilement : moins on emploie de mots, plus les idées sont liées.

Une femme inconstante est celle qui n'aime plus; une légère, celle qui déjà en aime une autre; une volage, celle qui ne sait si elle aime, ni ce qu'elle aime; une indifférente, celle qui n'aime rien. La Bruyère.

<small>On sous-entend un mot qu'on ne veut pas répéter.</small>

Le retranchement du verbe rend ici le style plus vif.

Si j'épouse, Hermas, une femme avare, elle ne me ruinera point; si une joueuse, elle pourra s'enrichir; si une savante, elle saura m'instruire; si une prude, elle ne sera point emportée; si une emportée, elle exercera ma patience; si une coquette, elle voudra me plaire; si une galante, elle le sera peut-être jusqu'à m'aimer; si une dévote, répondez, Hermas, que dois-je attendre de celle qui veut tromper Dieu, et qui se trompe elle-même?

La Bruyère paroît aimer ce tour, et en fait usage assez souvent; mais il feroit encore mieux de supprimer les *si* et de dire : *si j'épouse, Hermas, une femme avare, elle ne me ruinera pas; une joueuse, elle pourra s'enrichir; une savante, etc.* Vous sentez qu'il s'agit d'une fausse dévote.

J'accepterois les offres de Darius, si j'étois Alexandre; et moi aussi, si j'étois Parménion.

Suppléez dans le second membre *je les accepterois.*

Quelquefois on sous-entend avec une négation un verbe qui a été employé affirmativement. *On le sous-entend avec des modifications qu'il n'avoit pas.*

Il y avoit tout à redouter de la fureur d'Annibal, et rien à craindre de la modération de Fabius. S. Evremont.

Suppléez *il n'y avoit rien.* D'autrefois on sous-entend, sans négation, un verbe qui a été pris négativement.

La frugalité des romains n'étoit point un retranchement des choses superflues, ou une abstinence volontaire des agréables; mais un usage grossier de ce qu'on avoit entre les mains. S. Evremont.

Suppléez *c'étoit;* sous-entendez aussi *choses* devant *agréables.*

Enfin on sous-entend des mots qui n'ont pas été énoncés. *On sous-entend des mots qui n'ont pas été énoncés.*

. . . . *aussitôt aimés qu'amoureux,*
On ne vous force point à répandre des larmes.
Des Houlières.

Le premier vers est elliptique : *comme vous êtes aimé, aussitôt que vous êtes amoureux.*

Madame de Sévigné écrit à sa fille;

Je vous en prie, ne donnons point désormais à l'absence l'honneur d'avoir remis entre nous une parfaite intelligence, et de mon côté la persuasion de votre tendresse pour moi.

Difficultés peu fondées des grammairiens.

Cette construction est fort claire, et par conséquent elle est bonne. Cependant des grammairiens demanderont qu'est-ce qu'*avoir remis de mon côté la persuasion de votre tendresse pour moi?* Et ils condamneront ce tour, parce qu'ils n'en trouvent pas d'exemple. Plus occupés des mots que des pensées, ils désapprouvent les ellipses, lorsqu'elles paroissent rapprocher des mots qu'on n'a pas encore vus ensemble. Mais soyez persuadé qu'une phrase claire, vive et précise est bonne, quand même la langue ne fourniroit pas de moyen pour remplir l'ellipse. Ces grammairiens savent si une chose a été dite ou non; mais ils paroissent ignorer que ce qui n'a pas été dit, peut se dire. Assujettis à des règles qu'ils ne sauroient fixer, et souvent en contradiction avec eux-mêmes, ils voient d'un jour à l'autre le succès des tours, contre lesquels ils se sont récriés ; et ils reçoivent enfin la loi de l'usage, qu'ils appellent bizarre. Cependant l'usage n'est pas aussi peu fondé en raison qu'ils le prétendent ; il s'établit d'après ce qu'on sent, et le sentiment est bien plus sûr que les règles des grammairiens. Si Racine avoit toujours écouté de pareils critiques, il n'auroit pas enrichi la langue de quantité de nouveaux tours. Il a dit :

Je l'aimois inconstant, qu'aurois-je fait fidèle?

Et un habile grammairien remarque que cette ellipse est trop forte. Il avoue cependant qu'on la peut pardonner à un poëte de l'âge de Racine : mais il ne conseilleroit pas à un jeune homme de hasarder un pareil tour ; comme s'il falloit avoir vieilli, pour oser bien écrire.

Voici une ellipse encore plus irrégulière.

Le crime fait la honte, et non pas l'échafaud.

Un grammairien qui voudroit mieux écrire, écriroit fort mal : la précision est à rechercher toutes les fois que la liaison des idées prévient les équivoques auxquelles la forme du discours paroîtroit donner lieu. En effet tous les arrangemens de mots sont subordonnés à cette liaison, et lorsqu'un mot est inutile, il le faut supprimer.

* M. de Valincour a critiqué dans la princesse de Clèves cette phrase: *elle faisoit valoir à Estouteville, de cacher leur intelligence;* cependant l'esprit devine facilement que les mots sous-entendus sont *le soin qu'elle prenoit.*

Il m'a fait faire bien des complimens, et que sans que son équipage étoit bien fatigué, il seroit venu me voir, et moi, sans que je n'en ai point.

On voit que madame de Sévigné badine sur *sans que*, qui est une mauvaise expression; et le tour elliptique qu'elle emploie est asusi bon que plaisant.

C'est une faute contre la politesse que de louer immodérément en présence de ceux que vous faites chanter ou toucher un instrument, quelqu'autre personne qui a les mêmes talens, comme devant ceux qui vous lisent des vers, un autre poëte. La Bruyère.

Cette construction est embarrassée, parce

que *louer* est loin de son objet, *quelqu'autre personne* : c'est ce qui fait qu'il paroît mal à propos sous-entendu devant *un autre poëte*.

Vous remarquerez que les ellipses ne souffrent point de difficulté, lorsqu'on ne sous-entend que les mots qui ont déjà été employés.

Corneille étoit très-aisé à vivre, bon père, bon mari, bon parent, tendre et plein d'amitié. Il avoit l'ame fière et indépendante, nulle souplesse, nul manége : ce qui l'a rendu très-propre à peindre la vertu romaine, et très-peu propre à faire sa fortune. Fontenelle.

Voici trois pensées de Pascal, où vous remarquerez le même tour elliptique.

Le fini s'anéantit en présence de l'infini : ainsi notre esprit devant Dieu, ainsi notre justice devant la justice divine.

Il est également dangereux à l'homme de connoître Dieu sans connoître sa misère, et de connoître sa misère sans connoître Dieu.

Quand tout se remue également, rien

ne se remue en apparence, comme en un vaisseau. Quand tous vont vers le dérèglement, nul ne semble y aller : qui s'arrête, fait remarquer l'emportement des autres, comme un point fixe.

Règle générale.   Les grammairiens disent que l'ellipse doit être autorisée par l'usage ; mais il suffit qu'elle le soit par la raison. Vous pouvez vous permettre ces sortes de tours toutes les fois que les mots sous-entendus se suppléeront facilement. Ne demandez pas si une expression est usitée ; mais considérez si l'analogie autorise à s'en servir. Vous saurez un jour que le latin est beaucoup plus elliptique que le françois ; et vous en sentirez facilement la raison.

CHAPITRE XI.

Des amphibologies.

LES amphibologies sont occasionnées par les pronoms, *il*, *le*, *la*, etc.; par les adjectifs possessifs, *son*, *sa*, etc.; et par des noms qui ne sont pas dans la place que marque la liaison des idées. <small>Cause des amphibologies.</small>

Samüel offrit son holocauste à Dieu, et il lui fut si agréable, qu'il lança au même moment de grands tonnerres contre les Philistins. <small>Exemple.</small>

Le rapport de ces pronoms n'est pas sensible. Bouhours veut corriger cette construction et la corrige mal : *Samüel*, dit-il, *offrit son holocauste à Dieu, et ce sacrifice lui fut si agréable, qu'il lança, etc.* Vous voyez que l'amphibologie subsiste toujours : car par la construction, *lui* se rapporte à *Samüel*. On auroit pu dire: *Samüel offrit son holocauste, et Dieu le trouva si agréable, qu'il, etc.*

Le principe de la plus grande liaison <small>Règle pour éviter les amphibologies,</small>

des idées nous apprendra comment on peut éviter ces défauts : il suffira de faire des observations sur quelques exemples.

Le roi fit venir le maréchal ; il lui dit. *Il* est évidemment le roi, et *lui* le maréchal. Or, vous remarquerez que dans la seconde proposition les pronoms suivent la même subordination que vous avez donnée aux noms dans la première. Si *fit venir* est subordonné à *roi*, *dit* l'est à *il* ; et si *le maréchal* est subordonné à *fit venir*, *lui* l'est à *dit*. La règle est donc en pareil cas de conserver cette subordination. Multiplions les noms et les pronoms, nous verrons ce principe se confirmer.

Le comte dit au roi que le maréchal vouloit attaquer l'ennemi ; et il l'assura qu'il le forceroit dans ses retranchemens.

Il n'y a point d'équivoque dans cette période, quoique le premier membre renferme quatre noms. La subordination est exacte, parce que les pronoms d'une proposition se rapportent aux noms d'une proposition de même genre : car le rapport se fait de la principale à la principale, et de la subordonnée à la subordonnée. *Il l'assura* est la principale du second membre, et les pronoms se rapportent à la principale du premier; *il* à *comte*, *le* à *roi*. De même qu'*il le forceroit* est la subordonnée du second membre, et les pronoms se rapportent à la subordonnée du premier; *il* à *maréchal*, *le* à *ennemi*.

Mais toutes les périodes n'ont pas cette symmétrie: car un des membres peut avoir deux propositions, tandis que l'autre n'en aura qu'une. *Le maréchal vit que l'ennemi vouloit nous attaquer, il le prévint*. Cependant la subordination marque encore sensiblement le rapport, *le* est pour *l'ennemi*, parce que ce nom appartient à la phrase subordonnée.

Voilà donc la règle générale: toutes les fois que dans le premier membre d'une période il y a des noms subordonnés, les pronoms doivent suivre dans le second le même ordre de subordination. Dans tout autre cas la règle sera de rapporter le pronom subordonné au premier nom, qui sera offert dans le discours. *Le comte étoit à quelques lieues : le maréchal apprit que l'ennemi vouloit l'attaquer;* c'est-à-dire, attaquer le comte. *A peine avoit-on confié cette place au comte, que le maréchal apprit que l'ennemi vouloit l'attaquer;* c'est-à-dire, attaquer cette place. Or, puisque dans le premier exemple le pronom se rapporte à *comte*, et à *cette place* dans le second; il se rapporte donc en pareil cas au nom qui a été énoncé le premier. Par conséquent il se rapporteroit à *maréchal*, si le discours commençoit par cette phrase : *le maréchal apprit que l'ennemi vouloit l'attaquer.* Vous voyez donc que lorsqu'il n'y a pas subordination de noms, le pronom subordonné tient toujours la place du nom qui a été énoncé le premier.

Je dis *le pronom subordonné ;* car lorsqu'un pronom est le sujet d'une proposition, il se rapporte toujours au dernier nom. *Le comte étoit à quelques lieues, le maréchal dit qu'il vouloit le joindre. Il,* sujet de la proposition, est visiblement pour *le maréchal,* comme *le,* pronom subordonné, est pour *le comte.*

Ce soldat croit qu'il est l'homme que vous demandez, est une phrase correcte dans le cas où le soldat parleroit lui-même : dans tout autre il faudroit dire, *croit que c'est l'homme.*

Ces exemples vous font connoître que les règles varient suivant les cas : mais souvenez-vous qu'il y en a une qui ne varie point : c'est le principe de la plus grande liaison des idées. Quand vous vous serez familiarisé avec ce principe, il vous sera permis d'oublier toutes les règles particulières. *Les règles particulières varient à ce sujet.*

Une conséquence des observations précédentes, c'est que, dans une suite de propositions, le même pronom ne peut se rapporter à un même nom, qu'autant qu'il est toujours dans la même subordination. Vous écrirez clairement si vous dites : *votre ami a rencontré l'homme qui s'est fait cette affaire, il lui a dit qu'il tenoit de bonne part qu'on menaçoit de l'arrêter, et qu'il avoit même ouï dire qu'on le traiteroit en criminel d'état.* Il, est pour *votre ami*, comme *le* est pour *l'homme qui s'est fait cette affaire*; et la subordination est fort bien observée. Si vous détruisiez cette subordination, le discours *Le même pronom ne peut se rapporter au même nom, qu'autant qu'il est toujours dans la même subordination.*

seroit tout-à-fait louche. *Votre ami a rencontré l'homme qui s'est fait cette affaire, il lui a dit qu'il tenoit de bonne part qu'il étoit menacé d'être arrêté, et qu'il avoit même ouï dire qu'il seroit traité en criminel d'état.* On n'apperçoit plus sensiblement le rapport de tous ces *il*, et le lecteur est obligé de deviner quels sont ceux qui tiennent la place de *votre ami* et ceux qui tiennent celle de *l'homme qui s'est fait cette affaire.*

<small>Il ne faut pas que le genre et le nombre marquent seuls le rapport des pronoms.</small>

On se sert encore du genre et du nombre pour marquer le rapport des pronoms; mais il ne faut pas pour cela négliger la subordination des idées. *Paris étoit renfermé dans une île, il ne s'étendoit pas au-delà de la cité. Il*, signifie *Paris*, et cette construction est correcte, parce que le rapport est tout-à-la fois rendu sensible par le genre et par la subordination, car *il* est sujet de la seconde proposition, comme *Paris* l'est de la première. Si on disoit : *Paris étoit renfermé dans une île, elle....* le genre feroit rapporter le pronom *elle* à *île :* mais cette construction choqueroit la subordination des idées.

Ainsi lorsque l'abbé de Vertot dit : *Rome, bâtie sur un fonds étranger, n'avoit qu'un territoire fort borné, on prétend qu'il....* la construction ne souffre point d'équivoque, parce que le rapport du pronom *il* à *territoire* est marqué par le genre : elle seroit meilleure, s'il étoit encore marqué par la subordination. En effet, en substituant *Paris* à *Rome*, *il* ne se rapporteroit plus à *territoire*, mais à *Paris*.

Tout ce que l'œil peut appercevoir, dit l'abbé du Bos, *se trouve dans un tableau comme dans la nature : elle......* Le genre du pronom ne permet ici aucune méprise. Mais si à *l'œil* on substituoit *la vue*, la phrase deviendroit équivoque. Cet écrivain n'a donc pas suivi la subordination des idées.

Il en est du nombre comme du genre : il ne doit pas dispenser de se conformer aux règles que nous avons données : *les romains n'avoient qu'un territoire fort borné, ils l'avoient conquis*, doit être préféré à *les romains n'avoient qu'un territoire fort borné, il avoit été conquis.*

Car dans la seconde construction, le nombre seul force à rapporter le pronom *il* à *territoire*. L'ordre des idées le feroit, au contraire, rapporter au nom, si ce nom étoit aussi au singulier. Pour le comprendre, il n'y auroit qu'à dire, *Paris n'avoit qu'un territoire fort borné, il* ..... car alors le pronom se rapporteroit visiblement à *Paris*.

<small>Le pronom doit toujours se rapporter à l'idée dont l'esprit est préoccupé.</small>

C'est une suite des règles que nous avons exposées, qu'un pronom doit rarement se rapporter à un nom d'une proposition incidente : car le propre de cette espèce de proposition est de n'attirer l'attention qu'en passant, en sorte que l'esprit se reporte toujours sur un des noms qui la précèdent, et dont il est préoccupé. Des exemples rendront la chose sensible.

Télémaque qui s'étoit abandonné trop promptement à la joie d'être si bien traité par Calypso, reconnut la sagesse des conseils que Mentor venoit de lui donner. Fénélon.

Calypso appartient à la proposition incidente. Par conséquent l'esprit ne s'y arrête pas, et il revient à *Télémaque,* auquel il rapporte le pronom *lui*. Cette phrase est donc bien construite.

Un auteur sérieux n'est pas obligé de remplir son esprit de toutes les ineptes applications que l'on peut faire au sujet de quelques endroits de ses ouvrages, et encore moins de les supprimer.

La Bruyère fait là une construction forcée, en rapportant le pronom *les à quelques endroits* ; car si le sens le pouvoit permettre, on le rapporteroit à *ineptes applications*.

Cette règle, que le pronom se rapporte à l'idée dont l'esprit est préoccupé, a donné lieu à des tours élégans.

Quand le peuple Hébreu entra dans la Terre promise, tout y célébroit leurs ancêtres. Boss.

Ses eût été plus lié avec *peuple*, *leurs* l'est plus avec l'idée dont l'esprit est rempli et par cette raison, il a dû être préféré.

Une femme infidelle, si elle est connue pour telle de la personne intéressée, n'est qu'infidelle ; s'il la croit fidelle, elle est perfide. La Bruyère.

Il est fort bien, parce que ce n'est pas le mot *personne* qui reste à l'esprit, c'est l'idée d'*homme*, de *mari*. Par la même raison on dira : *cette troupe de masques couroit les rues, je les ai vus*, et ce sera mieux que *je l'ai vue.*

Madame la Dauphine vint passer l'après-dînée chez madame de Clèves. M. de Némours ne manqua pas de s'y trouver : il ne laissoit échapper aucune occasion de voir madame de Clèves, sans laisser paroître néanmoins qu'il les cherchât.

Que veut dire *les* au pluriel avec *aucune occasion* au singulier, dit, M. de Valincour ? Mais cette critique n'est pas fondée. Quand on dit : *il ne laissoit échapper aucune occasion*, l'esprit se représente nécessairement qu'il y en a eu plusieurs ; or c'est avec cette idée de multitude que se construit le pronom *les*. M. de Valincour propose de corriger ainsi cette prétendue faute : *sans faire paroître qu'il cherchât l'occasion de voir madame de Clèves, il n'en laissoit pourtant échapper aucune.* Mais cette phrase n'a pas la même grâce que celle qu'il condamne. D'ailleurs l'ordre des idées demandoit que, *il ne laissoit échapper aucune occasion* vînt immédiatement après *il ne manqua pas de s'y trouver.*

J'ai eu cette consolation en mes ennuis, qu'une infinité de personnes qualifiées ont pris la peine de me témoigner le déplaisir qu'ils en ont eu.

Ils, dit Vaugelas, est plus élégant *qu'elles.* Mais je crois cet exemple mal choisi : les personnes qualifiées étant des deux sexes, rien ne détermine à préférer le genre masculin. Cet exemple est tout différent de celui que la Bruyère nous a fourni, et il me semble que *elles* seroit mieux.

Il ne faut pas, Monseigneur, que j'oublie de vous faire remarquer qu'en s'écartant de la subordination, on en lie quelquefois mieux les idées. Vous direz : *il aime cette femme, mais elle ne l'aime pas,* plutôt que *il aime cette femme ; mais il n'en est pas aimé.* Ce renversement a bonne grâce toutes les fois que les membres d'une période expriment des idées qui

<small>Il est quelquefois bien d'employer les pronoms dans un ordre renversé à celui des noms auxquels ils se rapportent.</small>

sont en opposition. Cela vous fait voir que les règles particulières ne sont jamais suffisantes, et qu'il faut toujours en revenir au principe de la liaison des idées, qui peut seul vous éclairer dans tous les cas.

J'ajouterai même que vous devriez sacrifier toutes ces règles, si vous ne pouviez les suivre qu'en alongeant votre discours : car rien ne lie mieux que la précision. Mais souvent c'est faute de les observer qu'on devient diffus. *Le génie,* dit l'abbé du Bos, *se montre bientôt dans les jeunes gens qui en ont ; ils donnent à connoître qu'ils ont du génie dans un temps où ils ne savent point encore la pratique de leur art.* Il eût été plus court et plus correct de dire : *le génie se montre bientôt dans les jeunes gens qui en ont ; il se fait connoître dans un temps, etc.* Voyons encore quelques exemples.

J'ai lu tout ce qui s'est fait de meilleur en notre langue depuis que vous en avez entrepris la réformation, je l'ai étudiée dans les plus fameux écrivains. Bouhours.

L'abbé de Bellegarde blâme avec raison le père Bouhours d'avoir rapporté le pronom à *langue :* mais il se trompe lui-même, lorsqu'il dit qu'il se rapporte à *réformation*, parce que c'est le dernier nom : car cette règle est on ne peut pas moins exacte.

En s'arrêtant au sens qu'emporte le mot *étudiée*, il est visible que le pronom ne peut être employé que pour le mot *langue*. Mais quand on a égard à la construction plutôt qu'au sens, il se rapporte naturellement à *tout ce qui s'est fait de meilleur*. On s'en convaincra, si on dit: *j'ai lu tout ce qui s'est fait de meilleur en notre langue, depuis que vous en avez entrepris la réformation; je l'ai recueilli.*

César voulut premièrement surpasser Pompée; les immenses richesses de Crassus lui firent croire qu'il...... Si vous vous arrêtez-là, vous rapporterez *lui* et *il* à *César*, dont votre esprit est préoccupé. Mais lorsque vous lisez : *lui firent croire qu'il pourroit partager la gloire de ces deux grands hommes*, le sens vous force à rapporter ces pronoms à *Crassus*. Cette construction de Bossuet est donc vicieuse.

En voici deux qu'on pourroit excuser en faveur de la précision :

Un commerce foible et languissant étoit tout entier entre les mains des marchands étrangers, que l'ignorance et la paresse des gens du pays n'invitoient que trop à les tromper. Fontenelle.

Il est étonnant à combien de livres médiocres, et presque inconnus, il avoit fait la grâce de les lire. Fontenelle.

<small>Le pronom *il* doit toujours se rapporter à un nom déterminé.</small>

Une dernière observation sur ces pronoms, c'est qu'ils ne doivent jamais être employés pour un nom qui a été pris vaguement. Comme ils sont originairement dans la classe de ces adjectifs que nous avons appelés articles, ils doivent toujours se rapporter à des noms déterminés. Ne dites donc pas avec la Bruyère : *tout est illusion, quand il passe par l'imagination* ; ni, *ceux qui écrivent par humeur, sont sujets à retoucher leurs ouvrages ; comme elle n'est pas toujours fixe* ...... *Il* ne peut se rapporter à *tout*, ni *elle* à *humeur*. Malgré la réputation dont jouit cet écrivain, il y a beaucoup de négligence dans son style.

Je ne vous parlerai pas de quelques écrivains qui ne savent éviter les amphibologies qu'en répétant les noms ; vous sentez que c'est là le vrai moyen de rendre le discours lâche et pesant.

L'usage des pronoms *y* et *en* ne souffre point de difficultés.

Y tient lieu d'un nom qui seroit précédé de la préposition *à*, *en*, ou *dans* : *j'y pense*, à vous; *nous y sommes*, en été, dans la maison; *j'y vais*, à Rome, en Angleterre.

En se substitue à un nom qui auroit été précédé de la préposition *de* ; et ce seroit mal de se servir alors d'un autre pronom.

Il faut même que l'on se passe d'habits et de nourriture ; et de les fournir à sa famille. La Bruyère devoit dire *et d'en fournir*.

Ce style montre que Quinault avoit un génie particulier : mais ceux qui ne peuvent faire autre chose que répéter ces expressions, en manquent. L'abbé du Bos.

Cet *en* ne peut se rapporter à *génie particulier*. On auroit pu dire: **Quinault**

De l'usage des pronoms y et en.

avoit du génie ; mais ceux-là en manquent qui, etc.

Le caprice est dans les femmes tout proche de la beauté, pour être son contrepoison, et afin qu'elles nuisent moins aux hommes qui n'en guériroient pas sans remède. La Bruyère.

De quoi ne guériroient-ils pas ? Voici une phrase où le pronom est bien employé.

Qui l'auroit cru ! que de chaque morceau d'un animal coupé en deux, trois, quatre, vingt parties, il en naîtroit autant d'animaux complets et semblables au premier. Fontenelle.

Les pronoms relatifs à un même nom, peuvent être subordonnés différemment.

Comme les règles particulières souffrent toujours des exceptions, il me reste à vous faire remarquer que dans une suite de phrases, les pronoms relatifs à un même nom peuvent être subordonnés différemment.

Notre langue demeura long-temps dans un état de grossièreté. Ce ne fut que vers le règne d'Henri I, qu'elle commença à se polir. Alors il s'y fit des changemens considérables : on inventa les articles qui la rendirent plus douce et plus *coulante* : *on tâcha de lui donner quelque sorte d'harmonie et de nombre ; et quoiqu'il y ait le tout à dire entre ce qu'elle étoit de ce temps-là et ce qu'elle est du nôtre, elle prit pourtant dès-lors quelque chose de l'air et de la forme que nous lui voyons aujourd'hui.* L'abbé Mass.

Elle, *y*, *la*, *lui*, se rapportent tous à *notre langue*. Cependant toutes ces constructions sont bonnes : car vous sentez que la liaison des idées y est parfaitement observée.

Les adjectifs, *son*, *ses*, *leur*, ne sont pas propres à marquer exactement les rapports, et il faut de l'adresse pour y suppléer.

Comment on prévient les amphibologies des adjectifs *son*, *sa*, *ses*.

Valère alla chez Léandre ; il y trouva son fils.

Il y a ici une équivoque qui devroit être levée par ce qui précède ; elle seroit levée trop tard, si le lecteur étoit obligé de lire ce qui suit :

On avoit assuré à Valère que son fils avoit péri dans un naufrage. Cependant il veut en douter : il parcourt les ports de mer, dans l'espérance d'en apprendre quelques nouvelles. Arrivé à Marseille, il descend chez Léandre : jugez de son ravissement, il y trouve son fils.

C'est visiblement le ravissement et le fils de Valère.

On avoit assuré à Valère que le fils de Léandre avoit péri ; il va chez Léandre : quelle fut sa surprise, lorsqu'il le vit avec son fils.

C'est tout aussi visiblement la surprise de Valère et le fils de Léandre.

CHAPITRE DERNIER.

Exemples de quelques expressions qui rendent les constructions louches ou du moins embarrassées.

Les femmes ne se sont-elles pas au contraire établies elles-mêmes dans cet usage, de ne rien savoir, ou par la foiblesse de leur complexion, ou par la paresse de leur esprit, ou par le talent et le génie qu'elles ont seulement pour les ouvrages de la main. La Bruyère.

Premier exemple.

Par le talent et le génie qu'elles ont fait d'abord avec ce qui précède un sens absurde, et ces tours sont à éviter.

Tous les jours de ses vers qu'à grand bruit il récite,
Il met chez lui voisins, parens, amis en fuite.
     Despreaux.

Second.

Il met de ses vers chez lui en fuite, pour *il chasse de chez lui avec ses vers*. La syntaxe de notre langue ne permet pas de pareilles constructions.

Trois'ème.
>Et ne savez-vous pas que sur le mont sacré,
>Qui ne vole au sommet, tombe au plus bas degré.

Vole au sommet sur le mont, et tombe au plus bas degré sur le mont!

Quatrième.
>Et n'allez pas toujours d'une pointe frivole
>Aiguiser par la queue une epigramme folle.
>>Despréaux.

Aiguiser d'une pointe par la queue!

Cinquième.
Voici des exemples que Bouhours tire de Vaugelas, et où il trouve de l'élégeance. *Ces gens faisoient tout ce qu'ils pouvoient, pour lui persuader de rebrousser chemin, ou du moins qu'il séparât cette multitude. Les ambassadeurs demandoient la paix, et qu'il lui plût.*

Il falloit dire, *persuader de rebrousser chemin, ou du moins de séparer.* C'est pécher contre la plus grande liaison des idées que de marquer dans une phrase le même rapport par deux prépositions différentes. *Demandoit la paix et qu'il lui plût*, n'est pas non plus assez correct. Le père Bouhours auroit eu bien de la peine à rendre raison de l'élégance qu'il croyoit voir dans ces tours. Vous remarquerez la même chose dans l'exemple suivant : *il croyoit le ramener par la douceur, et que ses remontrances* .....

Si c'est une faute d'exprimer les mêmes rapports par des moyens différens, c'en seroit une plus grande d'exprimer des rapports différens par la même préposition ; ne dites donc pas : *L'outrage que vous m'avez fait de me croire capable d'approuver et de me réjouir d'une action si détestable.* On approuve *une action*, et non pas *d'une action*. <small>Sixième.</small>

Il seroit mal encore de dire : *ils n'ont plus ni affection ni créance pour elles ;* car on n'a pas de la créance pour quelqu'un, mais en quelqu'un. Il faut toujours consulter la syntaxe, et ne lier les idées que par les moyens qu'elle fournit.

J'ajouterai ici quelques exemples de termes impropres, afin de vous accoutumer à remarquer et éviter ce défaut. <small>Derniers exemples.</small>

Despréaux voulant dire qu'un esprit qui se flatte, ignore souvent combien il a peu de talens, et s'aveugle sur son peu de génie, s'exprime ainsi :

> Mais souvent un esprit qui se flatte et qui s'aime,
> Méconnoît son génie et s'ignore soi-même.

Méconnoître, signifie proprement *ne pas reconnoître*, ou même *ne pas vouloir reconnoître*. D'ailleurs *ne pas reconnoître son génie* signifieroit ignorer combien on a de talens, et Despréaux veut dire : *ne connoît pas combien il en a peu*. Au lieu de *soi-même*, il faudroit *lui-même*. Peut-on dire : *un esprit qui méconnoît son génie ?* Enfin *qui s'aime* n'a été ajouté que pour rimer *avec soi-même*.

Pour dire, *variez votre style, si vous voulez mériter les applaudissemens du public*, il prend ce tour :

> Voulez-vous du public mériter les amours ?
> Sans cesse en écrivant variez vos discours.

Varier ses discours, c'est proprement écrire sur différens sujets. *Les amours* pour les applaudissemens est mal encore. *En écrivant* est inutile.

> ..... Je pensai que la guerre ou la gloire
> De soins plus importans rempliroient ma *mémoire*;

Que *mes sens* reprenant leur première vigueur,
L'amour acheveroit de sortir de mon cœur :
Mais admire avec moi le sort dont la poursuite
Me fait courir moi-même au piége que *j'évite.*
Racine.

Il faudroit substituer *esprit ou ame* à *mémoire*, *ma raison* à *mes sens*, *je fuis* ou *je veux éviter* à *j'évite*.

Je crois ces exemples suffisans : les lectures que nous faisons ensemble, vous accoutumeront à discerner les termes propres, et ceux dont on contraint la signification.

LIVRE SECOND.

Des différentes espèces de tours.

La liaison des idées est le principe qui doit expliquer tout l'art d'écrire.

LE principe de la liaison des idées vous a fait connoître comment le rapport des mots peut être rendu sensible, comment on peut écarter toute équivoque et toute obscurité. Voilà, Monseigneur, le commencement de l'art : il nous reste à élever sur le même principe un système, dont toutes les parties se développent à vos yeux, et se distribuent avec ordre. Vous n'acquerrez de vraies connoissances, qu'autant que vous suivrez toujours cette méthode : les arts et les sciences sont des édifices, qui s'écroulent, s'ils ne sont assis sur des fondemens solides.

En quoi consiste l'élégance.

Chaque pensée a ses proportions et ses ornemens : lorsqu'elle est mise dans son vrai jour, le développement en fait toute la grâce. Pour écrire avec élégance, il faut donc connoître les idées accessoires, qui doivent modifier les idées principales et savoir choisir les tours les plus propres à exprimer une pensée avec toutes ses modifications.

CHAPITRE PREMIER.

Des accessoires propres à développer une pensée.

<small>Il faut qu'une pensée se développe d'elle-même.</small>

IL y a des esprits trop bornés même pour leurs propres pensées : ils s'arrêtent sur chaque idée ; ils s'appesantissent sur chaque mot : incapables de saisir les modifications qui en lient toutes les parties, ils commencent une phrase sans savoir ce qu'ils vont dire, ils la finissent sans se souvenir de ce qu'ils ont dit. Au contraire, un esprit, qui a de l'étendue et de la précision, embrasse ses pensées, il les voit se développer d'elles-mêmes, et il les présente dans leurs vraies proportions : vous en avez déjà vu des exemples.

<small>Les accessoires sont les modifications des idées principales.</small>

Trois choses sont essentielles à une proposition, le sujet, l'attribut et le verbe. Mais chacune d'elles peut être modifiée, et les modifications dont on les accompagne, s'appellent *accessoires*, mot qui vient d'*accedere*, aborder, se joindre à

Les accessoires étant retranchés, la proposition subsisteroit encore : ce sont des idées qui ne sont pas absolument nécessaires au fond de la pensée, et qui ne servent qu'à la développer. *Un prince qui aime la vérité, et qui veut se corriger, ne doit pas écouter les flatteurs :* le sens et la vérité de cette proposition ne dépendent pas des accessoires que j'ai ajoutés au sujet, elle en est seulement plus développée ; car *qui aime la vérité* et *qui veut se corriger,* fait voir pourquoi un prince ne doit pas écouter les flatteurs.

Or le choix des accessoires n'est pas une chose indifférente ; car lorsque je fais une proposition, je compare deux termes, c'est-à-dire, le sujet et l'attribut : je les considère donc sous le rapport qu'ils ont l'un à l'autre, et je ne dois par conséquent rien ajouter, qui ne contribue à rendre ce rapport plus sensible, ou plus développé. Voilà ce que sont les accessoires dans l'exemple précédent ; ils démontrent la nécessité de ne pas écouter les flatteurs.

{Comment on les doit choisir.}

Si, pour en substituer d'autres, je disois : *un prince qui est incapable d'applica-*

{Règles pour le choix des accessoires du sujet.}

tion, et qui craint d'être contrarié dans ses goûts frivoles, ne doit pas écouter les flatteurs : je ferois une proposition peu raisonnable, ou même ridicule. Car être incapable d'application et craindre d'être contrarié dans ses goûts n'est pas une raison pour ne pas écouter les flatteurs. Si je voulois donc conserver ce caractère au prince, il faudroit changer l'attribut de la proposition et par conséquent le fond de la pensée : je dirois, par exemple, *un prince qui est incapable d'application, et qui craint d'être contrarié dans ses goûts frivoles, est fait pour être le jouet de ses flatteurs.*

Quand on modifie le sujet d'une proposition, il le faut donc considérer relativement à ce qu'on en veut affirmer : il faut que les accessoires dont on l'accompagne, contribuent à le lier avec l'attribut : par conséquent, c'est au principe de la plus grande liaison des idées à vous éclairer sur le choix des accessoires dont le sujet peut être accompagné.

La règle est la même pour les accessoires de l'attribut.

Comme on considère le sujet par rapport à l'attribut, il faut considérer l'attribut par rapport au sujet ; et toutes les modifications ajoutées de part et d'autre, doivent conspirer à les lier de plus en plus.

Quant au verbe, il ne peut être modifié que par des circonstances, et il est évident que le choix des circonstances ne peut être déterminé que par le nom et l'attribut, considérés ensemble. Tout ce qui ne tient pas à l'un et à l'autre, est au moins superflu : ce sont là deux points fixes, d'après lesquels l'écrivain doit terminer et circonscrire sa pensée. *Le sujet et l'attribut déterminent les circonstances du verbe.*

Si une proposition est composée de plusieurs noms et de plusieurs atttributs, la règle sera encore la même. On ne doit jamais ajouter que les accessoires qui contribuent à la plus grande liaison des idées : ce principe est général, et ne souffre point d'exception. *Dans tous les cas la plus grande liaison des idées est l'unique règle.*

Souvent les écrivains deviennent diffus par la crainte d'être obscurs, ou obscurs par la crainte d'être diffus. Mais si vous observez le principe de la liaison des idées, vous éviterez également ces deux inconvéniens. Peut-on manquer d'être clair et précis, quand on dit tout ce qui est nécessaire au développement d'une pensée, et qu'on ne dit rien de plus.

J'ai déjà dit, Monseigneur, que les préceptes ne nous apprennent jamais mieux ce qu'il faut faire, que lorsqu'ils nous font remarquer ce qu'il faut éviter. Voyons donc comment on peut se tromper dans le choix des accessoires.

Il ne faut pas s'appesantir sur une idée qu'on veut modifier.

Quelquefois un écrivain croit modifier une pensée, lorsqu'il s'appesantit pour dire une même chose de plusieurs manières. Or il est évident que ces répétitions embarrassent le discours, et nuisent par conséquent à la liaison des idées.

L'ennuyeux loisir d'un mortel sans étude est la plus rude fatigue que je connoisse : si, pour ajouter des modifications à ce loisir, je dis : *ce loisir est celui d'un homme qui est dans les langueurs de l'oisiveté, qui est esclave de sa lâche indolence,* on verra que je m'arrête sur une même idée, et que les accessoires de *langueur* et d'*indolence* ne caractérisent pas le loisir par rapport à l'idée de fatigue qui est l'attribut de la proposition. On doit donc blâmer Despréaux, lorsqu'il dit

Mais je ne trouve pas de fatigue si rude
Que l'ennuyeux loisir d'un mortel sans étude,
Qui ne sortant jamais de sa stupidité,
Soutient dans les langueurs de son oisiveté,
D'une lâche indolence esclave volontaire,
Le pénible fardeau de n'avoir rien à faire.

Le dernier vers est beau, mais le poëte n'y arrive que bien fatigué.

Gardez-vous d'imiter ce rimeur furieux,
Qui de ses *vains écrits lecteur harmonieux*,
Aborde *en récitant* quiconque le salue,
Et poursuit de ses vers les passant dans la rue.
Despréaux.

De ses vains écrits, lecteur harmonieux, ne fait que ralentir le discours. *Dans la rue* est inutile, et ne se trouve à la fin du vers que pour rimer à *salue*. Enfin les épithètes *furieux, vains, harmonieux* ne signifient pas grand chose, ou du moins sont bien froides. Cette pensée ne perdroit donc rien, si on se bornoit à dire : *gardez-vous d'imiter ce rimeur, qui aborde en récitant quiconque le salue, et poursuit de ses vers les passans.* En ajoutant tout ce que je retranche, Despréaux a voulu peindre, et il répand en effet des couleurs : mais c'est du coloris qu'il falloit, et le vrai coloris consiste uniquement dans les accessoires bien choisis.

> Le plus sage est celui qui ne pense point l'être,
> Qui toujours pour un autre enclin vers la douceur,
> Se regarde soi-même en sévère censeur,
> Rend à tous ses défauts une exacte justice,
> Et fait, sans se flatter, le procès à son vice.

Cette pensée seroit mieux rendue, si l'on retranchoit le quatrième vers. Quand on dit qu'un homme se regarde en sévère censeur, qu'il fait, sans se flatter, le procès à ses vices, est-ce ajouter quelque nouvelle idée que de dire qu'il rend une exacte justice à ses défauts. D'ailleurs, dit-on, rendre justice aux défauts, comme on dit rendre justice aux bonnes qualités de quelqu'un ?

Le besoin d'un vers, d'un hémistiche, ou d'une rime, fait assez souvent tomber les poëtes dans ces sortes de fautes : vous en trouverez des exemples dans les satyres de Despréaux. Je vous rapporterai encore un passage où il parle de la facilité que Molière avoit à rimer.

On diroit, quand tu veux, qu'elle te vient chercher ;
Jamais au bout du vers on ne te voit broncher ;
Et sans qu'un long détour t'arrête ou t'embarrasse,
A peine as-tu parlé qu'elle-même s'y place.

Le premier, le second, et le quatrième vers disent la même chose ; mais ils la disent avec de nouveaux accessoires, et ils sont bons, au mot *broncher* près ; qu'on pourroit critiquer. Mais le troisième n'est qu'une froide répétition ; et *t'arrête* n'est pas le terme propre : car un long détour n'arrête pas, il retarde seulement. On diroit que le poëte ait voulu donner un exemple de ces longs détours qui *arrêtent* et qui embarrassent ; et qu'il ait voulu rimer difficilement, afin de contraster avec la facilité de Molière.

Je sais, Monseigneur, qu'on trouvera mes critiques bien sévères ; et que la plupart des passages que je blâme, ne manqueront pas de défenseurs. L'art d'écrire est un champ de disputes, parce qu'au lieu d'en chercher les principes dans le caractère des pensées, nous les prenons dans notre goût, c'est-à-dire, dans nos habitudes de sentir, de voir et de juger,

Pourquoi les critiques, que je fais, paroîtront trop sévères.

habitudes qui varient suivant le tempérament des personnes, leur condition et leur âge. Aussi notre goût ne paroît-il se refuser aux règles que pour avoir la liberté de s'en faire de plus particulières et de plus arbitraires. Mais si le principe de la liaison des idées est vrai, il ne restera plus qu'à raisonner conséquemment ; et lorsque les conséquences seront justes, les critiques ne pourront manquer de l'être, quelque sévères d'ailleurs qu'elles paroissent. Voilà, Monseigneur, une observation que vous aurez souvent besoin de vous rappeler.

Il ne faut pas employer des accessoires étrangers.

S'il ne faut pas s'appesantir sur une idée, il faut encore moins se perdre parmi des accessoires étrangers à la chose.

L'idylle doit être simple comme une bergère. Cette pensée renferme deux propositions. *La bergère est simple, l'idylle doit l'être également.* Si voulant les modifier chacune à part, je dis : *la bergère ne se pare que des fleurs qui naissent dans les champs*, ce sera choisir des accessoires qui conviennent à la bergère et à la simplicité que je lui attribue. L'idylle sera aussi fort bien caractérisée, en disant que sa douceur flatte, chatouille, éveille, et jamais de grands mots n'épouvante l'oreille.

Mais il seroit bien déplacé d'observer qu'une bergère ne se charge ni d'or ni de rubis, ni de diamans; il vaudroit autant ajouter qu'elle ne met point de rouge, et qu'elle ne porte point de panier. Car tous ces accessoires sont étrangers à la bergère et n'ont aucun rapport à l'idylle.

Il seroit encore mal de dire que l'idylle est humble; on me reprocheroit de ne pas employer le terme propre; car pour être simple, on n'est pas humble. Mais si j'ajoutois qu'elle éclate sans pompe, qu'elle n'a rien de fastueux, qu'elle n'aime point l'orgueil d'un vers présomptueux; cet éclat, cette pompe, cet orgueil d'un vers présomptueux, seroient des expressions bien boursoufflées, pour répéter une idée que j'aurois dû me contenter de rendre par ce vers :

Et jamais de grands mots n'épouvante l'oreille.

Je conviens que le propre de la poésie est de peindre; mais a-t-elle atteint son but toutes les fois qu'elle peint? L'a-t-elle atteint, lorsqu'elle prodigue les images sans choix ? On blâmeroit certainement un écrivain en prose, qui, pour peindre la simplicité d'une bergère, diroit qu'elle ne mêle point à l'or l'éclat des diamans, et qu'elle ne charge point sa tête de superbes rubis. Or, pourquoi une image, déplacée dans la prose, seroit-elle à sa place dans des vers ?

Il y a des occasions où, pour faire connoître une chose, il faut remarquer ce qu'elle n'est pas ; et on dit, par exemple, *libéral sans prodigalité, économe sans avarice :* c'est que le passage est glissant de la libéralité à la prodigalité, de l'économie à l'avarice, et qu'il est bien difficile de n'être que libéral ou économe. Mais si un poëte remarquoit qu'un avare ne charge ses habits ni d'or, ni de rubis, ni de diamans, quelque belle peinture qu'il fît avec ces mots, elle seroit condamnable en vers, parce qu'elle l'auroit été en prose. Or, l'or, les rubis et les diamans ne sont pas moins étrangers à une bergère. Cependant Despréaux a dit :

Telle qu'une bergère, au plus beau jour de fête,
De superbes rubis ne charge point sa tête ;

Et sans mêler à l'or l'éclat des diamans,
Cueille en un champ voisin ses plus beaux ornemens.
Telle, aimable en *son air*, mais humble *dans son style*,
Doit éclater sans pompe une élegante idylle :
Son *tour* simple et naïf n'a rien de fastueux,
Et n'aime point l'orgueil d'un vers présomptueux.
Il faut que sa douceur flatte, chatouille, éveille,
Et jamais de grands mots n'épouvante l'oreille.

Il est fort étonnant que le poëte ait employé de si grands mots pour peindre un poëme où il ne doit pas s'en trouver. Je remarquerai encore *qu'au plus beau jour de fête* est une circonstance inutile, et que *son air, son style, son tour* sont des expressions qui disent toutes la même chose.

Le vague des accessoires contribue encore beaucoup à rendre le discours tout-à-fait froid. J'entends par-là les modifications, qui n'appartiennent pas plus à la chose dont on parle qu'à toute autre. Supposons que je veuille modifier le sujet de cette proposition, *un galant condamne la science ;* il faudra que je lui donne un caractère qui ne convienne qu'à lui, et qui même ne lui convienne que par rapport à la science qu'il condamne. Mais Despréaux dit:

<small>Le vague des accessoires est un autre défaut.</small>

. . . . Un galant de qui tout le métier
Est de courir le jour de quartier en quartier,
Et d'aller à l'abri d'une perruque blonde,
De ses froides douceurs fatiguer tout le monde,
Condamne la science. . . . .

Vous voyez qu'une partie de ces accessoires ne convient pas plus à un galant qu'à un homme désœuvré, et que tous ensemble ils n'ont que fort peu, ou point de rapport à l'attribut de la proposition. Aussi ces vers sont-ils bien froids.

Il ne faut pas, en choisissant des accessoires, associer des idées contraires.

Ce seroit un plus grand défaut d'associer des idées contraires.

Si sur la foi des vents tout prêt à s'embarquer,
Il ne voit point d'écueil qu'il ne l'aille choquer.

Le faux de cette pensée est sensible ; car on est encore à terre, quand on est prêt à s'embarquer ; et par conséquent on ne va pas heurter contre les écueils.

Mais plutôt sans ce nom, dont la vive lumière
Donne un lustre éclatant à leur veine grossière,
Ils verroient leurs écrits, honte de l'univers,
Pourrir dans la poussière à la merci des vers.
A l'ombre de ton nom ils trouvent leur asyle ;
Comme on voit dans les champs un arbrisseau débile,

Qui sans l'heureux appui qui le tient attaché,
Languiroit tristement sur la terre couché.

Il y a dans ces vers bien des choses qui nuisent à la liaison des idées. D'abord ce nom *dont la vive lumière*, est en contradiction avec *à l'ombre de ton nom*. En second lieu, on peut bien comprendre que des écrits seront, pour un temps, garantis de l'oubli, par le lustre qu'ils reçoivent d'un grand nom : mais qu'est-ce que le lustre éclatant que donne à une veine grossière la vive lumière d'un nom, à l'ombre duquel des écrits trouvent un asyle ; et comment le lustre que reçoit cette veine fera-t-il que des écrits, qui sont la honte de l'univers, ne pourriront pas dans la poussière ? En troisième lieu, qu'on dise que des écrivains trouvent un asyle à l'ombre d'un nom, comme un foible arbrisseau trouve un appui, tout seroit dans l'ordre, mais peut-on dire qu'ils trouvent leur asyle comme un foible arbrisseau languiroit. Enfin, *dans les champs* est une circonstance inutile ; et *comme on voit* affoiblit la comparaison ; car ils ne trouvent pas leur asyle *comme on voit un arbrisseau trouver* mais comme un arbrisseau trouve, etc.

> Ainsi que le cours des années
> Se forme des jours et des nuits,
> Le cercle de nos destinées
> Est marqué de joie et d'ennuis.
> Le ciel par un ordre équitable,
> Rend l'un à l'autre profitable ;
> Et dans ces inégalités,
> Souvent sa sagesse suprême
> Sait tirer notre bonheur même
> Du sein de nos calamités.
> Rousseau.

Tout est bien jusques-là. Mais Rousseau tombe en contradiction, lorsque cet ordre équitable du ciel, cette sagesse suprême se change tout-à-coup en jeux cruels de la fortune; car il ajoute :

> Pourquoi d'une plainte importune
> Fatiguer vainement les airs ?
> Aux jeux cruels de la fortune
> Tout est soumis dans l'univers.

Le même poëte a dit :

> Héros cruels et sanguinaires,
> Cessez de vous enorgueillir
> De ces lauriers imaginaires
> Que Bellone vous fit cueillir.

S'ils sont imaginaires, on ne les a pas cueillis.

Despréaux parle d'un feu qui n'a ni *sens*, ni *lecture*, et qui s'éteint *à chaque pas*.

> Et son feu dépourvu de sens et de lecture,
> S'éteint à chaque pas, faute de nourriture.

Il semble quelquefois qu'un écrivain ne prévoie pas ce qu'il va dire. La Bruyère voulant peindre la vanité et le luxe des hommes de néant devenus riches, représente la beauté et la magnificence d'un palais où Zénobie a prodigué des richesses, et il ajoute : *Après que vous y aurez mis, Zénobie, la dernière main, quelqu'un de ces pâtres qui habitent les sables voisins de Palmyre, devenu riche par les péages de vos rivières, achètera un jour à deniers comptans cette royale maison, pour l'embellir, et la rendre plus digne de lui et de sa fortune.*

Il faut que tout ce qu'on dit, prépare ce qu'on va dire.

Si cet écrivain n'avoit rien dit de plus, sa pensée étoit fort bien développée. Certainement il n'étoit pas nécessaire, pour la préparer, de parler des troubles de l'empire de Zénobie, ni des guerres qu'elle avoit soutenues virilement contre une nation puissante, ni de la mort de son mari. Car ces circonstances ne contribuent pas à donner une plus grande idée du palais qu'elle a bâti. Si, au contraire, le règne de cette princesse avoit été plus paisible, on auroit pu supposer qu'elle en auroit fait de plus grandes dépenses en bâtimens, et il n'eût pas été hors de propos de le remarquer. Il semble donc que la Bruyère ne prévoie pas ce qu'il va dire, lorsqu'il commence ainsi.

Ni les troubles, Zénobie, qui habitent votre empire, ni la guerre que vous avez soutenue virilement contre une nation puissante depuis la mort du roi votre époux, ne diminuent rien de votre magnificence. Vous avez préféré à toute autre contrée les rives de l'Euphrate pour y élever un superbe édifice, etc.

<small>Le développement d'une pensée doit faire un ensemble où tout se trouve dans une exacte proportion.</small>

Il faut considérer une pensée composée comme un tableau bien fait, où tout est d'accord. Soit que le peintre sépare ou groupe les figures, qu'il les éloigne ou les rapproche, il les lie toutes par la part qu'elles prennent à une action principale. Il donne à chacune un caractère ; mais ce caractère n'est développé que par les accessoires qui conviennent aux circonstances. Il n'est jamais occupé d'une seule figure ; il l'est continuellement du tableau entier; il fait un ensemble où tout est dans une exacte proportion. Venons à des modèles.

Turenne s'exerçoit aux vertus civiles : En montrant, d'un côté, les circonstances où ce général s'exerçoit aux vertus civiles, et de l'autre, les qualités qu'il apportoit à cet exercice, cette pensée se développera, et les parties seront parfaitement liées. C'est ce que Fléchier a fait.

C'est alors que dans le doux repos d'une condition privée, ce prince se dépouillant de toute la gloire qu'il avoit acquise pendant la guerre, et se renfermant dans une société peu nombreuse de quelques amis choisis, s'exerçoit sans bruit aux vertus civiles : sincère dans ses discours, simple dans ses actions, fidèle dans ses amitiés, exact dans ses devoirs, réglé dans ses desirs, grand même dans les moindres choses.

Vous prendriez, Monseigneur, une fausse idée de Despréaux, si vous n'en jugiez que par les passages que j'ai rapportés. Il mérite souvent d'être étudié comme un modèle. Mais comme nous avons déjà lu de ses ouvrages, et que nous en lirons encore, je ne vous en donnerai, pour le présent, qu'un seul exemple que vous reconnoîtrez.

Il s'agit d'un chanoine qui repose dans un bon lit.

Dans le réduit obscur d'une alcôve enfoncée,
S'élève un lit de plume, à grands frais amassée ;
Quatre rideaux pompeux, par un double contour,
En défendent l'entrée à la clarté du jour :
Là, parmi les douceurs d'un tranquille silence,
Règne sur le duvet une heureuse indolence.

Souvent les idées se lient et se développent par le contraste.

Souvent les idées se développent et se lient par le contraste; c'est ainsi que Bossuet explique cette pensée :

Carthage fut soumise à Rome.

Annibal fut battu, et Carthage, autrefois maîtresse de toute l'Afrique, de la mer Méditerranée, et de tout le commerce de l'univers, fut contrainte de subir le joug que Scipion lui imposa.

La Bruyère développe aussi, par des contrastes, l'amour du peuple pour les nouvelles de la guerre.

Le peuple, paisible dans ses foyers, au milieu des siens, et dans le sein d'une grande ville, où il n'a rien à craindre ni pour ses biens, ni pour sa vie, respire le feu et le sang, s'occupe de guerre, de ruine, d'embrâsement et de massacre, souffre impatiemment que des armées qui tiennent la campagne, ne viennent pas à se rencontrer.

En voilà assez pour vous faire connoître avec quel discernement on doit modifier les différentes parties d'un discours. Il nous reste à examiner le caractère des tours dont on peut faire usage.

CHAPITRE II.

Des tours en général.

Une même pensée est, suivant les circonstances, susceptible de différens accessoires.

Vous avez vu dans le premier livre comment on peut rendre une pensée considérée en elle-même, et sans égard aux différentes manières dont elle peut être modifiée. Mais, si cette pensée est employée dans des circonstances différentes, elle devient susceptible de différens accessoires; et puisqu'elle change, il faut que le langage change comme elle. Tout l'art consiste, d'un côté, à la saisir avec tous ses rapports; et de l'autre, à trouver dans la langue des expressions qui peuvent la développer avec toutes ses modifications.

Ce qu'on entend par tours.

On ne se contente pas dans un discours de parcourir rapidement la suite des idées principales; on s'arrête, au contraire, plus ou moins sur chacune; on tourne pour ainsi dire autour, pour saisir les points de vue sous lesquels elles se développent et se lient les unes aux autres. Voilà pourquoi on appelle *tours* les différentes expressions dont on se sert pour les rendre.

Nous n'avons plus rien à remarquer sur les accessoires qui sont exprimés par des adjectifs, des adverbes ou des propositions incidentes. Ce que nous avons dit suffit pour faire voir comment ils peuvent être construits avec le reste de la phrase.

{Différentes pièces de tours.}

Nous allons examiner dans les chapitres suivans tous les autres moyens de modifier une pensée.

Tantôt on substitue à un nom une périphrase.

D'autres fois, on compare deux idées, et on en fait sentir l'opposition ou la ressemblance.

Quelquefois, au lieu du nom de la chose, on emploie un terme figuré.

Dans d'autres occasions, on change l'affirmation en interrogation, en doute, et réciproquement.

Souvent nous donnons un corps et une ame aux êtres insensibles, aux idées les plus abstraites, et nous personnifions tout.

Enfin nous renversons l'ordre des mots.

Telles sont, en général, les différentes espèces de tours dont nous allons traiter.

———

CHAPITRE III.

Des périphrases.

La périphrase est une circonlocution, un circuit de paroles. Vous voyez donc que ce tour sera vicieux s'il n'est pas employé à propos. *Ce qu'on entend par périphrase.*

Quand on prononce le nom d'une chose, l'esprit ne se porte pas plus sur une qualité que sur une autre : il les embrasse toutes confusément ; il voit la chose, mais il n'y apperçoit point encore de caractère déterminé. Au contraire, il démêle quelques-unes des qualités qui la distinguent, lorsqu'au nom on substitue une circonlocution. En un mot, le nom montre la chose dans un éloignement où on la reconnoît ; mais on l'apperçoit imparfaitement, et les détails échappent : la périphrase, au contraire, la rapproche, et en rend les traits plus distincts et plus sensibles. Le nom de *Dieu* par exemple, ne réveille pas l'idée de tel ou tel attribut ; mais la périphrase, *celui* *Une périphrase caractérise la chose dont on parle.*

qui a créé le ciel et la terre, représente la divinité avec toute son intelligence, et toute sa puissance.

<small>Le choix n'en est pas indifférent.</small>

Cette même idée peut être caractérisée par autant de périphrases qu'il y a d'attributs dans *Dieu* ; mais le choix des caractères n'est jamais indifférent.

Celui qui règne dans les cieux, de qui relèvent tous les empires, à qui seul appartient la gloire, la majesté, l'indépendance, est aussi celui qui fait la loi aux rois, et qui leur donne, quand il lui plaît, de grandes et de terribles leçons.
Bossuet.

<small>Celui qui met un frein à la fureur des flots,
Sait aussi des méchans arrêter les complots.
Racine.</small>

Dans ces deux exemples, Dieu est caractérisé bien différemment. Mais essayons de changer les périphrases de l'un à l'autre, et disons :

Celui qui met un frein à la fureur des flots, est aussi celui qui fait la loi aux rois, et qui leur donne, quand il lui plaît, de grandes et de terribles leçons,

Celui qui règne dans les cieux, de qui relèvent tous les empires, à qui seul appartient la gloire, la majesté, l'indépendance, sait arrêter les complots des méchans.

Ces périphrases n'ont plus la même grâce ; elles vous paroissent froides, déplacées, et vous en voyez la raison : c'est que le caractère donné à Dieu n'a plus assez de rapport avec l'action de cet être ; l'attribut n'est plus assez lié avec le sujet de la proposition.

Les orateurs médiocres se perdent souvent dans le vague de ces sortes de périphrases. Ils craignent de nommer les choses, et ils croient trouver du sublime dans des circonlocutions prises au hasard. Quelquefois aussi le besoin de quelques syllabes fait tomber dans ce défaut jusqu'aux meilleurs poëtes ; mais rien n'est plus capable de rendre le discours froid, pesant ou ridicule. Quand donc les périphrases ne contribuent pas à lier les idées, il faut se borner à nommer les choses.

Rien n'est plus lié aux propositions que nous formons que les sentimens dont nous

Les périphrases peuvent faire connoît. de jugement que nous portons d'une chose.

sommes alors affectés. Aussi les périphrases ne sont-elles jamais plus élégantes que lorsque, caractérisant une pensée, elles expriment encore des sentimens.

Au lieu d'expliquer la métempsycose, en disant qu'elle fait sans cesse passer les ames par différens corps, Bossuet emploie des périphrases qui font voir toute l'absurdité qu'il trouve dans cette opinion. Il s'explique ainsi :

Que dirai je de ceux qui croyoient la transmigration des ames ; qui les faisoient rouler des cieux à la terre, et puis de la terre aux cieux ; des animaux dans les hommes, et des hommes dans les animaux ; de la félicité à la misère, et de la misère à la félicité, sans que ces révolutions eussent jamais ni de terme, ni d'ordre certain ?

Madame de Sévigné fait bien voir ce qu'elle pensoit du mariage que M. de Lauzun fut sur le point de faire, lorsqu'elle en écrivit ainsi la nouvelle :

M. de Lauzun épouse, avec la permission du roi, Mademoiselle.... Mademoiselle, la grande Mademoiselle,

Mademoiselle fille de feu Monsieur, Mademoiselle petite-fille de Henri IV, Mademoiselle d'Eu, Mademoiselle de Dombes, Mademoiselle de Montpensier, Mademoiselle d'Orléans, Mademoiselle cousine-germaine du roi ; Mademoiselle destinée au trône, Mademoiselle le seul parti de France qui fût digne de Monsieur.

On peut, après une périphrase, en ajouter une seconde, une troisième, et ce sera fort bien, pourvu qu'elles expriment chacune des accessoires qui renchérissent les uns sur les autres, et qui soient tous relatifs à la chose et aux circonstances où l'on en parle : les idées, par ce moyen, se lieront de plus en plus. Mais, au contraire, la liaison s'affoiblira, et le style deviendra lâche, si les dernières périphrases ont moins de force que les premières. Despréaux a dit : {Précaution nécessaire lorsqu'on veut exprimer une chose par plusieurs périphrases.}

Tandis que libre encore
Mon corps n'est point courbé sous le faix des années,
Qu'on ne voit point mes pas sous l'âge chanceler,
Et qu'il reste à la Parque encor de quoi filer.

Voilà trois périphrases pour dire, *tandis*

que je ne suis pas vieux. La première est bonne, parce qu'elle fait une image; la seconde est une peinture plus foible; la troisième ne peint rien, et n'est pas même exacte : car on peut être vieux, quoiqu'il reste à la parque de quoi filer. D'ailleurs *qu'on ne voit point mes pas chanceler,* est un tour lâche : il eût été mieux de dire *que je ne chancèle pas.* Enfin *sous l'âge,* est une foible répétition de *sous le faix des années.*

La règle est donc que, quand on veut exprimer une même chose par plusieurs périphrases, il faut que les images soient dans une certaine gradation, qu'elles ajoutent successivement les unes aux autres, et que tout ce qu'elles expriment convienne également, non-seulement à la chose dont on parle, mais encore à ce qu'on en dit.

Il faut encore consulter le caractère de l'ouvrage où l'on veut faire entrer ces images. Dans un poëme, par exemple, on exprimera ainsi la pointe du jour :

> L'aurore cependant au visage vermeil
> Ouvroit dans l'orient le palais du soleil :

La nuit en d'autres lieux portoit ses voiles sombres,
Les songes voltigeans fuyoient avec les ombres.
Despréaux.

Ce langage seroit froid et ridicule partout ailleurs.

Comme on se sert d'une périphrase pour ajouter des accessoires, on s'en sert aussi pour écarter des idées désagréables, basses ou peu honnêtes. Mais il faut bien se garder d'éviter des termes uniquement parce qu'ils sont dans la bouche de tout le monde. Lorsque le langage commun convient au sentiment qu'on éprouve, et aux circonstances où l'on est, il ne faut préférer une périphrase qu'autant qu'elle convient encore davantage. Il est, par exemple, tout naturel qu'un père dise : *ma fille devroit pleurer ma mort, et c'est moi qui pleure la sienne.* Je ne vois pas pouquoi il craindroit de se servir du mot *pleurer.* Cependant le père Bouhours loue ces vers que Maynard a faits sur ce sujet :

Occasion où la périphrase ne doit pas être préférée au terme propre.

Hâte ma fin que ta rigueur diffère,
Je hais le monde et n'y prétends plus rien.
Sur mon tombeau ma fille devroit faire
Ce que je fais maintenant sur le sien.

Ce père tendre paroît se faire un petit plaisir de donner à deviner s'il répand des larmes. La périphrase ne doit pas être employée pour écarter l'idée du sentiment, et pour y substituer une énigme. Ces vers de Maynard sont donc d'un mauvais goût. *Et n'y prétends plus rien*, est une phrase qui n'est-là que pour achever le vers.

Usage des périphrases, qui sont des définitions ou des analyses.

Les définitions et les analyses sont proprement des périphrases, dont le propre est d'expliquer une chose. *Dieu est la cause première :* voilà une définition ; car de là naissent tous les attributs de la divinité. Vous ferez une analyse, si vous dites : *Dieu est la cause première, indépendante, souverainement intelligente, toute-puissante, etc.* Vous pouvez donc substituer au nom de *Dieu* sa définition ou son analyse. Mais alors votre dessein est uniquement de faire connoître l'idée que vous vous faites, et vous remplissez votre objet, si vous vous expliquez clairement. Quant aux périphrases qui ne sont ni définitions ni analyses, vous n'en devez faire usage qu'autant qu'elles caractérisent les choses, soit par rapport aux circonstances où vous les considérez, soit par rapport aux sentimens dont vous êtes affecté. Si vous les employez toujours avec ce discernement, vous ne devez pas craindre de les trop multiplier.

CHAPITRE IV.

Des comparaisons.

<small>Comment les tours figurés font le charme du style.</small> Les rayons de lumière tombent sur les corps, et réfléchissent des uns sur les autres. Par-là les objets se renvoient mutuellement leurs couleurs. Il n'en est point qui n'emprunte des nuances, il n'en est point qui n'en prête ; et aucun d'eux, lorsqu'ils sont réunis, n'a exactement la couleur qui lui seroit propre s'ils étoient séparés.

De ces reflets naît cette dégradation de lumière qui, d'un objet à l'autre, conduit la vue par des passages imperceptibles. Les couleurs se mêlent sans se confondre ; elles se contrastent sans dureté; elles s'adoucissent mutuellement ; elles se donnent mutuellement de l'éclat, et tout s'embellit. L'art du peintre est de copier cette harmonie.

C'est ainsi que nos pensées s'embellissent mutuellement : aucune n'est par elle-même ce qu'elle est avec le secours de celles qui la précèdent et qui la suivent. Il y a, en quelque sorte, entre elles, des reflets qui portent des nuances de l'une sur l'autre ; et chacune doit à celles qui l'approchent, tout le charme de son coloris. L'art de l'écrivain est de saisir cette harmonie : il faut qu'on apperçoive dans son style ce ton qui plait dans un beau tableau.

Les périphrases, les comparaisons, et en général toutes les figures sont très-propres à cet effet ; mais il y faut un grand discernement. Quels que soient les tours dont on fait usage, la liaison des idées doit toujours être la même : cette liaison est la lumière dont les reflets doivent tout embellir.

Avec quel discernement on les doit employer.

Il ne s'agit donc pas d'accumuler au hasard les figures ; c'est aux circonstances à indiquer les modifications qui méritent d'être exprimées, et c'est à l'imagination à fournir les tours qui donnent un coloris vrai à chaque pensée.

La beauté d'une comparaison dépend de la vivacité dont elle peint ; c'est un tableau dont l'ensemble veut être saisi d'un clin-d'œil et sans effort.

Ce qui fait la beauté d'une comparaison.

Il faut donc qu'un écrivain apperçoive

toujours en même temps les deux termes qu'il rapproche ; car il ne lui suffit pas de dire ce qui convient à chacun séparément, il doit dire ce qui convient à tous deux à-la-fois ; encore même ne s'arrêtera-t-il pas sur toutes les qualités qui appartiennent également à l'un et à l'autre. Il se bornera, au contraire, à celles qui se rapportent au but dans lequel il les envisage. S'il n'a pas cette attention, il perdra son objet de vue, et fera des écarts.

<small>Il faut prendre garde qu'elle ne soit mal choisie</small> En pareil cas, on peut pécher dans le choix des comparaisons, et dans la manière de les développer.

La Bruyère a, ce me semble, employé une comparaison bien extraordinaire dans son discours de réception à l'académie française.

Rappelez, dit-il, à votre mémoire, (la comparaison ne vous sera pas injurieuse) rappelez ce grand et premier concile où les pères qui le composoient étoient remarquables chacun par quelque membre mutilé, ou par les cicatrices qui leur étoient restées des fureurs de la persécution ; ils sembloient tenir de leurs plaies le droit de s'asseoir dans cette assemblée générale de toute l'église: il n'y avoit aucun de vos illustres prédécesseurs qu'on ne s'empressât de voir, qu'on ne montrât dans les places, qu'on ne désignât par quelqu'ouvrage fameux qui lui avoit fait un grand nom, et qui lui donnoit rang dans cette académie.

Quel rapport peut-il y avoir entre les membres mutilés, les cicatrices, les plaies des pères de l'église, et les ouvrages des académiciens ?

Le même regret qu'auroient eu Apelles et Lysippe de laisser en quelqu'un de leurs chefs-d'œuvres, l'un des deux yeux à achever d'une autre main que la leur, il (Louis XIV) *le sentoit toutes les fois qu'il pensoit à se retirer, sans ajouter la prise de Gray à celle de Dole.* Pellisson.

Voilà *Gray* et *Dole* que Pellisson compare à deux yeux. Cette comparaison est froide, parce qu'elle est tirée de loin. En rapprochant Apelles qui peint deux yeux à Louis XIV qui prend deux villes, cet écrivain rapproche des couleurs qui ne peuvent s'embellir par des reflets, et qui, au contraire, tranchent bien durement. D'ailleurs, il ne peut ici y avoir de commun entre Apelles et Louis XIV que la sensibilité. Mais on n'est pas fondé à comparer deux choses, uniquement parce qu'elles se ressemblent ; il faut encore que celle qu'on veut représenter, reçoive de l'autre un coloris qu'elle n'auroit pas d'elle-même. Or, la sensibilité de Louis XIV et celle d'Apelles sont, pour ainsi dire, de la même couleur, et ne peuvent rien se communiquer.

Il ne faut pas comparer des choses qui ne se ressemblent pas.

Point de ressemblance rend une comparaison froide comme le trop de ressemblance.

Car d'un dévot souvent au chrétien véritable
La distance est deux fois plus grande à mon avis
Que du pole antarctique au détroit de Davis.
Despréaux.

Il n'y a point-là d'image que l'esprit puisse saisir ; et nous aimerions beaucoup mieux que le poëte se fût contenté de dire : *Il y a une grande distance d'un dévot à un chrétien.* Car cette distance et celle du pole antarctique au détroit de Davis ne sont pas à comparer.

Il est impossible d'imaginer quelque ressemblance entre la manière dont l'absence agit sur les passions, et celle dont le vent agit sur le feu. C'est donc encore une comparaison bien froide que celle que fait la Rochefoucault lorsqu'il dit :

L'absence diminue les médiocres passions, et augmente les grandes, comme le vent éteint les bougies et allume le feu.

Le plus grand abus des comparaisons, c'est lorsqu'elles se réduisent à un jeu de mots.

La cour est comme un édifice bâti de marbre ; je veux dire qu'elle est composée d'hommes fort durs et fort polis. La Bruyère.

Gardez-vous bien, Monseigneur, de jouer jamais sur les mots : rien ne décèle plus le défaut de jugement.

Vous entendrez parler des anciens, on vous les citera comme des modèles; et ce sera même avec raison, du moins à bien des égards. Mais il faut vous prévenir de bonne heure contre le préjugé de l'antiquité, et vous apprendre qu'il y a plus de deux mille ans que les grands génies disent des misères. Platon vous servira d'exemple. C'étoit un philosophe : cette qualité vous intéresse déjà. Il a fait une description du corps humain, que Longin, ancien aussi, mais moins de plusieurs siècles, trouve sublime et divine. La voici : songez que vous allez juger le plus grand philosophe et le plus grand rhéteur.

Platon appelle la tête une *citadelle;* il dit que le cou est un *isthme qui a été mis entre elle et la poitrine;* que les vertèbres sont *comme des gonds sur lesquels elle tourne;* que la volupté est *l'amorce de tous les malheurs qui arrivent aux hommes;* que la langue est *le juge des saveurs;* que le cœur est *la source des veines, la fontaine du sang, qui delà se partage avec rapidité dans toutes les parties, et qui est disposé comme une forteresse gardée de tous côtés.* Il appelle les pores *des rues étroites. Les dieux,* poursuit-il, *voulant soutenir le battement du cœur que la vue inopinée* des choses terribles, ou le mouvement de la colère, qui est de feu, lui causent ordinairement, ont mis sous lui le poumon dont la substance est molle, et n'a point de sang : mais ayant par dedans de petits trous en forme d'éponge, il sert au cœur comme d'oreiller, afin que quand la colère est enflammée, il ne soit point troublé dans ses fonctions. Il appelle la partie concupiscible, *l'appartement de la femme ;* et la partie irascible, *l'appartement de l'homme.* Il dit, que la rate est la cuisine des intestins ; et qu'étant pleine des ordures du foie, elle s'enfle et devient bouffie. Ensuite, continue-t-il, *les dieux couvrirent toutes ces parties de chair, qui leur sert comme de rempart et de défense contre les injures du chaud et du froid, et contre tous les autres accidens. Elle est,* ajoute-t-il, *comme une laine molle et ramassée, qui entoure doucement le corps.* Il dit, que le sang est *la pâture de la chair :* et afin, poursuit-il, *que toutes les parties puissent recevoir l'aliment, ils y ont creusé, comme dans un jardin, plusieurs canaux, afin que les ruisseaux des veines, sortant du cœur comme de leur source, pussent couler dans ces étroits conduits du corps humain.* Au reste, quand la mort arrive, il dit : *que les organes se dénouent comme les cordages d'un vaisseau, et qu'ils laissent aller l'ame en liberté.*

Voilà cette description divine dont Longin ne donne qu'un extrait, et vous pouvez croire qu'il n'a pas choisi le plus mauvais. Appliquez, Monseigneur, à toutes ces comparaisons le principe de la liaison des idées, et vous saurez ce que vous en devez juger.

Voici une comparaison bien choisie. Elle est d'un philosophe moderne. Il s'agit de l'enfance d'un homme qui se distingue dans les méchaniques.

Il étoit méchaniste, il construisoit de petits moulins, il faisoit des siphons avec des chalumeaux de paille, des jets d'eau, et il étoit l'ingénieur des autres enfans, comme Cyrus devint le roi de ceux avec qui il vivoit. Fontenelle.

Une comparaison doit toujours répandre

de la lumière ou des couleurs agréables. Fontenelle ennoblit de petites choses, et Platon fait du corps humain un monstre qui échappe à l'imagination.

Rousseau voulant montrer l'effet de la louange sur une belle ame, se sert d'une comparaison qui rend fort bien sa pensée.

> Un esprit noble et sublime,
> Nourri de gloire et d'estime,
> Sent redoubler ses chaleurs;
> Comme une tige elevée
> D'une onde pure abreuvée
> Voit multiplier ses fleurs.

Les fleurs qui se multiplient sur une tige abreuvée d'une onde pure, sont une belle image de ce que l'amour de la gloire produit dans une ame élevée. Il est fâcheux que l'expression du troisième vers soit foible.

Vous voyez, Monseigneur, comment on doit se conduire dans le choix des comparaisons; voyons actuellement comment on doit les employer. On pèche ici de plusieurs manières, par ignorance, par des longueurs, par des écarts.

Il est évident que pour saisir des rapports entre deux termes, il faut avoir des idées

Il faut bien connoître les choses que l'on compare.

exactes de l'un et de l'autre. Nous devons donc nous faire une loi de ne tirer nos comparaisons que des choses connues. L'abbé de Bellegarde veut expliquer une pensée fausse, *que l'irrégularité des tours* donne de la beauté au style, et il se sert d'une autre pensée tout aussi fausse, parce qu'il la prend dans un art qu'il ne connoissoit pas. Il s'exprime ainsi :

Les habiles musiciens emploient à propos des tons discordans qui piquent l'oreille, et qui font mieux sentir la douceur des unissons ; ainsi il est bon quelquefois dans le discours de se servir de tours irréguliers, pour le rendre plus vif et plus animé.

Les bons musiciens n'emploient jamais des tons discordans, mais bien des dissonances; et les dissonances ne sont pas destinées à piquer l'oreille, ni à faire sentir la douceur des *unissons*. Vous pourrez savoir un jour que le propre de cet accord est de déterminer le ton où l'on est. Quant aux tours irréguliers, ils peuvent plaire quoiqu'irréguliers, mais non pas parce qu'ils sont irréguliers : vous verrez souvent confondre ces deux choses. Un visage a des grâces, et n'a point de régularité ; aussitôt on dit, l'irrégularité plaît : voilà comme jugent la plupart des hommes.

On ne sauroit trop presser les parties d'une comparaison, parce que les longueurs affoiblissent toujours la liaison des idées : on pèche donc par défaut de précision.

Les longueurs gâtent une comparaison.

Comme on voit une colonne, ouvrage d'une antique architecture, qui paroît le plus ferme appui d'un temple ruineux, lorsque ce grand édifice qu'elle soutenoit, fond sur elle sans l'abattre : ainsi la reine se montre le ferme soutien de l'état, lorsqu'après en avoir long-temps porté le faix, elle n'est pas même courbée sous sa chûte. Bossuet.

Cette comparaison est belle ; mais elle auroit plus de force si l'on retranchoit les mots *on voit*, *qui* et *qu'elle soutenoit*.

Autre belle comparaison avec des longueurs.

Nous mourrons tous, disoit cette femme dont l'écriture a loué la prudence, au deuxième livre des Rois ; nous allons sans cesse au tombeau, ainsi que des eaux qui se perdent sans retour. En effet, nous ressemblons tous à des eaux courantes. De quelque distinction que se flattent les hommes, ils ont tous une même origine, et cette origine est petite. Leurs années se poussent successivement comme des flots, ils ne cessent de s'écouler ; tant qu'enfin, après avoir fait un peu plus de bruit, et traversé un peu plus de pays les uns que les autres, ils vont tous ensemble se confondre dans un abîme, où l'on ne reconnoît plus ni prince, ni rois, ni toutes les autres qualités superbes qui distinguent les hommes ; de même que ces fleuves tant vantés demeurent sans nom et sans gloire, mêlés dans l'océan avec les rivières les plus inconnues.

Les écarts nuisent aux comparaisons.

Une comparaison pèche par des écarts. Bossuet vient de vous en donner un exemple, lorsque voulant peindre la mort, il se détourne tout-à-coup sur l'origine des hommes, et s'arrête pour dire qu'elle est petite et la même pour tous.

Le père Bouhours veut faire l'apologie de la langue française, et au lieu de raisonner, il se perd dans des comparaisons très-froides, et paroît aller d'écart en écart.

Puisque la langue latine, dit il, *est la mère de l'espagnole, de l'italien et du français, ne pourrions-nous pas dire que ce sont trois sœurs qui ne se ressemblent point, et qui ont des inclinations fort contraires, comme il arrive souvent dans les familles ? Je ne vous dirai pas précisément laquelle des trois est l'aînée, car le droit d'aînesse n'y fait rien ; et nous voyons tous les jours des cadettes qui valent bien leurs aînées.*

Bouhours entreprend ensuite de prouver que, quoique notre langue emprunte bien des mots du latin, ce n'est pas une raison de la juger pauvre. Il n'auroit pas pris la peine de prouver une chose aussi évidente, si ce n'eût pas été une occasion de faire de nouvelles comparaisons. Il dit donc :

Un prince qui a beaucoup d'or et d'argent dans ses coffres, ne laisse pas d'être riche, quoique cet or et cet argent ne naissent pas dans les terres de son état. Ceux qui volent le bien d'autrui s'enrichissent, à la vérité, par des voies injustes ; mais ils s'enrichissent néanmoins, et je n'ai jamais ouï dire que les partisans fussent beaucoup moins à leur aise après avoir beaucoup pillé. Mais nous n'en sommes pas en ces termes-là : nous parlons d'une fille qui jouit de la succession de sa mère, c'est-à-dire, de la langue française, qui tient sa naissance et ses richesses de la langue latine. Que si cette fille a fait valoir, par son industrie et par son travail, le bien que sa mère lui a laissé en partage ; si un champ qui ne rapportoit rien est devenu fertile entre ses mains ; si elle a trouvé dans une mine, des veines qu'on n'y avoit pas encore découvertes, je ne vois pas, à vous dire le vrai, qu'elle en soit plus pauvre, ni plus misérable.

Voilà une manière d'écrire dont on ne sauroit trop se garantir ; elle n'a ni agrément ni solidité ; c'est un verbiage qui ne laisse rien dans l'esprit. On dit que le latin est une langue-mère, par rapport au français et à l'italien. Cette expression a l'avantage de la précision ; mais le mot *mère* n'y est pas pris avec toute les idées qui lui sont propres. Il seroit absurde de dire qu'une langue est mère d'une autre comme une femme est mère de ses enfans. Voilà la faute du père Bouhours : il a pris ce mot à la lettre, et c'est pourquoi il a vu parmi les langues, des femmes, des mères, des filles, des sœurs, des familles, des aînées, des cadettes, des successions, etc. Cet écrivain est fécond en mauvaises comparaisons. Aussi Barbier d'Aucourt lui reproche-t-il d'avoir comparé les langues à tous les arts, à tous les artisans, cinq fois aux rivières, et plus de dix fois aux femmes et aux filles. Voici encore un exemple où les comparaisons sont accumulées sans discernement : il est du même auteur.

Pour moi, je regarde les personnes secrètes comme de grandes rivières dont on ne voit point le fond, et qui ne font point de bruit ; ou comme ces grandes forêts dont le silence remplit l'ame de je ne sais quelle horreur religieuse. J'ai pour elles la même admiration qu'on a pour les oracles qui ne se laissent jamais découvrir qu'après l'événement des choses, ou pour la providence de Dieu, dont la conduite est impénétrable à l'esprit humain.

Y a-t-il du jugement à comparer tout-à-la fois un même homme aux rivières, aux forêts, aux oracles et à la providence ?

Si j'osois faire une comparaison, dit la Bruyère, *entre deux conditions tout-à-fait inégales, je dirois qu'un homme de cœur pense à remplir ses devoirs, à-peu-près comme le couvreur songe à couvrir ; ni l'un ni l'autre ne cherchent à exposer leur vie, ni ne sont détournés par le péril : la mort pour eux est un inconvénient dans le métier, et jamais un obstacle. Le premier aussi n'est guère plus vain d'avoir paru à la tranchée, emporté un ouvrage, ou forcé un retranchement, que celui-ci d'avoir monté sur de hauts combles ou sur la pointe d'un clocher : ils ne sont tous deux appliqués qu'à bien faire, pendant que le fanfaron travaille à ce que l'on dise de lui qu'il a bien fait.*

Il y a de la justesse dans cette comparaison, et d'ailleurs la Bruyère prend toutes les précautions possibles pour la faire passer.

[marginal note: Il ne suffit pas qu'une comparaison soit juste.]

On peut la lui pardonner, parce qu'il en a senti le défaut. Mais elle pèche en ce que l'état militaire emportant une idée de noblesse, on ne peut le comparer qu'à des choses auxquelles nous attachons la même idée. Il ne suffit pas de prononcer les rapports vrais, il faut encore exprimer les sentimens dont nous sommes prévenus; et nous devons peindre avec des couleurs différentes, suivant que nous portons des jugemens différens.

Si vous me demandez quelles sont les idées nobles, je vous répondrai que rien n'est plus arbitraire : les usages, les mœurs, les préjugés en décident. Si la raison régloit nos jugemens, l'utilité feroit la loi, et l'état de laboureur seroit le plus noble de tous; mais nos préjugés en jugent autrement.

CHAPITRE V.

Des oppositions et des antithèses.

Les pensées s'embellissent par le contraste.

LES couleurs vives d'une draperie donnent de l'éclat à un beau teint ; les couleurs sombres lui en donnent encore : quand il ne s'embellit pas en dérobant des nuances aux objets qui l'approchent, il s'embellit par le contraste. Voilà, Monseigneur, une image sensible des comparaisons et des antithèses. Vous avez vu quelle lumière, quelle grâce, et quelle force une pensée reçoit d'une pensée qui lui ressemble : il s'agit actuellement de considérer ce qu'elle reçoit d'une pensée qui lui est opposée. Dans l'un et l'autre cas on compare ; mais la comparaison de deux idées qui contrastent est proprement ce qu'on nomme *opposition* et *antithèse*.

En quoi diffèrent les oppositions et les antithèses.

Il y a opposition toutes les fois qu'on rapproche deux idées qui contrastent ; et il y a antithèse lorsqu'on choisit les tours qui rendent l'opposition plus sensible. Ainsi l'opposition est plus dans les idées, et l'antithèse est plus dans les mots.

Dans le tableau de la naissance de Louis XIII, Rubens a peint la joie et la douleur sur le visage de Marie de Médicis. Voilà deux sentimens opposés : ils naissent du sujet même : ils en font partie : ce sont des accessoires qui lui sont essentiels. Mais ce n'est là qu'une opposition.

Monime, dans la nécessité d'épouser Mithridate, a pour Xipharès une passion qui lui est chère et qui l'afflige.

Vous m'aimez dès long-temps ; une égale tendresse
Pour vous depuis long-temps m'afflige et m'intéresse.

Quoique ces sentimens se combattent, ils sont si naturellement ensemble, qu'il ne paroît pas que Racine ait pensé à faire une antithèse. En effet, en faisant dire à Monime *m'afflige et m'intéresse*, il lui fait prendre l'expression simple des sentimens qu'elle éprouve ; et s'il lui faisoit tenir un langage où ce contraste fût plus marqué, il la feroit sortir de son caractère.

Mais Xipharès, qui apprend qu'il est aimé, reçoit au même instant l'ordre d'éviter ce qu'il aime. Heureux tout-à-la-fois et malheureux, il est frappé de ce contraste, et il le marque dans tout son discours; parce que les mots qui l'expriment davantage, sont ceux qui doivent plus naturellement s'offrir à lui.

Quelle marque, grands Dieux, d'un amour déplorable!
Combien en un moment heureux et misérable!
De quel comble de gloire et de félicités,
Dans quel abîme affreux vous me précipitez!

Vous voyez que l'opposition est dans les mots autant que dans les idées; c'est une antithèse.

Phèdre est honteuse de sa passion; elle se la reproche; elle veut cesser de vivre:

Soleil, je te viens voir pour la dernière fois.

Et, au même instant, elle s'occupe de l'objet qu'elle aime, du plaisir de le voir:

Dieux, que ne suis-je assise à l'ombre des forêts!
Quand pourrai-je, au travers d'une noble poussière?
Suivre de l'œil un char fuyant dans la carrière?

Phèdre, qui veut mourir, et qui veut

vivre, qui veut voir Hyppolite, et qui veut le fuir, eût pu faire des antithèses, et le fond de cette pensée eût été le même : mais l'expression simple des sentimens, qui se combattent en elle, peint beaucoup mieux son égarement.

Vous voyez donc qu'au lieu de mettre de l'opposition jusques dans les mots, il faut quelquefois la laisser uniquement dans les sentimens qui se contrastent : c'est avec ce discernement qu'on fait usage des antithèses.

Cas où l'opposition doit être préférée à l'antithèse.

Madame de Sévigné, voulant exprimer son amitié pour sa fille, rapproche des sentimens bien différens, et paroît cependant moins occupée à les opposer qu'à dire seulement ce qu'elle sent.

Quand j'ai passé sur ces chemins, j'étois comblée de joie dans l'espérance de vous voir et de vous embrasser ; et en retournant sur mes pas, j'ai une tristesse mortelle dans le cœur, et je regarde avec envie les sentimens que j'avois en ce temps-là.

Elle fait presque une antithèse lorsque parlant du chagrin de Madame de la

Fayette, au sujet de la mort de M. de la Rochefoucault, elle dit :

Le temps, qui est si bon aux autres, augmente et augmentera sa tristesse.

Elle eût pu dire : *le temps qui console les autres, l'afflige;* ou *le temps qui diminue la tristesse des autres, augmente la sienne.* Mais le tour qu'elle a pris est bien préférable. Une règle générale, c'est que l'antithèse n'est la vraie expression du sentiment, que lorsque le sentiment ne peut pas être exprimé d'une autre manière : c'est pourquoi elle est bien dans la bouche de Xipharès, et elle eût été déplacée dans la bouche de Phèdre.

Cas où l'antithèse doit être préférée à l'opposition. Deux vérités, qui ont quelque opposition, s'éclairent en se rapprochant, et paroissent s'éclairer davantage, à proportion que l'opposition est plus marquée : alors il y a peu de risque à faire des antithèses.

Nous aimons toujours ceux qui nous admirent, et nous n'aimons pas toujours ceux que nous admirons. La Rochefoucault.

On incommode souvent les autres,

quand on croit ne les jamais incommoder. La Rochefoucault.

M. de la Rochefoucault avoit dit :

Nous n'avons pas assez de force pour suivre toute notre raison.

M. de Grignan changea cette maxime de cette sorte.

Nous n'avons pas assez de raison pour employer toute notre force.

Ces deux maximes font une antithèse dans l'expression ; mais elles pourroient bien n'exprimer qu'une même chose.

Quelquefois la pensée d'un écrivain fait contraste avec la pensée de celui qui lit. Il semble, par exemple, que pour remarquer avec plaisir des défauts dans les autres, il faudroit soi-même n'en point avoir, et c'est ce qui donne plus de grâce à cette maxime de la Rochefoucault.

Si nous n'avions point de défauts, nous ne prendrions pas tant de plaisir à en remarquer dans les autres.

Madame de Maintenon a écrit, que Louis XIV croyoit se laver de ses fautes, lorsqu'il étoit implacable sur celles des autres. Il n'y a pas d'antithèse dans ce tour ;

mais vous pourriez dire en conséquence qu'on est sévère pour les autres, lorsqu'on est indulgent pour soi ; et ce seroit une antithèse.

Je vous ferai remarquer à cette occasion, comment les grands sont jugés par les personnes mêmes qu'ils croient leur être le plus attachées. Madame de Maintenon, qui blâmoit Louis XIV, le laissoit faire, et l'a même plus d'une fois excité à être sévère. Elle nourrissoit donc en lui des défauts qu'elle condamnoit.

Les antithèses sont toujours bonnes, lorsques les accessoires qu'elles ajoutent, caractérisent la chose, ou expriment les sentimens qu'on veut inspirer. Hors de-là, c'est le plus froid de tous les tours.

Abus des anti-thèses. Cependant il y a bien des écrivains qui en abusent. Ils ne parleront point d'une vertu sans la mettre en opposition avec le vice, qui en approche davantage. Ils diront qu'un homme est courageux sans être téméraire ; économe sans être avare ; hardi, mais prudent ; entreprenant, mais mesuré, etc. Vous sentez que ce style ne demande aucune sorte de génie. Ce n'est pas qu'on ne puisse quelquefois marquer ces différences : mais il faut qu'elles naissent du fond du sujet, et qu'elles soient indiquées par le caractère même de la personne qu'on veut peindre.

Dans un tableau bien fait, tout doit être le principe ou l'effet de l'action. Ce qu'on ajoute uniquement pour l'orner, est superflu ou pire encore. Si vous représentez un homme sans action, contentez-vous de le dessiner correctement : alors on admirera du moins la précision de votre pinceau. Mais vous ferez grimacer vos figures, si vous altérez les traits pour les faire contraster.

On rencontre dans le monde des personnes qui se piquent de faire des portraits. Plus elles y ont prodigué les antithèses, plus leur style paroît recherché. C'est que ne connoissant pas les modèles qu'elles ont voulu peindre, on ne comprend pas ce qui a pu autoriser une répétition si fréquente de cette figure. Aussi quelque succès que ces sortes d'ouvrages aient dans une société, ils réussissent peu dans le public.

Quand nous lirons Fléchier, j'aurai plus

d'une fois occasion de vous faire remarquer l'abus des antithèses : il suffira aujourd'hui de vous en donner un ou deux exemples.

Ces soupirs contagieux qui sortent du sein d'un mourant, pour faire mourir ceux qui vivent.

Faire mourir ceux qui vivent? et qui donc peut-on faire mourir ? On voit bien que l'orateur veut faire avec *mourant* une antithèse. Voici un autre passage où il sacrifie la vérité à la démangeaison de faire constraster les mots.

Qui ne sait qu'elle fut admirée dans un âge, où les autres ne sont pas encore connues ; qu'elle eut de la sagesse dans un temps où l'on n'a presque pas encore de la raison ; qu'on lui confia les secrets les plus importans, dès qu'elle fut en âge de les entendre, que son naturel heureux lui tint lieu d'expérience, dès ses plus tendres années, et qu'elle fut capable de donner des conseils, en un temps où les autres sont à peine capables d'en recevoir.

CHAPITRE VI.

Des tropes.

Un mot est pris dans le sens primitif, *Sens propre et sens emprunté.* lorsqu'il signifie l'idée pour laquelle il a d'abord été établi; et lorsqu'il en signifie une autre, il est pris dans un sens emprunté. *Réflexion*, par exemple, a premièrement désigné le mouvement d'un corps qui revient après avoir heurté contre un autre; et ensuite il est devenu le nom qu'on donne à l'attention, lorsqu'on la considère comme allant et revenant d'un objet sur un objet, d'une qualité sur une qualité, etc.

Les mots employés dans un sens emprunté s'appellent *tropes*, du grec *tropos*, *Les tropes sont des mots pris dans un sens emprunté.* dont la racine est *trepo, je tourne.* Ils sont considérés comme une chose qu'on a tournée pour lui faire présenter une face, sous laquelle on ne l'avoit pas d'abord envisagée.

Comme les rhéteurs appellent tropes les *Différens effets*

le nom propre et le mot propre.

mots pris dans un sens emprunté, ils appellent noms propres ceux qu'on prend dans le sens primitif; et il faut remarquer qu'il y a de la différence entre le nom propre et le mot propre. Quand on dit qu'un écrivain a toujours le mot propre, on n'entend pas qu'il conserve toujours aux mots leur signification primitive, on veut dire que ceux dont il se sert, rendent parfaitement toutes ses idées : le nom propre est le nom de la chose; le mot propre est toujours la meilleure expression.

Comment les mots passent à une signification empruntée.

Vous connoissez par quelle analogie un mot passe d'une signification primitive à une signification empruntée. Vous avez occasion de le remarquer tous les jours, et vous n'ignorez pas que les noms des idées qui s'écartent des sens, sont ceux-mêmes qui, dans l'origine, ont été donnés aux objets sensibles. Vous concevez même que les hommes n'ont pas eu d'autre moyen pour désigner ces sortes d'idées, et vous vous confirmez dans ce sentiment, toutes les fois que l'étymologie vous étant connue, vous pouvez suivre toutes les acceptions d'un mot.

On nomme, par exemple, *ame*, *esprit*, cette substance simple qui seul sent, qui seule pense; et ces dénominations ne signifient originairement qu'un souffle, qu'un air subtil. Veut-on parler de ses qualités ? on semble lui communiquer celles du corps; on dit : *l'étendue*, *la profondeur*, *les bornes* de l'esprit, *les penchans*, *les inclinations*, *les mouvemens* de l'ame. Ainsi les tropes paroissent donner des figures aux idées mêmes qui s'éloignent le plus des sens; et c'est peut-être là ce qui les fait appeller *figures* ou *expressions figurées*.

Cette dénomination est un trope elle-même, et on pourroit l'étendre à toutes les manières dont nous nous exprimons : car quel que soit notre langage, nos pensées semblent toujours prendre quelque forme, quelque figure. Mais il suffit pour le présent de considérer *figure* et *trope* comme synonymes.

Vous voyez que la nature des tropes ou figures est de faire image, en donnant du corps et du mouvement à toutes nos idées. Vous concevez combien ils sont néces-

<small>La nature des tropes est de faire image.</small>

saires, et combien il nous seroit souvent impossible de nous exprimer si nous n'y avions recours. Il nous reste à rechercher avec quel discernement nous devons nous en servir, pour donner à chaque pensée son vrai caractère.

Tout écrivain doit être peintre, autant du moins que le sujet qu'il traite le permet. Or nos pensées sont susceptibles de différens coloris: séparées, chacune a une couleur qui lui est propre: rapprochées, elles se prêtent mutuellement des nuances, et l'art consiste à peindre ces reflets. Ainsi donc que le peintre étudie les couleurs qu'il peut employer, étudions les tropes, et voyons comment ils produisent différens coloris.

Les images doivent répandre la lumière.

Une image doit contribuer à la liaison des idées, ou du moins elle ne doit jamais l'altérer. Son moindre avantage est de faire tomber sous le sens jusqu'aux idées les plus abstraites.

Lorsque voulant expliquer la génération des opérations de l'ame, vous dites, Monseigneur, qu'elles prennent leur source dans la sensation, et que l'attention se jette dans la comparaison, la comparaison dans le jugement, etc., vous comparez toutes ces opérations à des rivières, et ces mots *source* et *se jette* sont des tropes qui rendent votre pensée d'une manière sensible. Nous employons ce langage dans toutes les occasions qui se présentent, et vous éprouvez tous les jours combien il est propre à vous éclairer.

Les tropes qui répandent une grande lumière, ne sauroient nuire à la liaison des idées : ils y contribuent, au contraire. Il n'est peut-être pas aussi aisé de choisir parmi ces figures, lorsqu'on doit se borner à accompagner d'accessoires convenables une pensée, qui est par elle-même dans un grand jour : c'est alors que le discernement est sur-tout nécessaire.

Elles doivent donner à la chose le caractère qui lui est propre.

Les rhéteurs distinguent bien des espèces de tropes ; mais il est inutile de les suivre dans tous ces détails. C'est uniquement à la liaison des idées à vous éclairer sur l'usage que vous en devez faire ; et quand vous saurez appliquer ce principe, il vous importera peu de savoir si vous faites une métonymie, une métalepse, une litote, etc... Gardez-vous bien de mettre ces noms dans votre mémoire. Mais venons à des exemples.

Pourquoi peut-on quelquefois substituer *voile à vaisseau*, et pourquoi ne le peut-on pas toujours? On dira *une flotte de vingt voiles sortit des ports, et prit sa route vers Port-Mahon*, et on ne dira pas, *une flotte de vingt voiles se battit contre une flotte de vingt voiles*. Dans ce dernier cas, il faut dire, *une flotte de vingt vaisseaux*.

La raison de cet usage est sensible. Les voiles représentent non-seulement les vaisseaux, ils les représentent encore en mouvement : car ils sont l'instrument qui les fait mouvoir. Toutes les fois donc que vous dites, *vingt voiles sortirent du port, et prirent la route, etc.*, ce trope fait une image qui se lie avec l'action de la chose; mais lorsqu'il s'agit d'un combat, les voiles n'en sont plus l'instrument, et l'image devient confuse, parce qu'elle n'a pas assez de rapport avec l'action.

Vous direz cependant à votre choix: *nous avions une flotte de vingt voiles ou de vingt vaisseaux*. Vous donnerez même la préférence au trope, parce que vous le pouvez toutes les fois que l'image ne contrarie point la liaison des idées.

Lorsque *voile* est pris dans sa significa-tion primitive, il ne désigne qu'une partie du vaisseau : mais lorsqu'on le substitue au mot *vaisseau*, il s'approprie une nouvelle idée, et il y ajoute pour accessoire l'image des vents qui soufflent dans les voiles dé-ployées. C'est ainsi qu'un mot, en passant du propre au figuré, change de significa-tion : la première idée n'est plus que l'ac-cessoire, et la nouvelle devient la prin-cipale.

<small>Comment de propre au figuré un mot change de signification.</small>

On dit d'un peintre, *c'est un grand pinceau*, et d'un écrivain, *c'est une belle plume* : mais on ne dit pas, *la vie de ce grand pinceau, de cette belle plume*. Vous en voyez la raison; c'est que les idées de *plume* et de *pinceau* n'ont pas de rap-port avec les actions d'un peintre et d'un écrivain : elles n'en ont qu'avec leurs ou-vrages. Ces exemples font déjà com-prendre comment vous devez employer les tropes.

Vous juriez autrefois que ce fleuve rebelle
Se feroit vers sa source une route nouvelle,
Plutôt qu'on ne verroit votre cœur dégagé.
Voyez couler ces eaux dans cette vaste plaine,
C'est le même penchant qui toujours les entraîne ;
Leur cours ne change point, et vous avez changé.

Ces vers sont beaux : mais vous y ajouterez une image, si substituant *cette onde* à *ce fleuve*, et *ces flots* à *ces eaux*, vous dites avec Quinault :

Vous juriez autrefois que cette onde rebelle
Se feroit vers sa source une route nouvelle,
Plutôt qu'on ne verroit votre cœur dégagé.
Voyez couler ces flots dans cette vaste plaine,
C'est le même penchant qui toujours les entraîne ;
Leur cours ne change point et vous avez changé.

Ces tropes rétablis s'accordent parfaitement avec le tableau que le poëte met sous nos yeux ; et en les retranchant, j'ai fait comme un peintre qui, voulant représenter le cours d'une rivière, éviteroit de peindre les ondes et les flots.

<small>Les tropes peuvent donner de la précision.</small>

Les tropes qui font image, ont souvent l'avantage de la précision.

La haine publique se cache d'ordinaire sous l'adulation.

Il faudroit un long discours pour rendre cette pensée sans figures. Il en est de même de ce vers où Despréaux peint un joueur.

Voit sa vie ou sa mort sortir de son cornet.

Quand même l'expression figurée seroit plus allongée, elle doit être préférée, si l'image est belle.

Lorsqu'ils allongent le discours, ils peuvent être préférables aut... me propre.

Que vous dites bien sur la mort de M. de la Rochefoucault, et de tous les autres : on serre les files, il n'y paroît plus. Madame de Sévigné.

Il eût été plus court de dire, *on se console ;* mais le trope embellit une pensée commune.

Il y a des mots qui sont de vrais tropes, et qui ne paroissent plus l'être. Tel est *inspirer*, qui signifie proprement *souffler dedans*. Mais comme il a perdu cette signification, il ne présente plus aucune image. Il faut donc, si l'on veut peindre, substituer une autre figure. C'est ce qu'a fait Despréaux.

Il faut substituer un trope à un trope qui ne paroît plus l'être.

O nuit, que m'as-tu dit, quel démon sur la terre
Souffle dans tous les cœurs la fatigue et la guerre ?

Ce poëte pouvoit dire, *inspire à tous les cœurs*, c'eût été encore une image; mais on l'eût à peine apperçue.

On est si fort accoutumé de dire que tout a plusieurs faces, qu'on ne remarque pas que cette expression est figurée. Madame de Sévigné dit, *tout est à facettes,* et donne plus de corps à cette pensée.

<small>Comment un trope s'accommode au sujet.</small> Lorsque le duc d'Anjou, Philippe V, monta sur le trône, Louis XIV pouvoit dire, *l'Espagne et la France ne seront plus divisées :* mais cette expression eût à peine paru figurée. Il pouvoit dire encore, *il n'y a plus de barrière entre la France et l'Espagne*, et la figure eût été plus sensible. Il fit mieux, et il dit: *il n'y a plus de Pyrénées :* mot d'autant plus heureux, qu'il ne convient qu'à ces deux royaumes. Vous voyez par cet exemple comment les tropes doivent être accommodés au sujet.

<small>Comment un trope s'accommode au jugement que nous portons.</small> Ils s'accommodent aussi avec les jugemens que nous portons et que nous voulons faire porter aux autres. M. de Coulanges voulant plaisanter sur la passion que Ma-

dame de Sévigné avoit pour Madame de Grignan, s'exprime ainsi.

Voyez-vous bien cette femme-là ? elle est toujours en présence de sa fille.

Madame de Sévigné ne pouvoit être offensée d'un badinage, qui représentoit si bien son amour pour sa fille ; et quoique cette expression, *est toujours en présence*, paroisse un peu recherchée, je ne la blâme pas ; parce que le ton de badinage permet des libertés, que ne permettroit pas un ton plus sérieux.

Si, ayant à vivre avec des hommes qui n'oseront jamais vous donner des ridicules, il pouvoit vous être permis de leur en donner ; je vous donnerois pour règle cette plaisanterie de M. de Coulange : je vous dirois que vous ne devez jamais vous en permettre, qu'autant qu'elles retraceront des idées agréables à la personne sur laquelle vous paroîtrez jeter un petit ridicule ; mais il faut pour cela un discernement, dont les princes sont rarement capables. Comme on ne les plaisante jamais, et qu'au contraire on les flatte toujours, ils n'ont pas appris à sentir ce qu'une plaisanterie peut avoir d'offensant : ne vous en permettez donc jamais.

Comment un trope s'accommode aux sentimens que nous éprouvons.

Vous voyez que dans le choix des expressions figurées, il faut considérer le caractère du sujet, les jugemens que nous en portons, et le ton badin ou sérieux que nous avons pris : il faut encore avoir égard aux sentimens que nous éprouvons.

Je cours, dit Télémaque à Calypso, *avec les mêmes dangers qu'Ulysse, pour apprendre où il est. Mais que dis-je? Peut-être qu'il est maintenant enseveli dans les profonds abîmes des mers.*

Si Télémaque parloit de quelqu'un, à qui il prît peu d'intérêt, il diroit simplement, *peut-être qu'il a péri dans un naufrage ;* car rien alors ne seroit plus déplacé que cette figure, *il est enseveli dans les profonds abîmes des mers ;* mais il parle d'un père qu'il aime. Son intérêt est vif, sa frayeur est grande, il voit ce qu'il craint, il peint ce qu'il voit, et tout dans son langage est lié aux sentimens d'amour et de crainte qui l'agitent.

Ce ne sont pas là les sentimens de Calypso. Aussi emploie-t-elle d'autres images, lorsqu'elle veut faire croire à Télémaque qu'Ulysse a péri.

Il voulut me quitter, dit-elle, *il partit, et je fus vengée par la tempête : son vaisseau, après avoir été le jouet des vents, fut enseveli dans les ondes.*

Si Ulysse n'avoit pas échappé au naufrage, elle pourroit s'arrêter sur l'image *d'enseveli*, et sa colère lui feroit tenir le même langage, que l'amour et la crainte font tenir à Télémaque. Elle jouiroit de se vengeance en se représentant Ulysse enseveli dans les profonds abîmes des mers. Mais elle sait qu'il vit encore, et elle ne fait entendre le contraire que dans l'espérance de retenir Télémaque. Cependant la tempête et le vaisseau qui a péri, après avoir été le jouet des vents, sont des images chères à sa colère, parce qu'elles lui retracent les dangers qu'Ulysse a courus. Aussi elle s'y arrête avec complaisance, et elle se peint jusqu'aux ondes.

Pour sentir encore mieux cette différence, mettons dans la bouche de Télémaque les paroles de Calypso.

Je cours, avec les mêmes dangers

qu'Ulysse, pour apprendre où il est. Mais que dis-je ? peut-être qu'après avoir été le jouet des vents, il est enseveli dans les ondes.

Vous sentez qu'*après avoir été le jouet des vents* est une image qui ne doit pas s'offrir à Télémaque : son amour et sa crainte ne le permettent pas, il ne peut voir que le naufrage. Il seroit tout aussi déplacé de faire tenir à Calypso le langage de Télémaque.

Il voulut me quitter, il partit, et je fus vengée par la tempête : son vaisseau fut enseveli dans les profonds abîmes des mers.

Il n'est pas naturel que l'œil de Calypso suive jusques dans ces abîmes un vaisseau où elle sait qu'Ulysse n'étoit plus, et les dangers que ce grec a courus, sont les seuls images qu'elle peut se retracer avec plaisir.

De l'usage des métaphores.

Quoique je ne veuille pas entrer dans le détail de toutes les espèces de tropes, il en est deux que je vous ferai remarquer plus particulièrement, parce qu'ils sont fort connus. L'un est la métaphore. Ce trope est l'expression abrégée d'une comparaison.

Quand on dit, par exemple, *donner un frein à ses passions*, c'est, en quelque sorte, arrêter ses passions comme on arrête un cheval avec un frein. Vous voyez que la comparaison est dans l'esprit, et que le langage n'en donne que le résultat. Ce que nous avons dit des comparaisons doit s'appliquer aux métaphores. Je vous ferai seulement remarquer qu'à consulter l'étymologie, tous les tropes sont des métaphores : car métaphore signifie proprement un mot transporté d'une signification à une autre.

L'autre trope est l'hyperbole : ce mot signifie *excès*. Cette figure est chère à tous ceux qui ne voyant pas avec précision, n'imaginent pas qu'on puisse jamais dire trop. L'usage en a introduit quelques-unes : *plus vîte que le vent ; répandre des ruisseaux de larmes*. On peut les employer, parce que l'esprit s'étant fait une habitude d'en retrancher l'excès, elles rentrent dans l'ordre des figures qui se conforment à la liaison des idées.

De l'usage de l'hyperbole.

L'hyperbole est propre à peindre le désordre d'un esprit à qui une grande passion exagère tout. Voilà les seuls cas où l'on doit se permettre cette figure. Malherbe en a prodigieusement abusé en parlant de la pénitence de saint Pierre.

> C'est alors que ses cris en tonnerres éclatent,
> Ses soupirs se font vents qui les chênes combattent ;
> Et ses pleurs, qui tantôt descendoient mollement,
> Ressemblent un torrent, qui, des hautes montagnes,
> Ravageant et noyant les voisines campagnes,
> Veut que tout l'univers ne soit qu'un élément.

De l'usage des symboles. Il y a des tropes qui ne font point d'image, et qui cependant ont quelquefois de la grâce : ce sont ceux où l'on substitue au nom d'une chose le nom d'un signe que l'usage a choisi pour la désigner. On les nomme *symboles*. Despréaux a dit :

La Seine a des Bourbons, le Tibre a des Césars.

Et il a préféré, avec raison, ce tour à celui-ci :

La France a des Bourbons et Rome a des Césars.

> En vain au Lion Belgique
> Il voit l'Aigle Germanique
> Uni sous les Léopards.

Par le lion, l'aigle et les léopards, Despréaux désigne trois nations : les Hollandais, les Allemands et les Anglais. Si ces tropes ne contribuent pas à la liaison des idées, ils n'y sont pas contraires. Ils ont le petit avantage de prendre le mot dans un sens détourné ; c'est pour cette raison qu'ils nous plaisent, et que les poëtes et les orateurs leur donnent la préférence. Il faut convenir que ces figures tiennent le dernier rang.

Les anciens faisoient un grand usage de ces tours. Ils avoient donné des symboles aux villes, aux fleuves, aux nations, aux divinités, aux vertus, aux vices mêmes. Leur poésie est remplie de ces mots dont le sens est détourné sans être obscur, et elle a un langage tout différent de celui de la prose. Ce sont des noms harmonieux, des noms hors de l'usage vulgaire, des noms qui tiennent à la religion, et dont les accessoires sont enveloppés dans des idées mystérieuses, toujours agréables à l'imagination.

Ce langage symbolique a cessé avec la religion qui lui avoit donné naissance. Un poëte se seroit plus entendu, s'il en vouloit faire le même usage que les anciens. On n'est pas poëte aujourd'hui par le seul choix des mots, il faut l'être par les idées ; et la poésie est devenue un art bien plus difficile. Vous vous en convaincrez quelque jour.

<small>Deux tropes qui se contrarient rendent mal une pensée.</small>

Après vous avoir montré avec quel discernement vous devez vous servir des tropes, il est à propos de vous prévenir sur les fautes où vous pourriez tomber en les employant.

Premièrement, on ne doit pas rapprocher des figures dont les accessoires se contrarient.

Ce prince abusa moins du despotisme que ses prédécesseurs ; il diminua les chaînes de ses sujets, et rendit le joug plus léger.

Le *joug* et les *chaînes* se contrarient. On ne met pas un joug à ceux qu'on enchaîne, on n'enchaîne pas ceux à qui on met un joug. Les chaînes ôtent la liberté d'agir, le joug règle l'action.

Madame de Sévigné rapproche des figures, qui ne peuvent s'associer, lorsqu'elle donne un moule à l'esprit et au cœur, qu'elle en fait des métaux et de la vieille roche.

Il n'y a point d'esprit ni de cœur sur ce monde ; ce sont de ces sortes de métaux qui ont été altérés par la corruption du temps ; enfin, il n'y en a plus de cette vieille roche.

En second lieu, il faut éviter les tropes lorsque les accessoires qui les accompagnent n'ont pas de rapport avec la chose dont nous parlons. En pareil cas, il sont extrêmement froids. Un seul trope la rend mal, lorsqu'il n'a pas de rapport à la chose dont on parle.

Le P. Bourdaloue a prêché ce matin au-delà des plus beaux sermons qu'il ait jamais faits. Sévigné.

Au-deçà et au-delà n'ont aucune analogie avec la perfection des choses. On seroit plus fondé à regarder comme mal en soi tout ce qui est en-deçà ou delà du bien.

Que vous dirai-je de l'intérêt que je prends à vous, à vingt lieues à la ronde ? Sévigné.

Ce tour est encore bien froid.

C'est l'usage qui a élevé ces mots au-dessus de leur origine, qui est basse d'elle-même ; et si je voulois me servir de métaphores, je dirois qu'après leur avoir donné le droit de bourgeoisie, il leur a encore donné des lettres de noblesse. Bouhours.

Qu'est-ce donc que des mots bourgeois, et des mots qui ont des lettres de noblesse?

Les métaphores sont des voiles transparens qui laissent voir ce qu'ils couvrent, ou des habits de masque, sous lesquels on reconnoît la personne qui est masquée. Bouhours.

Les bonnes métaphores ne voilent ni ne masquent ; elles présentent, au contraire, les choses par les côtés qui les caractérisent, et elles les mettent dans leur vrai jour.

Despréaux n'a pu faire passer *la hauteur des vers*, expression que la rime lui a dictée. Bouhours dit qu'elle ne peut être blâmée que par des méchans critiques ; mais certainement de bons écrivains ne la répéteront pas.

<small>Il la rend mal, lorsqu'il n'a qu'un rapport vague.</small> En troisième lieu, les figures sont encore bien froides quand les rapports sont vagues.

J'ai accoutumé de lui dire que son style n'est qu'or et azur, et que ses paroles sont toutes d'or et de soie ; mais je puis dire encore avec plus de vérité que ce ne sont que perles et que pierreries. Vaugelas.

Cette symétrie de figures froides, qui vont deux à deux, est glaçante.

En quatrième lieu, on doit prendre garde de ne pas joindre à des figures reçues des accessoires tout-à-fait étrangers.

<small>Il ne faut pas changer les accessoires établis par l'usage.</small>

Alexandre fut heureux toute sa vie, parce qu'elle devoit être de courte durée : si sa carrière eût été de plus longue étendue, il eût trouvé au bout les épines des roses dont la fortune l'avoit couronné. S. Evremont.

Alexandre couronné de roses par la fortune est une image contraire à toutes les idées reçues ; mais S. Evremont avoit besoin d'épines, et les lauriers n'en ont pas.

Et le fer à la main briguer le privilége
De mourir en héros.
Rousseau.

Briguer a des accessoires qui ne conviennent pas à la pensée de Rousseau ; car on ne brigue pas avec le fer, mais avec des soins, des promesses, des dons, etc.

<small>On peut quelquefois employer une figure quoiqu'elle fasse une image désagréable.</small>

Il y a bien des manières de se tromper sur le choix des expressions figurées. Cependant il ne faudroit pas être scrupuleux jusqu'à les condamner, uniquement parce qu'on auroit quelque répugnance à les employer. Il faut voir si cette répugnance est fondée : quelques exemples éclairciront ma pensée.

Vomir des injures est une métaphore qui, dans sa nouveauté, déplut aux femmes, parce que, dit Vaugelas, l'idée en est désagréable. C'est une fausse délicatesse : il y auroit bien peu de jugement à vouloir, en pareil cas, employer de plus belles couleurs. Cette figure est bonne par la raison même qui l'a fait condamner : aussi l'usage l'a-t-il adoptée.

Nicole a dit : *L'orgueil est une enflure du cœur.* L'expression est juste, parce que le cœur est regardé comme le siége de l'orgueil, et qu'une enflure n'a que l'apparence de l'embonpoint. Madame de Sévigné fut d'abord choquée de cette métaphore : à la vérité, elle s'y accoutuma dans la suite, et elle la trouva bonne. Je conjecture que son dégoût venoit du rapport qu'a *l'enflure du cœur* avec *avoir le cœur gros* : expression populaire qui signifie être prêt à répandre des larmes. Il ne faut pas être arrêté par de pareils scrupules. Racine a dit, et fort bien :

Le cœur gros de soupirs qu'il n'a point écoutés.

Les rhéteurs avertissent continuellement de ne pas tirer les figures de trop loin ; mais ils ne savent guère ce qu'ils veulent dire. Il est certain que tout étant d'ailleurs égal, elles ne sont jamais plus belles que lorsqu'elles rapprochent des idées plus éloignées : tout consiste dans la manière de les employer.

Un trope n'est pas à blâmer, parce qu'il est tiré de loin.

Il y a des personnes qui trouvent de la hardiesse à se servir d'un nouveau tour ; elles blâment tout ce qui n'a pas été dit. M. de Fontenelle a été critiqué pour avoir osé dire : *ces vérités se ramifient presqu'à l'infini. Donner des scènes au public* a paru recherché au père Bouhours ; et il n'a pas tenu aux grammairiens que notre

Il ne l'est pas non plus, parce qu'il n'a pas encore été employé.

langue n'ait été privée de quantité d'expressions qui font une partie de sa richesse. Consultez donc uniquement le principe de la liaison des idées ; et sans vous occuper de ce qui a été dit ou de ce qui ne l'a pas été, songez uniquement à ce qui peut se dire. Etudiez bien les idées que vous voulez rendre par des images : imitez le peintre qui dessine ses figures avant de les draper.

CHAPITRE VII.

Comment on prépare, et comment on soutient les figures.

Vous êtes bonne, quand vous dites que vous avez peur des beaux esprits. Hélas ! si vous saviez combien ils sont empêchés de leur personne, vous les mettriez bientôt à hauteur d'appui. *{Exemples de figures préparées.}*

A hauteur d'appui est ici une figure trop brusque, et qu'on a même de la peine à entendre; mais si l'on dit avec Madame de Sévigné :

Hélas! si vous saviez combien ils sont empêchés de leur personne, et combien ils sont petits de près, vous les remettriez bientôt à hauteur d'appui.

Voilà ce que j'appelle une figure préparée. En voici une au contraire qui ne l'est pas.

On voit peu d'esprits entièrement stupides, l'on en voit encore moins qui soient sublimes et transcendans. Le commun des hommes nage entre les deux extrémités. La Bruyère.

Le mot *nager* vient mal après ces deux classes d'esprit: cette figure avoit besoin d'être préparée. Il faut ici multiplier les exemples; ils vous instruiront mieux que des préceptes.

Si Rome a plus porté de grands hommes qu'aucune autre ville qui eût été avant elle, ce n'a point été par hasard; mais c'est que l'état romain, constitué de la manière que nous avons vu, étoit, pour ainsi dire, du tempérament qui devoit être le plus fécond en héros.

Constitué prépare *tempérament*. Cependant comme Bossuet n'a pas trouvé ce trope assez préparé, il sauve ce qu'il a de plus brusque, en ajoutant, *pour ainsi dire*. Il n'auroit pas eu besoin de cette précaution, s'il eût représenté la république comme un corps, et qu'il eût dit: *c'est que le corps de la république, constitué de la manière que nous l'avons vu, étoit du tempérament qui devoit être le plus fécond en héros.*

Que sa vérité propice
Soit contre leur artifice
Ton plus invincible mur :
Que son aile tutélaire
Contre leur âpre colère
Soit ton rempart le plus sûr.

Rousseau.

Voilà une confusion de figures qui ne sont point préparées. Qu'est-ce en effet qu'une vérité qui est un mur contre l'artifice, et qu'une aile qui est un rempart contre la colère ?

Bossuet a dit : *c'est en cette sorte que les esprits une fois émus, tombant de ruine en ruine, se sont divisés en tant de sectes.*

Des esprits ne tombent pas de ruine en ruine, et il faudroit bien des précautions pour préparer une pareille figure.

Quelquefois c'est à la pensée même, exprimée dans les termes propres, à préparer la figure.

Je suis sans cesse occupée de vous, ma chère enfant; je passe bien plus d'heures à Grignan qu'aux Rochers. Sévigné.

Je passe bien plus d'heures à Grignan qu'aux Rochers est un trope qu'on n'entendroit pas, si la même pensée n'avoit pas d'abord été rendue dans les termes propres. Il en est de même de la pensée suivante :

Pour vous, c'est par un effort de mémoire que vous pensez à moi ; la providence n'est pas obligée de me rendre à vous, comme ces lieux-ci doivent vous rendre à moi. Sévigné.

<small>Exemples de figures soutenues.</small>

 Où sont ces fils de la terre
 Dont les fières légions
 Devoient allumer la guerre
 Au sein de nos régions ?
 La nuit les vit rassemblées,
 Le jour les voit écoulées
 Comme de foibles ruisseaux,
 Qui, gonflés par quelqu'orage,
 Viennent inonder la plage
 Qui doit engloutir leurs eaux.

Ces mots des *légions écoulées* font une image qui n'est pas assez préparée : mais toute la suite offre une figure fort bien soutenue ; car dès qu'elles sont écoulées, il est très-naturel de les comparer à des torrens, qui sont engloutis dans les lieux où ils se répandent. Voici un autre exemple d'une figure bien soutenue, à peu de chose près :

O Dieu ! qu'est-ce donc que l'homme ? est-ce un prodige ? est-ce un assemblage monstrueux de choses incompatibles ? est-ce une énigme inexplicable, ou bien n'est-ce pas plutôt, si je puis parler de la sorte, un reste de lui-même ; une ombre de ce qu'il étoit dans son origine; un édifice ruiné, qui, dans ses masures renversées, conserve encore quelque chose de la beauté et de la grandeur de sa première forme ? Il est tombé en ruine par sa <u>volonté dépravée</u>: le comble est abattu sur les murailles, et sur le fondement : mais qu'on remue ces ruines, on trouvera dans les restes de ce bâtiment renversé, et les traces des fondations, et l'idée du premier dessein, et la marque de l'architecte. Bossuet.

Ce tableau est grand et juste dans toutes ses proportions : il faut seulement retrancher *par sa volonté dépravée* ; car ces mots ne sauroient se dire d'un édifice ; et cependant la règle, pour soutenir une figure, est de ne rien ajouter qui ne soit dans l'analogie du premier trope. Voici un exemple où cette loi est bien observée.

Il faut que M. de la Garde ait de bonnes raisons pour se porter à l'extrémité de s'atteler avec quelqu'un : je le croyois libre, et sautant et courant dans un pré ; mais enfin il faut venir au timon, et se mettre sous le joug comme les autres. Sévigné.

<small>Exemples de figures mal préparées ou mal soutenues.</small>

Je vais ajouter plusieurs exemples de figures mal préparées ou mal soutenues, afin que vous appreniez à éviter des fautes, dont les meilleurs écrivains ne se garantissent pas toujours.

Tantôt il s'oppose à la jonction de tant de secours amassés, et rompt le cours de tous ces torrens qui auroient inondé la France. Tantôt il les défait et les dissipe par des combats réitérés. Tantôt il les repousse au-delà de leurs rivières. Fléchier.

On ne défait pas des torrens, on ne les dissipe pas par des combats; on ne les repousse pas au-delà de leurs rivières. Cette figure est donc mal soutenue.

Votre raison qui n'a jamais *flotté*
Que dans le trouble et dans l'obscurité,
Et qui *rampant* à peine sur la terre,
Veut s'elever au-dessus du tonnerre ;
Au moindre *écueil* qu'elle trouve ici bas,
Bronche, trébuche et tombe à chaque pas !
Et vous voulez, fiers de cette *étincelle*,
Chicaner Dieu sur ce qu'il lui révèle ?
Rousseau.

Quand on considère la raison comme une étincelle, peut-on dire qu'elle flotte : si elle flotte, peut-on dire qu'elle rampe : enfin si elle rampe, bronche-t-elle, trébuche-t-elle, tombe-t-elle au moindre écueil ? Ce n'est-là qu'une confusion de figures.

Je ne doute point que le public ne soit étourdi et fatigué d'entendre, depuis quelques années, de vieux corbeaux croasser autour de ceux qui, d'un vol libre et d'une plume légère, se sont élevés à quelque gloire par leurs écrits. Ces oiseaux lugubres semblent, par leurs cris continuels, leur vouloir imputer le décri universel où tombe nécessairement tout ce qu'ils exposent au grand jour de l'impression, comme si on étoit cause qu'ils manquent de force et d'haleine, ou qu'on dût être responsable de cette médiocrité répandue sur leurs ouvrages. La Bruyère.

Voilà des oiseaux, des ailes, des plumes, des ouvrages, des écrits exposés au jour de l'impression, qui ne sont rien moins qu'une figure soutenue.

Dieu redresse, quand il lui plaît, le sens égaré. Bossuet.

Ramène eût, ce me semble, été mieux que *redresse*.

Jusques au bord du crime ils conduisent nos pas;
Ils nous le font commettre, et ne l'excusent pas.
Racine.

Commettre et *excuser* ne peuvent s'associer avec un crime représenté comme un précipice, sur le bord duquel nos pas sont conduits.

Finissons par une figure bien soutenue.

A peine, du limon où le vice m'engage,
J'arrache un pied timide et sors en m'agitant,
Que l'autre m'y reporte et s'embourbe à l'instant.
Despréaux.

Vous voyez par ces exemples qu'une

figure a besoin d'être préparée, toutes les fois que le terme substitué n'a pas une analogie assez sensible avec celui qu'on rejette. Vous voyez aussi qu'une figure est soutenue, lorsque vous conservez la même analogie dans tous les termes que vous employez.

CHAPITRE VIII.

Considérations sur les tropes.

Deux sortes de tropes. Vous savez, Monseigneur, comment les mêmes noms ont été transportés des objets qui tombent sous les sens, à ceux qui leur échappent. Vous avez remarqué qu'il y en a qui sont encore en usage dans l'une et l'autre acception, et qu'il y en a qui sont devenus les noms propres des choses, dont ils avoient d'abord été les signes figurés.

Les premiers, tels que le *mouvement* de l'ame, son *penchant*, sa *réflexion*, donnent un corps à des choses qui n'en ont pas. Les seconds, tels que la *pensée*, la *volonté*, le *désir*, ne peignent plus rien, et laissent aux idées abstraites cette spiritualité qui les dérobe aux sens. Mais si le langage doit être l'image de nos pensées, on a perdu beaucoup, lorsqu'oubliant la première signification des mots, on a effacé jusqu'aux traits qu'ils donnoient aux idées. Toutes les langues sont en cela plus ou moins défectueuses ; toutes aussi ont des tableaux plus ou moins conservés.

Voulez-vous, Monseigneur, en sentir les beautés ? Il faut vous accoutumer de bonne heure à saisir cette analogie, qui fait passer les mots par différentes acceptions ; il faut apprendre à voir les couleurs où elles sont. *Dur*, par exemple, signifie dans le propre un corps dont les parties résistent aux efforts qu'on fait pour les séparer ; et cette idée de résistance l'a fait étendre à bien d'autres usages : c'est cette idée qui est le fondement de l'analogie. Ainsi, ce mot représente un homme sévère, *dur à lui-même, dur aux autres ;* insensible, *cœur dur ;* qui ne peut rien apprendre, *tête dure ;* chagrinant, *cela m'est bien dur*, etc. Vous pouvez remarquer une grande différence entre *chagrinant* et *qui ne peut rien apprendre :* mais vous voyez que dès qu'on sait la signification propre au mot *dur*, et à ceux auxquels on le joint, l'analogie montre sensiblement le sens de la figure.

Analogie, qui fait passer les mots par différentes acceptions.

Si l'on ne saisit pas cette analogie, la

Si on ne saisit pas cette analogie,

plupart des beautés du langage échappent. On ne voit plus dans les termes figurés, que des mots choisis arbitrairement pour exprimer certaines idées. Dans *examen*, par exemple, un Français n'apperçoit que le nom propre d'une opération de l'ame : un Latin y attachoit la même idée, et voyoit de plus une image, comme nous dans *peser* et *balancer*. Il en est de même des mots *ame* et *anima*, *pensée* et *cogitatio*.

Souvent le fil de l'analogie est si fin, qu'il échappe, si l'on n'a pas de la vivacité dans l'imagination, de la justesse et de la finesse dans l'esprit. C'est en cela que consiste le goût.

Un des devoirs de l'écrivain, c'est de rendre le fil facile à saisir, et pour cela il doit se faire une loi de tirer ses figures des objets familiers à ceux pour qui il écrit. Tels sont les arts, les coutumes, les connoissances communes, les préjugés reçus, toutes les choses que l'usage met dans le commerce.

Les objets sont nobles ou bas, tristes ou rians, etc., et il semble qu'avec leurs noms on transporte leurs qualités. Mais tous les peuples n'ont pas les mêmes usages, les mêmes préjugés ; tous n'ont pas fait les mêmes progrès dans les arts et dans les sciences. Voilà pourquoi les mêmes figures ne sont pas reçues dans toutes les langues, et celles qui sont communes à plusieurs, n'ont pas dans chacune le même caractère. Mais chaque langue doit s'assujettir au principe de la plus grande liaison des idées : si les plus parfaites s'en écartent, elles ne le sont pas encore assez.

Une langue n'est riche, qu'autant que le peuple a plus de goût, que les arts et les sciences se sont perfectionnés, et que les connoissances en tout genre se sont répandues.

Source des richesses d'une langue.

Mais il est à souhaiter que les arts, les sciences et le langage fassent leurs progrès ensemble. Si un peuple, à peine sorti de la barbarie, vouloit subitement cultiver les arts et les sciences, il seroit obligé d'emprunter de ses voisins, et les connoissances et les mots. Les expressions, qui seroient des figures pour les peuples, chez qui il les auroit prises, ne seroient donc pour lui que des noms propres, qui ne peindroient rien. C'est le défaut où sont tombées les langues modernes, qui ont emprunté des langues mortes, et qui empruntent continuellement les unes des autres. La langue la plus parfaite seroit celle qui, sans rien emprunter d'aucune autre, auroit suivi les progrès d'un peuple éclairé.

<small>Avantages des tropes.</small>

De tout ce que nous avons dit, il résulte que les avantages des tropes sont premièrement de désigner les choses qui n'auroient pas de nom : secondement, de donner du corps et des couleurs à celles qui ne tombent pas sous les sens ; enfin de faire prendre à chaque pensée le caractère qui lui est propre.

<small>Peut-on craindre de les prodiguer?</small>

Les rhéteurs disent qu'il ne faut faire usage de figures, que pour répandre de la clarté ou de l'agrément, et qu'il faut sur-tout éviter de les prodiguer. Mais ceux qui en abusent davantage, ont-ils donc dessein de les prodiguer? veulent-ils être obscurs, ou choquer le lecteur? D'ailleurs, qu'est-ce que prodiguer les figures? Ceux qui donnent ces conseils vagues, ne savent donc pas combien, dans l'origine, tout le langage est figuré. Je dis au contraire qu'on ne sauroit trop les multiplier : mais j'ajoute qu'il est essentiel de se conformer toujours à la liaison des idées.

CHAPITRE IX.

Des tours qui sont propres aux maximes et aux principes.

<small>Les maximes et les principes ne sont que des résultats.</small>

Il semble que dans le langage on ne fait que substituer les expressions les unes aux autres. Nous avons vu les idées sensibles à la place des idées abstraites, et nous allons voir les idées abstraites à la place des idées sensibles. Chacun de ces tours a sa beauté, s'il est employé à propos.

Les idées abstraites ne sont souvent que le résultat de plusieurs choses sensibles. Ce sont des extraits qui représentent plusieurs idées à-la-fois. Elles ont l'avantage de la précision, et il ne leur manque rien, si elles y joignent la lumière. Les principes et les maximes ne se forment que de ces sortes d'idées.

Une maxime ou un principe est un jugement, dont la vérité est fondée sur le raisonnement ou sur l'expérience. Au lieu de dire que nous nous laissons toujours séduire par les objets que nous désirons avec passion; que nous nous en exagérons la bonté et la beauté; que nous nous en dissimulons les défauts, et que nous ne nous doutons point des erreurs où ils nous font tomber : on dira en deux mots avec la Rochefoucault, *l'esprit est la dupe du cœur.* Lorsque vous étiez avec les femmes, combien n'aviez-vous pas de défauts ? Vous les excusiez cependant, comme vous les blâmez aujourd'hui. Vous pensiez être charmant, et votre foible raison étoit la dupe de votre cœur gâté.

Les maximes sont d'un grand usage en morale et en politique : elles expriment la profondeur de celui qui écrit, parce qu'elles supposent souvent beaucoup d'expérience, de réflexions fines et de grandes lectures. Elles plaisent au lecteur parce qu'elles le font penser : c'est une lumière qui éclaire tout-à-coup un grand espace.

Vous avez bien peu d'expérience, Monseigneur, et parce que vous n'avez que sept ans, et parce que vous êtes prince: car les princes en ont plus tard que les autres hommes. Je ne dois donc pas multiplier les exemples ; mais un petit nombre suffira pour vous faire connoître le caractère des maximes et les tours qui leur sont propres.

Différence entre principe et maxime.

Principe et *maxime* sont deux mots synonymes : ils signifient tous deux une vérité qui est le précis de plusieurs autres : mais celui-là s'applique plus particulièrement aux connoissances théoriques, et celui-ci aux connoissances pratiques. *Toutes nos connoissances viennent des sens ;* voilà un principe : il éclaire notre esprit; mais il ne nous instruit point de ce que nous devons faire. Une maxime au contraire nous montre nos devoirs, et voici la plus générale : *nous ne devons faire à autrui que ce que nous voudrions qui nous fût fait.* La théorie et la pratique tiennent si fort l'une à l'autre, que vous trouverez des vérités qu'on pourra mettre indifféremment parmi les maximes ou parmi les principes. C'est pourquoi ces deux mots se confondent souvent : la différence néanmoins est sensible.

Les maximes, quoique règles de conduite, ne montrent pas toujours ce qu'on doit faire, ce n'est souvent qu'une observation sur la manière générale de sentir et d'agir. Telle est celle que je vous ai donnée pour premier exemple, *l'esprit est la dupe du cœur :* telle encore celle-ci, *on a besoin d'être averti pour bien voir.* Ce ne sont pas là des règles de ce que vous devez faire; ce sont cependant des leçons de conduite : car la première vous apprend comment vous vous trompez, et la seconde, comment vous pouvez sortir de l'ignorance. Toute observation qui tient plus à la pratique, est une maxime; toute observation qui tient plus à la théorie, est un principe.

Quand on établit des principes ou des maximes, on s'exprime en si peu de mots, et on considère les choses d'une vue si générale, que souvent les mêmes jugemens paroissent vrais et faux tout-à-la-fois. La Rochefoucault a dit : *qu'on n'est jamais si heureux ni si malheureux qu'on s'imagine.* Cela est vrai; mais il seroit vrai de dire aussi, *qu'on est toujours aussi heureux et aussi malheureux qu'on se l'imagine.* La Rochefoucault n'a égard qu'aux

L'expression d'une maxime est quelquefois susceptible de plusieurs sens.

causes extérieures de notre bonheur ou de notre malheur, et sa pensée est qu'il n'y en a jamais autant que nous l'imaginons. Je considère au contraire le bonheur ou le malheur dans le sentiment; et dans ce sens, il est évident que nous en avons autant que nous nous imaginons en avoir.

Ce défaut est une source d'abus.

Ce seroit là, Monseigneur, le plus petit défaut des principes et des maximes, s'il étoit toujours aussi facile d'en saisir le vrai sens; mais ce défaut est la source d'une infinité d'abus que vous connoîtrez lorsque vous étudierez l'histoire de l'esprit humain. Cependant on ne sauroit se passer de ces expressions abrégées : vous pouvez déjà comprendre que sans elles, les facultés de l'entendement se développeroient difficilement, et auroient beaucoup moins d'exercice; et vous reconnoîtrez davantage leur utilité, à mesure que vous acquerrez plus de connoissances.

L'expression d'un principe et d'une maxime ne sauroit être trop simple.

Dès que vous connoissez la nature des principes et des maximes, vous voyez combien l'expression en doit être simple. Il ne s'agit pas de peindre ni d'exprimer aucun sentiment; il ne faut que de la lumière. *Il est dangereux d'écouter les louanges*, est une maxime : Voici des vers où elle est renfermée ; mais elle y prend un autre tour.

>Que c'est un dangereux poison
>Qu'une délicate louange !
>Hélas ! qu'aisément il dérange
>Le peu que l'on a de raison !
>   *Chaulieu.*

Ce n'est pas là le tour d'une maxime, c'est le sentiment d'un homme qui réfléchit sur une maxime.

Prenez garde, dans une maxime, de jouer sur les mots, comme la Bruyère dans celle-ci : *Un caractère bien fade, est de n'en avoir aucun.* Pourquoi ne pas dire simplement : c'est une chose bien fade, que de n'avoir point de caractère ?

CHAPITRE X.

Des tours ingénieux.

<small>Un tour ingénieux doit être simple.</small> J'ENTENDS par tours ingénieux, les bons mots, les traits, les saillies, les pensées fines et délicates. Leur caractère est la gaîté : tantôt ils expriment des vérités agréables aux personnes à qui l'on parle, tantôt ils répandent le ridicule.

La gaîté ne plaît qu'autant qu'elle est naturelle. C'est pourquoi l'expression en doit être fort simple. Celui qui travaille pour badiner, ne badine pas; il est froid du moins, s'il n'est ridicule.

<small>Quelquefois ce n'est qu'une métaphore.</small> Souvent un tour ingénieux n'est qu'une métaphore. A la mort du maréchal de Turenne, Louis XIV fit une promotion de plusieurs maréchaux de France, et madame Cornuel dit : *il croit nous donner la monnoie de M. de Turenne.*

<small>D'autres fois un tableau.</small> Un tour ingénieux peut être un tableau agréable.

Madame de Brissac avoit aujourd'hui la colique; elle étoit au lit, belle et coëffée à coëffer tout le monde. Je voudrois que vous eussiez vu ce qu'elle faisoit de ses douleurs, et l'usage qu'elle faisoit de ses yeux, et des cris, et des bras, et des mains qui traînoient sur sa couverture, et les situations et la compassion qu'elle vouloit qu'on eût..... en vérité vous êtes une vraie pitaude, quand je songe avec quelle simplicité vous êtes malade. Sévigné.

Je ne relève pas les négligences que madame de Sévigné s'est permises. Il suffit que ce tableau soit ingénieux, et peut-être plus de correction l'eût gâté.

Un mot peut être ingénieux par une allusion, lorsque ce qu'on dit fait entendre ce qu'on ne dit pas. Madame de Sévigné en rapporte un du comte de Grammont. « Vous connoissez, dit-elle, l'Anglée : il est fier et familier au possible : il jouoit l'autre jour au brelan avec le comte de Grammont, qui lui dit, sur quelques manières un peu libres : » *M. de l'Anglée, gardez ces familiarités - là pour quand vous jouerez avec le roi.*

Madame Cornuel attendoit dans la pre-

D'autrefois une allusion.

mière antichambre d'un homme de fortune. Quelqu'un lui en témoigna son étonnement. *Laissez-moi là*, dit-elle; *je serai bien avec eux, tant qu'ils ne seront que laquais.*

Le cardinal de Richelieu rencontrant le duc d'Epernon sur l'escalier du Louvre, lui demanda s'il n'y avoit rien de nouveau : *non*, dit le duc, *sinon que vous montez et que je descends.*

Racine avoit été enterré à Port Royal, et le comte de Roucy dit : *de son vivant il ne se seroit pas fait enterrer là.*

<small>D'autres fois une réponse fort simple.</small>

Un bon mot n'est quelquefois qu'une réponse fort simple, mais à laquelle on ne s'attendoit pas.

Le cardinal de Richelieu ayant rétabli la pension de Vaugelas, lui dit : « Vous n'oublierez pas dans le dictionnaire le mot de pension : » *Non, Monseigneur*, dit Vaugelas, *et encore moins celui de reconnoissance.*

Le marquis de Seignelai demanda au doge de Gênes ce qu'il trouvoit de plus singulier à Versailles : *c'est de m'y voir*, répondit le doge.

Le cardinal de Polignac, parlant du miracle de S. Denis, appuyoit beaucoup sur ce qu'il y a deux lieues de Paris à St. Denis : *Monseigneur*, dit une femme d'esprit, *il n'y a que le premier pas qui coûte*.

Un tour ingénieux peut n'être qu'une réflexion plaisante. Telle est celle-ci de madame de Sévigné : *Il n'y a rien qui ruine comme de n'avoir point d'argent*. Il peut même ne se trouver que dans une expression qui surprend par sa nouveauté et qu'on approuve par sa jutesse. Madame de Sévigné dit à sa fille : *La bise de Grignan me fait mal à* votre *poitrine*.

D'autres fois une expression singulière.

Il seroit inutile de multiplier davantage les exemples. Ceux-là vous convaincront suffisamment des connoissances qui vous manquent pour connoître la finesse de ces sortes de tours, et ils prépareront votre esprit à ce discernement qui vous rendra un jour capable d'en juger. Ce sera à l'usage du monde et à la lecture des bons écrivains, à développer à cet égard vos dispositions. Je ne puis vous montrer encore ces choses que dans une perspective fort éloignée: ce sont des semences que je jette dans votre esprit; et pour qu'elles y germent un jour, il me suffira de vous prévenir de bonne heure contre le mauvais goût. Ce sera l'objet du chapitre suivant.

———

CHAPITRE XI.

Des tours précieux ou recherchés.

Il y a des écrivains qui paroissent craindre de dire ce que tout le monde pense, et sur-tout de le dire avec des expressions qui sont dans la bouche de tout le monde. Ils aiment ces tours précieux qui ne sont que l'art d'embarrasser une pensée commune, pour lui donner un air de nouveauté et de finesse. M. de Fontenelle en est un exemple d'autant plus étonnant, qu'il avoit l'esprit juste, lumineux et méthodique. Il s'étoit fait à ce sujet un principe bien extraordinaire : il croyoit, et je lui ai souvent entendu dire, qu'il y a toujours du faux dans un trait d'esprit, et qu'il faut qu'il y en ait. C'est pourquoi il cherchoit à s'envelopper lorsqu'il écrivoit sur des choses de pur agrément : lui qui traitoit les matières philosophiques avec tant de lumière, qui connoissoit mieux que personne l'art de les mettre à la portée du commun des

Il y a des écrivains qui aiment à envelopper une pensée.

lecteurs, et qui, par ce talent, a contribué à la célébrité de l'académie des sciences, comme les bons historiens à celles de leurs héros. Mais ces écarts sont les seuls qu'il se soit permis. Sage d'ailleurs dans ses ouvrages, comme dans sa conduite ; aimable dans la société par ses mœurs et par une supériorité d'esprit dont il ne se prévaloit pas, sa mémoire est respectable à tous ceux qui l'ont connu.

Il est assez ordinaire d'imiter les grands hommes dans ce qu'ils ont de défectueux. On contrefait aisément une démarche contrainte, on copie difficilement celle qui est naturelle. Vous êtes dans l'âge, Monseigneur, où l'on est convaincu de cette vérité par sa propre expérience : il faut au moins que je vous rende utile une vérité que vous savez si bien.

Ce qui nous environne nous fait ombre. Voilà un tour assez obscur : l'expression est-elle au propre ou au figuré ? Veut-on dire que ce qui nous environne nous couvre de son ombre, ou s'il est à notre égard ce que les ombres sont aux figures d'un tableau ? En paroissons-nous plus, ou en paroissons-nous moins? Est-ce à notre avantage ou à notre désavantage? Il n'est pas douteux qu'il ne faille une sorte de finesse pour démêler le sens de cette expression. Continuez donc et dites :

Les grands mérites qui sont éloignés ne nous découvrent pas notre petitesse. Au lieu d'expliquer tout uniment l'effet des mérites qui sont proches de nous, vous le donnez à deviner en disant ce que ne font par les mérites éloignés. Votre pensée commence à devenir moins obscure. Achevez donc, et dites : *celui qui la joint, la mesure et la montre.*

On ne voit pas beaucoup de rapport entre ces deux propositions : *ce qui nous environne nous fait ombre ; et les mérites qui nous environnent montrent notre petitesse.* Mais moins on apperçoit ce rapport, plus on suppose de finesse. Si vous vous étiez contenté de dire : *le mérite de ceux qui nous approchent fait voir combien nous en avons peu.* Le tour eût été aussi commun que la pensée.

On pourroit parler ainsi à une femme: *Il y a long-temps , madame , que* j'aurois pris la liberté de vous déclarer mon amour, si vous aviez le loisir de m'entendre : mais vous êtes occupée par je ne sais combien d'autres soupirans, et j'ai jugé à propos de me taire ; il pourra arriver un moment plus favorable, où je hasarderai de parler.

Mais un peu d'obscurité et de contradiction dans les termes donneroit à ce langage un faux air d'esprit et de finesse. On dira donc :

Il y a long-temps que j'aurois pris la liberté de vous aimer, si vous aviez le loisir d'être aimée de moi ; mais vous êtes occupée par je ne sais combien d'autres soupirans. J'ai jugé à propos de vous garder mon amour ; il pourra arriver quelque temps plus favorable où je le placerai.

Ce n'est pas prendre une liberté que d'aimer une personne aimable ; mais c'est en prendre une que de lui déclarer son amour. En confondant ces deux choses, vous mêlez le vrai et le faux : voilà l'art.

Supposer qu'une personne n'a pas le loisir d'être aimée, c'est encore supposer faux; et il faut une sorte de finesse pour comprendre que cela veut dire qu'une femme n'a pas le temps d'écouter un amant.

Enfin, garder un amour pour un autre temps, c'est proprement n'avoir point d'amour. On se sait donc gré de deviner que cela signifie qu'on réserve sa déclaration pour un autre temps.

Voici tout le secret de ces tours recherchés. Prenez une pensée commune, exprimez-la d'abord avec obscurité, devenez ensuite votre commentateur, vous avez le mot de l'énigme; mais ne vous hâtez pas de le prononcer; faites-le deviner, et vous paroîtrez penser d'une manière fort neuve et fort fine.

Souvent le précieux n'est que dans un seul mot; et cela a lieu lorsqu'une métaphore réveille des accessoires qui obscurcissent une pensée. On dira fort bien : *les réflexions sont la nourriture de l'ame;* mais on paroîtra recherché, si l'on dit : *les réflexions sont les mets friands de l'ame.* On entend par *mets friands* des ragoûts qui sont moins faits pour nourrir, et surtout pour nourrir sainement que pour flatter

<small>Il y en a qui aiment les figures qui ont des accessoires étrangers à la chose.</small>

le goût. L'abbé Girard, qui emploie cette métaphore, veut faire entendre que l'ame aime les réflexions; et c'est un accessoire qu'il seroit bon d'exprimer : mais le tour qu'il choisit est précieux, parce qu'il abandonne une métaphore reçue pour chercher cet accessoire dans une figure où l'idée de nourriture se montre à peine.

La Motte dit : *qu'une haie est le suisse d'un jardin* ; et il veut dire qu'elle en défend l'entrée.

Quelqu'un a dit encore : *donner une attitude mesurée à son style,* pour dire *écrire* sensément, avec réflexion.

Se promener par les siècles passés, pour apprendre l'histoire. Mais il est inutile d'accumuler les exemples après ce que nous avons dit sur les tropes.

<small>Il y en a qui se font un style comparé et épigrammatique.</small> Il y a des écrivains qui veulent toujours être énergiques et ingénieux : ils croiroient ne pas bien écrire s'ils ne terminoient pas chaque article par un trait ou par une maxime, et, dès la première ligne on voit qu'ils préparent le mot par lequel ils veulent finir. Ils font continuellement violence à la liaison des idées : leur style est mono-

tone, contraint, embarrassé. Toutes leurs phrases, toutes leurs périodes paroissent jetées au même moule : ils n'ont absolument qu'une manière. Quelqu'ingénieux que soient les traits, quelque précision qu'aient les maximes, il ne faut les employer qu'autant que la liaison des idées les amène : ils doivent naître du fonds du sujet.

Il y des écrivains qui aiment à prodiguer l'ironie. Cette figure a fait le succès passager des lettres de Voiture qu'on ne lit plus. On se lasse enfin de ce qui est recherché ; et rien ne l'est plus que de dire toujours le contraire de ce qu'on veut faire entendre. C'est le langage, Monseigneur, de ceux qui vous disent que vous êtes un prince charmant. Vous voyez par ce seul exemple, combien l'ironie est froide, pour peu qu'elle soit déplacée.

D'autres prodiguent l'ironie.

CHAPITRE XII.

Des tours propres aux sentimens.

Le sentiment est exprimé suivant les différentes formes que prend le discours.

IL y a pour chaque sentiment un mot propre à en réveiller l'idée : tels sont *aimer*, *haïr*. Quand je dis donc, *j'aime, je hais*, j'exprime un sentiment; mais c'est l'expression la plus foible.

En changeant la forme du discours, on modifie le sentiment, et on le rend avec plus de vivacité. *Si je l'aime ? si je le hais ?* exprime combien on aime, combien on hait. *Moi, je ne l'aimerois pas ? moi, je ne le haïrois pas ?* fait sentir combien on croit avoir de raisons d'aimer ou de haïr.

L'expression du sentiment demande qu'on s'arrête sur les détails.

Une ame qui sent, ne cherche pas la précision : elle analyse au contraire jusques dans le moindre détail : elle saisit des idées qui échapperoient à tout autre, et elle aime à s'y arrêter. C'est ainsi que madame de Sévigné développe tout ce que l'amour qu'elle avoit pour sa fille lui faisoit éprouver. En voici quelques exemples :

Ah! mon enfant, que je voudrois bien vous voir un peu, vous entendre, vous embrasser, vous voir passer, si c'est trop que le reste!

Hélas! c'est ma folie que de vous voir, de vous parler, de vous entendre, je me dévore de cette envie, et du déplaisir de ne vous avoir pas assez écoutée, pas assez regardée.

Je vous cherche toujours, et je trouve que tout me manque, parce que vous me manquez. Mes yeux qui vous ont tant rencontrée, depuis quatorze mois, ne vous trouvent plus.... Il me semble que je ne vous ai pas assez embrassée en partant. Qu'avois-je à ménager? Je ne vous ai point assez dit combien je suis contente de votre tendresse; je ne vous ai point assez recommandée à M. de Grignan.

Je n'ai pas encore cessé de penser à vous depuis que je suis arrivée ; et ne pouvant contenir tous mes sentimens, je me suis mise à vous écrire au bout de cette petite allée sombre que vous aimiez, assise sur ce siége de mousse, où je vous ai vue quelquefois couchée. Mais, ô mon Dieu ! où ne vous ai-je point vue ici ?

Je lisois votre lettre vîte par impatience, et je m'arrêtois tout court pour ne pas la dévorer si promptement ; je la voyois finir avec douleur.

Dès que j'entends quelque chose de beau, je vous souhaite.

Si vous considérez séparément ces morceaux que je viens de rassembler, vous jugerez que le langage en est simple, et qu'il exprime le sentiment par des idées qui ne peuvent se trouver que dans une ame qui sent. Aussi ces morceaux sont-ils épars dans plusieurs lettres de madame de Sévigné. Mais lorsque je les rapproche, et que je vous les fais lire de suite, vous remarquez une profusion trop recherchée ; et cette affectation qui paroît rendre suspect l'amour de madame de Sévigné pour sa fille, affoiblit l'expression de ses sentimens. Cette profusion seroit donc un défaut, si on la trouvoit dans quelqu'une de ses lettres.

Madame de Sévigné feroit une plus grande faute, si elle s'arrêtoit sur des circonstances qui doivent échapper à une ame qui sent, et qui demanderoient, pour être remarquées, une ame qui réfléchit. En voici un exemple :

Je cours toute émue, je trouve cette pauvre tante toute froide, et couchée si à son aise, que je ne crois pas que, depuis six mois, elle ait eu un moment si doux que celui de sa mort; elle n'étoit quasi point changée à force de l'avoir été auparavant. Je me mis à genoux, et vous pouvez penser si je pleurai abondamment en voyant ce triste spectacle. Sévigné.

Le spectacle d'une mort qui fait répandre des larmes permet-il cette remarque *couchée si à son aise, que je ne crois pas que, depuis six mois, elle ait eu un moment si doux que celui de sa mort?*

Un sentiment est mieux exprimé quand nous appuyons avec force sur les raisons qui le produisent en nous.

<small>On exprime le sentiment en appuyant sur les raisons qui l'autorisent.</small>

Lorsqu'Abner représente les entreprises dont Mathan et Athalie sont capables, Joad pouvoit répondre: *je les méprise, et je ne les crains point.* Il pouvoit employer des formes plus propres au sentiment, et se récrier: *moi, je les craindrois? moi, je succomberois sous les coups de Mathan ou d'Athalie ?* Enfin il pouvoit dire : *je crains Dieu, et je n'ai pas d'autre crainte.* Mais, avant d'exprimer ce sentiment, il expose les raisons qu'il a de mettre sa confiance en Dieu.

Celui qui met un frein à la fureur des flots,
Sait aussi des méchans arrêter les complots :
Soumis avec respect à sa volonté sainte,
Je crains Dieu, cher Abner, et n'ai point d'autre crainte.

Le dernier vers est très-simple. Il est beau par lui-même ; il l'est encore ; parce que sa simplicité contraste avec le tour figuré des deux premiers. Enfin, il reçoit des vers qui le précédent une force qu'il n'auroit pas, s'il étoit seul, parce qu'alors on ne verroit pas si sensiblement combien la confiance de Joad est fondée.

On exprime le sentiment en l'appuyant sur les effets qu'il produit.

Les détails de tous les effets d'une passion sont encore l'expression du sentiment. Hermione dit à Pyrrhus :

Je ne t'ai point aimé cruel ? Qu'ai-je donc fait ?
J'ai dédaigné pour toi les vœux de tous nos princes ;

Je t'ai cherché moi-même au fond de tes provinces ;
J'y suis encor, malgré tes infidélités,
Et malgré tous nos Grecs honteux de mes bontés.
Je leur ai commandé de cacher mon injure.
J'attendois en secret le retour d'un parjure.
J'ai cru que tôt ou tard, à ton devoir rendu ;
Tu me rapporterois un cœur qui m'étoit dû.
Je t'aimois inconstant, qu'aurois-je fait fidèle ?
Et même, en ce moment, où ta bouche cruelle
Vient si tranquillement m'annoncer le trépas,
Ingrat ! je doute encore si je ne t'aime pas.

L'interrogation contribue encore à l'expression des sentimens ; elle paroît être le tour le plus propre aux reproches. C'est aussi celui que Racine met dans la bouche de Clytemnestre, lorsqu'elle s'exhale en reproches contre Agamemnon.

L'interrogation contribue à exprimer les sentimens qui éclatent en reproches.

Quoi ! l'horreur de souscrire à cet ordre inhumain
N'a pas, en le traçant, arrêté votre main !
Pourquoi feindre à nos yeux une fausse tristesse ?
Pensez-vous par des pleurs prouver votre tendresse ?
Où sont-ils les combats que vous avez rendus ?
Quels flots de sang, pour elle, avez-vous répandus ?
Quel debris parle ici de votre résistance ?
Quel champ couvert de morts me condamne au silence ?
Voilà par quels témoins il falloit me prouver,
Cruel ! que votre amour a voulu la sauver.
Un oracle fatal ordonne qu'elle expire ?
Un oracle dit-il tout ce qu'il semble dire ?

Le ciel, le juste ciel, par le meurtre honoré,
Du sang de l'innocence est-il donc altéré ?

L'ironie y contribue encore.

L'ironie donne encore plus de force aux reproches. Hermione dit à Pyrrhus :

Seigneur, dans cet aveu dépouillé d'artifice,
J'aime à voir que du moins vous vous rendiez justice ;
Et que voulant bien rompre un nœud si solemnel,
Vous vous abandonniez au crime en criminel.
Est-il juste après tout qu'un conquérant s'abaisse
Sous la servile loi de garder sa promesse ?
Non, non : la perfidie a de quoi vous tenter ;
Et vous ne me cherchez que pour vous en vanter.
Quoi ! sans que ni serment ni devoir vous retienne,
Rechercher une Grecque, amant d'une Troyenne ?
Me quitter, me reprendre, et retourner encor,
De la fille d'Hélène à la veuve d'Hector ?
Couronner tour-à-tour l'esclave et la princesse,
Immoler Troye aux Grecs, au fils d'Hector, la Grèce ?
Tout cela part d'un cœur toujours maître de soi,
D'un héros, qui n'est point esclave de sa foi.

L'exclamation est propre à exprimer les sentimens d'horreur, d'étonnement, etc.

Quelquefois le langage du sentiment est rapide : c'est une exclamation qui tient lieu d'une phrase entière. Œnone, au lieu de dire : *nous sommes au désespoir ; ce crime est horrible ; cette race est déplorable*, s'écrie :

O désespoir ! ô crime ! ô race déplorable !

O vanité! dit Bossuet; *ô néant! ô mortels ignorans de leurs destinées!* Il ne dit pas : *tout n'est que vanité, tout n'est que néant, les mortels sont ignorans de leurs destinées.*

Je n'oublierai pas, Monseigneur, de vous rapporter un exemple où vous verrez le sentiment le plus grand exprimé de la manière la plus simple. <small>Le tour le plus simple est souvent celui qui exprime le mieux le sentiment.</small>

Le même boulet qui ôta la vie à M. de Turenne, emporta le bras à M. de Saint-Hilaire, lieutenant-général de l'artillerie. Son fils accourt à lui tout en larmes; mais ce général lui montre M. de Turenne, et lui dit : *voilà, mon fils celui qu'il faut pleurer.*

Le *qu'il mourut* de Corneille est un trait que vous connoissez. Mais, sans multiplier davantage les exemples, il suffit de remarquer qu'il faut distinguer trois langages : celui des traits d'esprit, celui des maximes, et celui du sentiment. Le premier parle à l'imagination, le second à la réflexion, et le troisième à une ame qui n'est que sensible, à une ame qui, pour le moment, en quelque sorte sans <small>Il faut éviter dans l'expression du sentiment, les tours qui montrent de l'esprit ou de la réflexion.</small>

imagination, sans réflexion, est incapable du plus petit raisonnement. Il faut donc éviter d'exprimer le sentiment par un tour propre aux traits ou aux maximes; c'est ce que M. de Fontenelle n'a pas fait dans ces vers.

Je ne crains rien pour moi, vous êtes immortelle.
Il ne faut pas aimer quand on a le cœur tendre.

Le premier est un trait à la place du sentiment; le second est le tour d'une maxime qui veut être ingénieuse.

<small>Comment on peut s'assurer d'avoir parlé le langage du sentiment.</small> Remarquez, Monseigneur, qu'on ne prononce pas de la même manière un trait, une maxime, un sentiment. Vous ne prendrez pas le même ton pour dire, *il ne faut pas pleurer celui qui meurt pour sa patrie* ; et pour dire, *quoi! vous me pleureriez mourant pour ma patrie?* Je dis plus : c'est que l'attitude de votre corps ne sera pas la même dans l'un et l'autre cas ; vous ne ferez pas les mêmes gestes.

Voulez-vous donc vous assurer d'avoir parlé le langage du sentiment ? considérez si votre discours rend les accessoires qu'on devroit lire sur votre visage, dans vos yeux et dans tous vos mouvemens. Vous verrez que les tours fins supposent un visage qui ne change que pour sourire à ce qu'il dit ; et que les tours de maxime supposent un visage tranquille et froid.

Chaque passion a son geste, son regard, son attitude ; elle a ses craintes, ses espérances, ses peines, ses plaisirs. Tout cela varie même suivant les circonstances, et doit avoir un caractère dans le discours comme dans l'action du corps. Si votre ame est sensible, la langue vous fournira toujours les tours propres au sentiment.

———

CHAPITRE XIII.

Des formes que prend le discours, pour peindre les choses, telles qu'elles s'offrent à l'imagination.

<small>Comment le langage donne du sentiment et de l'action à tout.</small>

Vous n'ignorez pas, Monseigneur, que nous ne saurions réfléchir sans former des idées abstraites. Vous avez vu qu'en les formant, nous séparons les qualités des objets auxquels elles appartiennent, nous les considérons comme si elles existoient par elles-mêmes, et nous leur donnons une sorte de réalité. C'est pourquoi notre langage paroit leur attribuer les sentimens et les actions des êtres animés : nous disons : *la loi nous ordonne, la vertu nous prescrit, la vérité nous guide*, etc.

Nous allons plus loin : nous leur donnons un corps et une ame. Aussi-tôt elles agissent comme nous ; elles ont nos vues, nos désirs, nos passions. Ces êtres se multiplient sous nos yeux, ils se répandent dans la nature, nous les apostrophons, et nous semblons attendre leur réponse.

Nous sommes bien plus fondés à tenir cette conduite par rapport aux objets sensibles. Aussi tous les corps s'animent, tous, jusqu'aux plus bruts, ont leurs desseins; et nos discours ne portent plus que sur des fictions.

Ce langage doit être lié à la situation de l'écrivain. Il ne sauroit s'associer avec le sang-froid d'un homme qui raisonne ou qui analyse; il ne convient qu'à une imagination qui est vivement frappée d'une idée, et qui la veut peindre.

<small>Ce langage est celui d'une imagination vivement frappée.</small>

Fléchier pouvoit dire : *les villes que nos ennemis s'étoient déjà partagées sont encore dans le sein de notre empire; les provinces qu'ils devoient ravager ont cueilli leurs moissons,* etc. Mais cet orateur, ayant l'imagination remplie du tableau des peuples ligués contre la France, et des succès de Turenne, qui dissipe toutes les armées ennemies, fait une apostrophe qui convient parfaitement à la situation de son ame.

Villes que nos ennemis s'étoient déjà

partagées, vous êtes encore dans le sein de notre empire. Provinces qu'ils avoient déjà ravagées dans le désir et dans la pensée, vous avez encore recueilli vos moissons. Vous durez encore, places que l'art et la nature ont fortifiées, et qu'ils avoient dessein de démolir; et vous n'avez tremblé que sous des projets frivoles d'un vainqueur en idée, qui comptoit le nombre de nos soldats, et qui ne songeoit pas à la sagesse de leur capitaine.

Lorsqu'on personnifie les êtres moraux, il faut avoir égard aux idées qu'on s'en fait communément, et aux actions qu'on leur attribue : c'est à ces deux choses que tout ce qu'on en dit doit être lié.

Avec quelle précaution il faut personnifier les êtres moraux.

La victoire, dit M. de Noyon en parlant de Louis XIV, *asservie, et inséparablement attachée au char de notre conquérant, lui doit encore plus que le tribut qu'elle paie, et ne peut être assez reconnoissante. Son trophée est formé des armes des ennemis de Louis le Grand; son front n'est couronné que des lauriers qu'il a lui même cueillis ; ses mains sont pleines de nos palmes ; la France seule* empêche la prescription de sa gloire oubliée dans les autres nations. Le vainqueur a plus fait pour la victoire qu'il a rendue constante, que la victoire n'a fait pour le vainqueur qu'elle rend heureux.

Ces pensées, s'écrie un grammairien, l'abbé de Bellegarde, sont neuves et bien maniées. Il est vrai qu'elles sont neuves; car on n'a jamais rien imaginé de semblable. Mais est-il vrai que la victoire doive de la reconnoissance à un conquérant, parce qu'elle est attachée à son char, parce qu'elle ne se couronne que des lauriers qu'il a cueillis, etc.? est-il vrai que la gloire de la victoire dépende des succès de la France? Quand Louis XIV eût été battu, y auroit-il eu lieu à la prescription de cette gloire; et n'est-il pas indifférent à la victoire que ses lauriers soient cueillis chez nous ou chez nos ennemis, que ses trophées soient formés de nos armes ou des leurs? Enfin, Louis fait-il quelque chose pour la victoire, lorsqu'il la rend constante? et n'est-ce pas la victoire qui fait tout pour lui, lorsqu'elle veut l'être?

M. de Noyon finit, en disant que la victoire rend Louis XIV heureux. Ou cela ne veut rien dire, ou cela signifie qu'elle s'est d'elle-même attachée à son char, et qu'elle a voulu le rendre constamment supérieur à ses ennemis. C'est donc lui qui doit tout à la victoire.

La mort a des rigueurs à nulle autre pareilles ;
  On a beau la prier :
La cruelle qu'elle est se bouche les oreilles,
  Et nous laisse crier.
Le pauvre en sa cabane où le chaume le couvre,
  Est sujet à ses lois ;
Et la garde qui veille aux barrières du Louvre,
  N'en défend pas nos rois.

Que le poëte, dit l'abbé de Gamache, *sur le fondement qu'il personnifie la mort, affecte de paroître surpris qu'un prince ne puisse se défendre contre elle, secouru par ceux qui veillent à sa garde, c'est assurément nous marquer qu'il a des idées fort singulières.... Quand Malherbe n'exprimeroit dans ses vers aucun mouvement de surprise, son assertion n'en seroit pas moins vicieuse. On ne peut, sans tomber dans la puérilité, affirmer sérieusement ce qu'il seroit ridicule de révoquer en doute.*

Cette critique n'est pas fondée. Il est vrai qu'à considérer la chose en elle-même, il y auroit de la puérilité, non-seulement dans les vers de Malherbe, il y en auroit encore dans le fond de la pensée, *que la puissance et la grandeur des rois ne les affranchissent pas de la mort.* Mais le poëte parle d'après les idées du commun des hommes qui, étant éblouis de l'éclat du trône, sont presqu'étonnés que les rois meurent comme nous.

Il y auroit plus de raison à critiquer ce vers:

Le pauvre en sa cabane où le chaume le couvre.

Car, quel est l'objet de Malherbe ? C'est de montrer que rien ne résiste à la mort. Or c'est à quoi le toit de chaume est tout-à-fait inutile. On ne s'apperçoit pas d'abord de ce défaut, parce que cette image plait par son constraste avec le Louvre. Mais ce n'est pas assez que deux parties d'un tableau soient liées, il faut encore qu'elles concourent à la même expression. Horace a dit : *la pâle mort frappe du même pied les cabanes des pauvres et les tours des rois.* Ce tour n'a rien d'inutile. Horace s'est plus attaché à peindre la mort en action. Malherbe, au contraire, a préféré de peindre la puissance des rois qui succombent.

L'abbé Desfontaines traduit ainsi le poëte latin : *le pied de la pâle mort frappe également à la porte des cabanes et des palais.* Mais *également* au lieu du *même pied*, *palais* au lieu de *tours* sont foibles. D'ailleurs ce n'est pas montrer la puissance de la mort que de la représenter frappant à la porte.

Les quatre premiers vers de Malherbe sont mauvais. Les expressions n'en sont pas nobles, elles sont même fausses ; car *se boucher les oreilles aux cris*, est l'action d'un caractère qui craindroit de se laisser toucher.

<small>Comment on doit caractériser les êtres moraux.</small> Ces êtres moraux qu'on fait agir ou parler appartiennent plus particulièrement à la poësie. La règle est de les caractériser relativement aux idées reçues, et aux actions qu'on leur attribue. J'aurai plus d'une

fois occasion de vous faire faire l'application de cette règle, qui n'est qu'une conséquence du principe de la liaison des idées.

Quand vous lirez la fable, vous verrez jusqu'où on a multiplié les êtres imaginaires, et de quelle ressource étoient, pour l'ancienne poésie, des fictions qui ne sont presque plus, pour la nôtre, que des allégories froides. Nous examinerons l'usage que les poëtes en peuvent faire.

CHAPITRE XIV.

Des inversions qui contribuent à la beauté des images.

<small>Dans le discours chaque mot a une place, qui est déterminée par le rapport des idées subordonnées aux idées principales.</small>

Les formes qui consistent dans le seul arrangement des mots ne changent rien au fond des pensées, elles n'ajoutent même aucune modification; mais elles placent chaque idée dans son vrai point de vue: c'est un clair-obscur sagement répandu.

Vous avez vu que pour écrire clairement, il faut souvent s'écarter de la surbordination où l'ordre direct met les idées; et je vous ai suffisamment expliqué quel est, en pareil cas, l'usage qu'on doit faire des inversions. Mais cette loi que prescrit la clarté est encore dictée par le caractère qu'on doit donner au style, suivant les sentimens qu'on éprouve. Un homme agité et un homme tranquille n'arrangent pas leurs idées dans le même ordre: l'un peint avec chaleur, l'autre juge de sang-froid. Le langage de celui-là est l'expression des rapports que les choses ont à sa manière de voir et de sentir : le langage de celui-ci est l'expression des rapports qu'elles ont entr'elles. Tous deux obéissent à la plus grande liaison des idées, et chacun cependant suit des constructions différentes.

Lorsqu'une pensée n'est qu'un jugement, il suffit, pour bien construire une phrase, de se souvenir de ce qui a été dit dans le premier livre. Mais un sentiment, ainsi qu'une image, demande un certain ordre dans les idées, et il faut que cet ordre se rencontre avec la clarté.

Dans un tableau bien fait, il y a une subordination sensible entre toutes les parties. D'abord le principal objet se présente accompagné de ses circonstances de temps et de lieu. Les autres se découvrent ensuite dans l'ordre des rapports qu'ils ont à lui; et par cet ordre la vue se porte naturellement d'une partie à une autre, et saisit sans effort tout le tableau.

C'est un tableau où la figure principale prend sa place, et marque celle des autres.

Cette subordination est marquée par le caractère donné aux figures, et par la manière dont on distribue la lumière sur chacune.

Le peintre a trois moyens : le dessein, les couleurs, et le clair-obscur. L'écrivain en a trois également : l'exactitude des constructions répond au dessein, les expressions figurées aux couleurs, et l'arrangement des mots au clair-obscur.

Si je disois : *cet aigle dont le vol hardi avoit d'abord effrayé nos provinces, prenoit déjà l'essor pour se sauver vers les montagnes* ; je ne ferois que raconter un fait : mais je ferois un tableau en disant avec Fléchier :

Déjà prenoit l'essor pour se sauver vers les montagnes, cet aigle dont le vol hardi avoit d'abord effrayé nos provinces.

Prenoit l'essor, est la principale action ; c'est celle qu'il faut peindre sur le devant du tableau.

Déjà est une circonstance nécessaire qui viendroit trop tard si elle ne commençoit pas la phrase. L'action se peint avec toute sa promptitude dans *déjà prenoit l'essor*, elle se ralentiroit si on disoit : *il prenoit déjà l'essor*.

Pour se sauver vers les montagnes,

est une action subordonnée, et ce n'est pas sur elle que le plus grand jour doit tomber. Si Fléchier eût dit: *pour se sauver vers les montagnes, déjà prenoit l'essor,* le coup de pinceau eût été manqué.

Enfin, *dont le vol hardi avoit d'abord effrayé nos provinces*, est une action encore plus éloignée; aussi l'orateur la rejette-t-il à la fin comme dans la partie fuyante; elle n'est là que pour contraster, pour faire ressortir davantage l'action principale.

Chacun demande à Dieu, avec larmes, qu'il abrège ses jours pour prolonger une vie si précieuse: on entend un cri de la nation, ou plutôt de plusieurs nations intéressées dans cette perte. Elle approche néanmoins cette mort inexorable, qui, par un seul coup qu'elle frappe, vient percer le sein d'une infinité de familles. Bossuet.

L'approche de la mort est une peinture d'autant plus vive, qu'elle suit immédiatement le cri des nations. L'inversion fait toute la beauté de ce dernier membre. Mais j'aimerois mieux dans le premier, *chacun avec larmes demande :* cette transposition rendroit plus sensible l'image que font ces mots, *avec larmes.*

O nuit désastreuse ! ô nuit effroyable, où retentit tout-à-coup, comme un éclat de tonnerre, cette étonnante nouvelle : Madame se meurt, Madame est morte ! Bossuet.

A cet endroit de l'oraison funèbre *de Madame*, tout le monde répandit des larmes : mais je me trompe fort, ou l'on n'en auroit pas répandu, si Bossuet avoit dit : *O nuit désastreuse ! ô nuit effroyable ! où cette étonnante nouvelle : Madame se meurt, Madame est morte, retentit tout-à-coup comme un éclat de tonnerre !* Il falloit pour l'image, qu'après avoir peint la promptitude avec laquelle on fut frappé de cette nouvelle, la voix de l'orateur tombât avec ces mots : *Madame se meurt, Madame est morte.*

Ici tombent aux pieds de l'église toutes les sociétés et toutes les sectes que les hommes ont établies au-dedans ou au-dehors du christianisme. Bossuet.

Là périssent et s'évanouissent toutes

les idoles ; et celles qu'on adoroit sur les autels, et celles que chacun servoit dans son cœur. Bossuet.

Les mots *tombent* et *périssent* font des images, parce qu'ils ne sont précédés que des circonstances *ici*, *là* : l'ordre direct effaceroit le tableau.

Enfin il est en ma puissance, exprime beaucoup mieux les sentimens d'Armide que si elle eût dit : *il est enfin en ma puissance.*

Je pourrois dire : *les ennemis dont nous fûmes la proie, rencontrent leur tombeau dans les flots irrités* : mais pour faire une image, il faudroit que *dans les flots irrités* commençât la phrase. Cela ne suffiroit pas encore ; car cette peinture seroit foible: *dans les flots irrités, les ennemis, dont nous fûmes la proie, rencontrent leur tombeau.* Le tableau demande que ces expressions, *dans les flots irrités rencontrent leur tombeau*, ne soient pas séparées, et que *les ennemis dont nous fûmes la proie*, soit présenté dans l'éloignement. Cependant cette inversion seroit contre le génie de notre langue: *dans les flots irrités rencontrent leur tombeau, les ennemis, dont nous fûmes la proie.* Il faut donc chercher un autre tour.

Je dis d'abord : *les flots irrités deviennent le tombeau des ennemis dont nous fûmes la proie.* Mais en faisant des *flots irrités* le sujet de la proposition, je ne marque pas si sensiblement le lieu du tombeau, que lorsque je prends un tour où ces mots sont précédés de la préposition *dans.* Je dis donc : *dans les flots irrités s'ouvre un tombeau aux ennemis, dont nous fûmes la proie.* Vous voyez que ce mot *s'ouvre* remplit toutes les conditions que je cherche, qu'il ajoute même un trait au tableau ; et vous comprenez comment il faut se conduire pour trouver enfin le terme propre et la place de chaque mot.

Comment on peut connoître la place des mots en consultant le langage d'action.

Il est très-utile, en pareil cas, de consulter le langage d'action qui est tout-à-la-fois l'objet de l'écrivain et du peintre.

La nature se trouve saisie à la vue de tant d'objets funèbres ; tous les visages prennent un air triste et lugubre ; tous les cœurs sont émus par horreur, par compassion ou par foiblesse.

Si j'avois à rendre cette pensée par le langage d'action, je montrerois : 1°. les objets funèbres ; 2°. le saisissement dans la nature ; 3°. la tristesse sur tous les visages ; 4°. l'horreur, la compassion, la foiblesse, d'où naîtroit l'émotion dans tous les cœurs. Fléchier se conforme à cet ordre, autant que la langue le permet.

A la vue, dit-il, *de tant d'objets funèbres, la nature se trouve saisie ; un air triste et lugubre se répand sur tous les visages ; soit horreur, soit compassion, soit foiblesse, tous les cœurs sont émus.*

Il est certain qu'une langue où l'on pourroit dire : *saisie se trouve la nature ; émus sont tous les cœurs*, auroit aussi de l'avantage : la nôtre ne souffre pas de pareilles inversions.

L'inversion est très-propre à augmenter la force des contrastes, et, par-là, elle donne, pour ainsi dire, plus de relief à une idée, et la fait ressortir davantage. Bossuet pouvoit dire :

Douze pécheurs envoyés par Jésus-Christ, et témoins de sa résurrection, ont

<small>L'inversion fait ressortir les idées.</small>

accompli alors, ni plutôt ni plus tard, ce que les phiplosophes n'ont osé tenter ; ce que les prophètes ni le peuple juif, lorsqu'il a été le plus protégé et le plus fidèle, n'ont pu faire.

Mais Bossuet se sert d'une inversion, par laquelle il fixe d'abord l'esprit, sur les philosophes, sur les prophètes, sur le peuple juif protégé et fidèle ; il nous fait sentir toute la grandeur de l'entreprise : avant de parler de ceux qui l'ont accomplie, et le tour qu'il prend, doit toute sa beauté à l'adresse qu'il a de renvoyer les douze pêcheurs, et l'accomplissement à la fin de la phrase. Il s'exprime ainsi :

Alors seulement, et ni plutôt ni plus tard, ce que les philosophes n'ont osé tenter ; ce que les prophètes ni le peuple juif, lorsqu'il a été le plus protégé et le plus fidèle, n'ont pu faire ; douze pêcheurs, envoyés par Jésus-Christ, et témoins de sa résurrection, l'ont accompli.

En général, l'art de faire valoir une idée, consiste à la mettre dans la place où elle doit frapper davantage.

Celui qui n'a égard en écrivant qu'au goût de son siècle, songe plus à sa personne qu'à ses écrits : il faut toujours tendre à la perfection ; et alors cette justice qui nous est quelquefois refusée par nos contemporains, la postérité sait nous la rendre. La Bruyère.

Par cette inversion, la Bruyère fait mieux sentir le motif qu'un écrivain doit se proposer, que s'il eût dit : *et alors la postérité sait nous rendre cette justice*, etc.

Je n'en ai reçu que trois de ces lettres aimables qui me pénètrent le cœur, dit madame de Sévigné à sa fille. Qu'on retranche le pronom *en*, la pensée sera la même ; mais l'expression du sentiment sera affoiblie. Ce pronom ajouté avant le nom auquel il se rapporte, fait sentir combien madame de Sévigné avoit l'esprit préoccupé de ces lettres.

Si l'on ne le voyoit de ses yeux, dit La Bruyère, *pourroit-on jamais l'imaginer l'étrange disproportion que le plus ou le moins de pièces de monnoie met entre les hommes ?*

L'ordre direct n'exprimeroit pas l'étonnement avec la même force.

Vous avez vu, Monseigneur, dans le premier livre, comment l'inversion contribue à la clarté : vous venez de voir comment elle contribue à l'expression. Hors de ces deux cas, elle est vicieuse.

Les principes que j'ai établis à ce sujet sont communs à toutes les langues. Je sais bien que vous entendrez dire que l'arrangement des mots étoit arbitraire en latin ; mais c'est une erreur : car Cicéron blâme des auteurs orientaux qui, pour rendre le style plus nombreux, faisoient des inversions violentes. Ce reproche ne prouve-t-il pas qu'indépendamment de l'harmonie, il y avoit des lois qui déterminoient la place que chaque mot doit avoir suivant la différence des circonstances ? Mais ces lois étoient inconnues à Cicéron même : il n'avoit de guide que le goût et l'usage.

CHAPITRE XV.

Des conclusions.

Les passions commandent à tous les mouvemens de l'ame et du corps. Nous ne sommes jamais absolument tranquilles, parce que nous sommes toujours sensibles; et le calme n'est qu'un moindre mouvement.

En vain l'homme se flatte de se soustraire à cet empire: tout en lui est l'expression des sentimens : un mot, un geste, un regard les décèle, et son ame lui échappe.

C'est ainsi que notre corps tient malgré nous un langage qui manifeste jusqu'à nos pensées les plus secrettes. Or ce langage est l'étude du peintre : car ce seroit peu de former des traits réguliers. En effet, que m'importe de voir dans un tableau une figure muette : j'y veux une ame qui parle à mon ame.

L'homme de génie ne se borne donc pas

à dessiner des formes exactes. Il donne à chaque chose le caractère qui lui est propre. Son sentiment passe à tout ce qu'il touche, et se transmet à tous ceux qui voient ses ouvrages.

<small>Il exprime mieux qu'aucun autre tout ce que nous sentons.</small>

Nous avons remarqué que, pour caractériser, il faut modifier par tous les accessoires qui ont rapport à la chose, et à la situation où elle se trouve. C'est à quoi aucune langue ne réussit mieux que le langage d'action.

J'étends les bras pour demander une chose : voilà l'idée principale. Mais la vivacité du besoin, le plaisir que je compte trouver à la jouissance, la crainte qu'elle ne m'échappe; tous mes désirs, tous mes projets, voilà les idées accessoires. Elles se montrent sur mon visage, dans mes yeux, et dans toutes mes attitudes. Considérez ces mouvemens ; vous verrez qu'ils ont tous avec l'idée principale, la plus grande liaison possible. C'est par-là que l'expression est une, forte et caractérisée.

<small>Comment le langage des sons articulés doit le traduire.</small>

Si, voulant faire connoître ma pensée par des sons, je me contente de dire : *donnez-moi cet objet*. Je ne traduis que le mouvement de mon bras, et mon expression est sans caractère.

Quel est le visage le plus propre à l'expression ? C'est celui qui, par la forme des traits et par les rapports qu'ils ont entre eux, s'altère suivant la vivacité des passions, et la nuance des sentimens. Ajoutez-y la régularité, et supposez encore que dans son état habituel, il ne montre que des sentimens qui ont droit de plaire ; vous joindrez à l'expression, les grâces et la beauté.

Il en est de même du style : il faut qu'il rejette toute idée basse, grossière, malhonnête ; qu'il soit correct, et qu'il se plie à toute sorte de caractères ; en un mot, il a son modèle dans cette action, qui est le langage d'un visage régulier, agréable et expressif. Il est parfait, s'il en est la traduction exacte ; mais si vous n'avez pas le talent d'allier la correction avec l'expression, sacrifiez la première. On peut plaire avec des traits peu réguliers.

Le langage d'action n'est plus ce qu'il a été. A mesure qu'on a contracté l'habitude de communiquer ses pensées par des sons, *Comment le langage d'action s'est altéré.*

on a négligé l'expression des mouvemens. On ne pouvoit parler que de ce qu'on sentoit ; et aujourd'hui on parle si souvent de ce qu'on ne sent pas ! La société, en voulant polir les mœurs, a amené la dissimulation : elle nous a fait de si bonne heure combattre tous nos premiers mouvemens, que nous en sommes presque devenus maitres. Ce qui reste de ce langage n'est plus qu'une expression fine, que tout le monde n'entend pas également, et que par cette raison le peintre est obligé de charger.

Il n'est pas absolument le même chez tous les peuples.

Ce langage a un fonds qui est le même chez tous les peuples, si on les suppose tous organisés de la même manière ; car dans cette hypothèse, l'action des mêmes muscles est destinée par-tout à exprimer les mêmes sentimens. Mais cette action a plus ou moins de vivacité suivant les climats. Il y a des peuples pantomimes : il y en a qui semblent n'avoir jamais connu que le langage des sons articulés.

Pourquoi les langues n'ont pas réservé toute l'expression du langage d'action.

Les langues sont sujettes aux mêmes variétés. Grossières dans les commencemens, elles ont eu le caractère du langage d'action ; mais plus faites pour obéir à la dissimulation, elles se sont écartées de ce caractère, à mesure que la société a fait des progrès. Le langage des passions en est devenu plus fin, plus délicat ; il faut qu'il se fasse entendre, et sans rien perdre de son expression, et sans choquer les mœurs auxquelles on l'a assujetti. Il varieroit suivant les climats, si le commerce n'avoit pas rapproché les hommes, et si les langues qu'on parle aujourd'hui n'avoient pas conservé une partie du caractère des langues-mères, auxquelles elles doivent leur origine.

Cependant il y a une loi qui est la même pour toutes les langues polies ; c'est le principe de la plus grande liaison des idées. S'il y a des peuples qui aiment les expressions exagérées, ce n'est pas parce qu'elles sont fausses ; c'est parce qu'elles les remuent. Mais rien n'empêche d'allier l'exactitude avec la force. Le style est donc susceptible d'une beauté réelle. Le caprice peut permettre d'exprimer ici un sentiment qu'il défend d'exprimer ailleurs : il peut, jusqu'à un certain point, donner des bornes à l'expression ; mais il doit obéir

Toutes les langues doivent également s'assujettir au principe de la plus grande liaison des idées.

par-tout au principe qui sert de base à cet ouvrage. La différence des goûts prouve seulement que tous les peuples n'ont pas le même génie.

Les rhéteurs ont distingué bien des sortes de figures ; mais, Monseigneur, rien n'est plus inutile, et j'ai négligé d'entrer dans de pareils détails. Je ne prétends pas même avoir épuisé tous les tours dont on peut faire usage : cependant j'en ai assez dit pour vous apprendre à faire de vous-même l'application du principe de la plus grande liaison des idées.

LIVRE TROISIÈME.

Du tissu du discours.

Il faut que dans un discours les idées principales soient liées entr'elles par une gradation sensible, et par les accessoires qu'on donne à chacune ; et le tissu se forme, lorsque toutes les phrases construites par rapport à ce qui précède et à ce qui suit, tiennent les unes aux autres par les idées où l'on apperçoit une plus grande liaison. *Comment se forme le tissu du discours.*

Mais il y a ici deux inconvéniens à éviter : l'un est de s'appesantir sur des idées que l'esprit suppléeroit aisément ; l'autre est de franchir des idées intermédiaires, qui seroient nécessaires au développement des pensées. C'est au sujet qu'on traite à déterminer jusqu'à quel point on doit marquer les liaisons ; et cette partie de l'art d'écrire demande un grand discernement. *Inconvéniens à éviter.*

<small>Mauvaises règles qu'on se fait.</small>

Il y a des artisans de style, qui font toujours leurs constructions de la même manière : ils les jettent toutes au même moule. Les uns aiment les périodes, parce qu'ils croient être plus harmonieux ; les autres, préfèrent le style coupé et haché, parce qu'ils croient être plus vifs. Il en est enfin qui portent le scrupule jusqu'à compter les mots : ils ne se permettent pas d'en construire ensemble au-delà d'un certain nombre : toute leur attention est d'entremêler les phrases courtes et les phrases longues, d'éviter les *hiatus*, et ils prennent leur style compassé pour de l'harmonie.

L'écrivain qui a du génie, ne se conduit pas ainsi : plus il a l'esprit supérieur, plus il apperçoit de variété dans les choses : il en saisit le vrai caractère, et il a autant de manières différentes qu'il a de sujets à traiter.

Rien ne nuit plus à la clarté, que la violence que l'on fait aux idées, lorsque l'on construit ensemble celles qui voudroient être séparées, ou lorsqu'on sépare celles qui voudroient être construites ensemble. On lit, on croit entendre chaque pensée; et quand on a achevé, il ne reste rien, ou du moins il ne reste que des traces fort confuses.

Il n'est pas possible, Monseigneur, d'entrer à ce sujet dans le détail de toutes les observations nécessaires. Il suffira de vous en faire quelques-unes. La lecture des bons écrivains achevera de vous instruire : mon unique objet est de vous mettre en état d'en profiter.

Quand vous vous serez accoutumé à appliquer le principe de la plus grande liaison, vous saurez conformer votre style aux sujets que vous aurez à traiter; vous connoîtrez l'ordre des idées principales ; vous mettrez les accessoires à leur place; vous éviterez les superfluités; et vous vous arrêterez sur les idées intermédiaires, qui mériteront d'être développées.

CHAPITRE PREMIER.

Comment les phrases doivent être construites les unes pour les autres.

<small>Le discours peut être mal tissu, quoique toutes les phrases soient séparément bien construites.</small>

Deux pensées ne peuvent se lier l'une à l'autre que par les accessoires et par les idées principales. Commençons par un exemple.

Quand l'histoire seroit inutile aux autres hommes, il faudroit la faire lire aux princes. Il n'y a pas de meilleur moyen de leur découvrir ce que peuvent les passions et les intérêts, les temps et les conjonctures, les bons et les mauvais conseils. Les histoires ne sont composées que des actions qui les occupent, et tout semble y être fait pour leur usage. Si l'expérience leur est nécessaire pour acquérir cette prudence qui fait régner, il n'est rien de plus utile à leur instruction que de joindre les exemples des siècles passés aux expériences qu'ils font tous les jours. Au lieu qu'ordinairement ils n'apprennent qu'aux dépens de leurs sujets et de leur propre gloire à juger des affaires dangereuses qui leur arrivent : par le secours de l'histoire, ils forment leur jugement, sans rien hasarder, sur les événemens passés. Lorsqu'ils voient jusqu'aux vices les plus cachés des princes, malgré les fausses louanges qu'on leur donne pendant leur vie ; exposés aux yeux de tous les hommes, ils ont honte de la vaine joie que leur cause la flatterie, et ils connoissent que la vraie gloire ne peut s'accorder qu'avec le mérite.

Il n'y a ici que deux légères négligences : l'une à ces mots *sur les événemens passés;* qui font un sens louche avec *sans rien hasarder*. Bossuet auroit pu dire : *forment, sans rien hasarder, leur jugement*. L'autre est dans *louanges qu'on leur donne ;* car *leur* est équivoque : d'ailleurs tout est parfaitement lié.

Pour vous mieux faire sentir cette liaison, substituons d'autres constructions à celles de Bossuet, et disons :

Il faudroit faire lire l'histoire aux princes, quand même elle seroit inutile aux autres hommes. Il n'y a pas d'autre moyen de leur découvrir ce que peuvent les passions et les intérêts, les temps et les conjonctures, les bons et les mauvais conseils. Les histoires ne sont composées que des actions qui les occupent, et tout semble y être fait pour leur usage. Il n'est rien de plus utile à leur instruction, que de joindre les exemples des siècles passés aux expériences qu'ils font tous les jours, s'il est vrai que l'expérience leur soit nécessaire pour acquérir cette prudence qui fait bien régner. Par le secours de l'histoire, ils forment, sans rien hasarder, leur jugement sur les événemens passés; au lieu qu'ordinairement ils n'apprennent qu'aux dépens de leurs sujets et de leur propre gloire, à juger des affaires dangereuses qui leur arrivent. Exposés aux yeux de tous les hommes, ils ont honte de la vaine joie que leur cause la flatterie; et ils connoissent que la vraie gloire ne peut s'accorder qu'avec le mérite, lorsqu'ils voient jusqu'aux vices les plus cachés des princes, malgré les fausses louanges qu'on leur donne pendant leur vie.

Par les changemens que je viens de faire au passage de Bossuet, les phrases ne tiennent plus les unes aux autres. Il semble qu'à chacune je reprenne mon discours, sans m'occuper de ce que j'ai dit, ni de ce que je vais dire. Je suis comme un homme fatigué qui s'arrête à chaque pas, et qui n'avance qu'en faisant des efforts. Cependant si vous considérez en elles-mêmes chacune des constructions que j'ai faites, vous ne les trouverez pas défectueuses ; elles ne pèchent que parce qu'elles se suivent, sans faire un tissu.

Vous pouvez déjà sentir pourquoi vous n'avez pas le choix entre plusieurs constructions, lorsque vous écrivez une suite de pensées : quoique vous l'ayez, lorsque vous considérez chaque pensée séparément. Il ne nous reste plus qu'à examiner comment la liaison des idées est altérée par les transpositions que j'ai faites.

Il faudroit faire lire l'histoire aux princes, est naturellement lié avec *il n'y*

<small>Il n'y a qu'une construction pour rendre chaque pensée d'un discours.</small>

a pas de meilleur moyen de leur découvrir ce que peuvent les passions : j'ai donc mal fait de séparer ces deux idées et de dire : *il faudroit faire lire l'histoire aux princes, quand même elle seroit inutile aux autres hommes : il n'y a pas de meilleur moyen,* etc.

Après avoir remarqué combien l'étude de l'histoire est utile aux princes, l'esprit, en suivant la liaison des idées, se porte naturellement sur l'expérience, qui est une autre source d'instruction, et il considère combien il est nécessaire de joindre l'étude de l'histoire à l'expérience journalière. J'ai changé tout cet ordre, et, par conséquent, j'ai affoibli la liaison des idées.

Bossuet voulant démontrer l'utilité que les princes peuvent retirer des exemples des siècles passés, commence par faire voir l'insuffisance de l'expérience, et finit par observer les secours que donne l'histoire.

Enfin dans la vue de montrer quels sont ces secours, il expose d'abord ce que les princes voient dans l'histoire; et il considère ensuite quelle impression elle peut faire sur eux. Tel est sensiblement l'ordre des idées : je l'ai entièrement changé. J'ajouterai encore un exemple, que je prends dans Bossuet.

La reine partit des ports d'Angleterre à la vue des vaisseaux des rebelles qui la poursuivoient de si près, qu'elle entendoit presque leurs cris et leurs menaces insolentes. O voyage bien différent de celui qu'elle avoit fait sur la même mer, lorsque venant prendre possession du sceptre de la Grande-Bretagne, elle voyoit, pour ainsi dire, les ondes se courber sous elle, et soumettre toutes leurs vagues à la dominatrice des mers! Maintenant chassée, poursuivie par ses ennemis implacables, qui avoient eu l'audace de lui faire son procès, tantôt sauvée, tantôt presque prise, changeant de fortune à chaque quart-d'heure, n'ayant pour elle que Dieu et son courage inébranlable, elle n'avoit ni assez de vent ni assez de voiles pour favoriser sa fuite précipitée.

Il y a ici une petite faute : *maintenant elle n'avoit;* il falloit, *elle n'a.* Il me paroît encore qu'*inébranlable* est une épithète inutile. *N'ayant que Dieu et son courage*, dit assez que le courage de la reine est aussi grand qu'il peut l'être.

Vous voyez d'ailleurs que Bossuet a rapproché les idées qui contrastent, et c'est cela même qui en fait toute la liaison. *Elle voyoit*, dit-il, *les ondes se courber sous elle et soumettre leurs vagues à la dominatrice des mers. Maintenant chassée, poursuivie, etc.* Sa construction n'auroit pas eu la même grâce, s'il eût dit : *elle voyoit les ondes se courber sous elle, et soumettre leurs vagues à la dominatrice des mers : maintenant elle n'a ni assez de vent ni assez de voiles pour favoriser sa fuite précipitée : chassée, poursuivie par ses ennemis, tantôt sauvée, tantôt presque prise, n'ayant que Dieu et son courage.*

CHAPITRE II.

Des inconvéniens qu'il faut éviter pour bien former le tissu du discours.

L ES idées accessoires doivent toujours lier les idées principales : elles sont comme la trame qui, passant dans la chaîne, forme le tissu. Les accessoires mal choisis nuisent au tissu du discours.

Par conséquent, tout accessoire qui ne sert point à la liaison des idées, est déplacé ou superflu. Bien des écrivains, estimés d'ailleurs à juste titre, paroissent n'avoir pas assez senti cette vérité.

La Bruyère, voulant montrer d'un côté la nécessité des livres sur les mœurs, et de l'autre le but que doivent se proposer ceux qui les écrivent, s'embarrasse dans des idées qu'il démêle tout-à-fait mal. On entrevoit cependant une suite d'idées principales qui tendent au développement de sa pensée, et je vais les mettre sous vos Exemple.

yeux, afin que vous puissiez mieux juger des défauts où il tombe.

Je rends au public ce qu'il ma prêté

Il peut regarder le portrait que j'ai fait de lui et se corriger.

L'unique fin qu'on doive se proposer en écrivant sur les mœurs, c'est de corriger les hommes ; mais c'est aussi le succès qu'on doit le moins se promettre.

Cependant il ne faut pas se lasser de leur reprocher leurs vices : sans cela ils seroient peut-être pires

L'approbation la moins équivoque qu'on en pût recevoir, seroit le changement des mœurs.

Pour l'obtenir, il ne faut pas négliger de leur plaire ; mais on doit proscrire tout ce qui ne tend pas à leur instruction.

Toutes ces pensées sont claires, et vous en saisissez la suite. Mais cette lumière va disparoître. Lisez :

Je rends au public ce qu'il m'a prêté : j'ai emprunté de lui la matière de cet ouvrage, il est juste que l'ayant achevé avec toute l'attention pour la vérité dont je suis capable, et qu'il mérite de moi, je lui en fasse la restitution. Il peut regarder avec loisir le portrait que j'ai fait de lui d'après nature; et s'il se connoît quelques-uns des défauts que je touche, s'en corriger. C'est l'unique fin que l'on doit se proposer en écrivant, et le succès aussi que l'on doit moins se promettre. Mais comme les hommes ne se dégoûtent pas du vice, il ne faut pas aussi se lasser de le leur reprocher : ils seroient peut-être pires, s'ils venoient à manquer de censeurs et de critiques. C'est ce qui fait que l'on prêche et que l'on écrit. L'orateur et l'écrivain ne sauroient vaincre la joie qu'ils ont d'être applaudis; mais ils devroient rougir d'eux-mêmes, s'ils n'avoient cherché par leurs discours et par leurs écrits que des éloges : outre que l'approbation la plus sûre et la moins équivoque est le changement des mœurs, et la réformation de ceux qui les lisent ou qui les écoutent. On ne doit parler, on ne doit écrire que pour l'instruction, et s'il arrive que l'on plaise, il ne faut pas néanmoins s'en repentir, si cela sert à insinuer, et à faire recevoir les vérités qui doivent instruire. Quand donc il s'est glissé dans un livre quelques pensées, ou quelques réflexions qui n'ont ni le feu, ni le tour, ni la vivacité des autres, bien qu'elles semblent y être admises pour la variété, pour délasser l'esprit, pour le rendre plus présent et plus attentif à ce qui va suivre; à moins que d'ailleurs elles ne soient sensibles, familières, instructives, accommodées au simple peuple qu'il n'est pas permis de négliger, le lecteur peut les condamner, et l'auteur doit les proscrire : voilà la règle.

Premièrement, il y a dans ce morceau des pensées fausses, ou du moins rendues avec peu d'exactitude. Telles sont, *on ne doit écrire que pour corriger les hommes, on n'écrit qu'afin que le public ne manque pas de censeurs*..... Parce que la Bruyère écrit sur les mœurs, il oublie qu'on puisse écrire sur autre chose. Il dit ensuite qu'on ne doit écrire que pour l'instruction : mais si cette instruction n'est relative qu'aux mœurs, il ne fait que se répéter; si elle se rapporte à toutes les choses que nous pouvons connoitre, elle fait voir la fausseté de cette proposition, *l'unique fin d'un écrivain doit être de corriger les hommes.* D'ailleurs il n'est pas vrai qu'on ne doive écrire que pour instruire.

On ne doit pas croire que la Bruyère adoptât des pensées aussi fausses. Elles ne lui ont échappé, que parce qu'il ne savoit pas s'expliquer avec plus de précision : c'est pourquoi je les relève. Il faut que vous soyez averti, que quand on embarrasse son discours, il est bien difficile de ne dire que ce qu'on veut dire.

En second lieu, lorsque la Bruyère dit: *le public peut regarder le portrait que j'ai fait de lui d'après nature ; et s'il se connoît quelques-uns des défauts que je touche, s'en corriger. C'est l'unique fin que l'on doit se proposer en écrivant.*

La seconde phrase n'est pas liée à la première; et il semble que la liaison des idées demandoit au contraire : *c'est l'unique fin qu'il doit se proposer en me lisant.*

En troisième lieu, après avoir dit, *c'est ce qui fait qu'on prêche et qu'on écrit,* la Bruyère s'embarrasse pour vouloir continuer de distinguer *l'orateur* et *l'écrivain*, *celui qui parle* et *celui qui écrit* ; *le discours* et *les écrits*, *ceux qui lisent* et *ceux qui écoutent*. Il ne fait par là que répéter les mêmes idées, allonger ses phrases et gêner ses constructions.

En quatrième lieu, la phrase qui commence par ces mots, *l'orateur et l'écrivain ne sauroient, etc.*, n'est pas absolument liée à ce qui la précède. Tout ce qui est renfermé depuis *l'unique fin*, jusqu'à, *quand donc il s'est glissé*, seroit plus dégagé, si la Bruyère avoit dit : *l'unique fin qu'on doit se proposer en écrivant sur la morale, est la réforme des mœurs. Je veux qu'on ne puisse pas vaincre la joie qu'on a d'être applaudi, on devroit rougir au moins de n'avoir cherché que des éloges. Il est vrai que le succès qu'on doit le moins se promettre, est de voir les hommes se corriger ; mais c'est aussi le moins équivoque. Dans cette vue, il ne faut pas négliger de plaire : car ce moyen est le plus propre à faire recevoir des vérités utiles.*

Enfin, la dernière phrase qui commence à ces mots, *quand donc*, est un amas de mots jetés sans ordre ; et il semble que la Bruyère n'arrive qu'avec bien de la peine jusqu'à la fin.

Au reste, Monseigneur, je dois vous avertir que je ne prétends pas vous donner pour des modèles, les corrections que je fais. Mon dessein est uniquement de vous faire mieux sentir les fautes des meilleurs écrivains ; et j'ai du moins un avantage, c'est que je puis vous instruire, en faisant moi-même de plus grandes fautes.

Fénelon veut peindre Pigmalion tourmenté par la soif des richesses, tous les jours plus misérable et plus odieux à ses sujets : il veut peindre sa cruauté, sa défiance, ses soupçons, ses inquiétudes, son agitation, ses yeux errans de tous côtés, son oreille ouverte au moindre bruit, son palais où ses amis même n'osent l'aborder, la garde qui y veille, les trente chambres où il se couche successivement, les remords qui l'y suivent, son silence, ses gémissemens, sa solitude, sa tristesse, son abattement. Voilà, je pense, l'ordre des idées :

Il ne faut pas que les accessoires ralentissent insensiblement les idées principales, et y mettent du désordre.

elles ne sauroient être trop rapprochées, c'est sur-tout dans ces descriptions que le style doit être rapide.

Pigmalion tourmenté par une soif insatiable des richesses, se rend de plus en plus misérable et odieux à ses sujets. C'est un crime à Tyr d'avoir de grands biens. L'avarice le rend défiant, soupçonneux, cruel : il persécute les riches, et il craint les pauvres. Tout l'agite, l'inquiète, le ronge : il a peur de son ombre. Il ne dort ni nuit ni jour. Les dieux, pour le confondre, l'accablent de trésors dont il n'ose jouir. Ce qu'il cherche pour être heureux est précisément ce qui l'empêche de l'être. Il regrette tout ce qu'il donne, et craint toujours de perdre : il se tourmente pour gagner. On ne le voit presque jamais : il est seul au fond de son palais : ses amis même n'osent l'aborder, de peur de lui devenir suspects. Une garde terrible tient toujours des épées nues, et des piques levées autour de sa maison. Trente chambres, qui communiquent les unes aux autres, et dont chacune a une porte de fer avec six gros verrous, sont les lieux où il se renferme. On ne sait jamais dans laquelle de ces chambres il couche, et on assure qu'il ne couche jamais deux nuits de suite dans la même, de peur d'y être égorgé. Il ne connoît ni les plaisirs ni l'amitié. Si on lui parle de chercher la joie, il sent qu'elle fuit loin de lui, et qu'elle refuse d'entrer dans son cœur. Ses yeux creux sont pleins d'un feu âpre et farouche : ils sont sans cesse errans de tous côtés. Il prête l'oreille au moindre bruit, et se sent tout ému. Il est pâle et défait, et les noirs soucis sont peints sur son visage toûjours ridé. Il se tait, il soupire, il tire de son cœur de profonds gémissemens : il ne peut cacher les remords qui déchirent ses entrailles.

Je n'entrerai pas dans un grand détail sur ce morceau : le désordre en est sensible. L'auteur quitte une pensée pour la reprendre. Il dit que Pigmalion est défiant, soupçonneux, que tout l'agite, l'inquiète; et il revient sur ces mêmes idées, après s'être arrêté sur d'autres détails. Les derniers coups de pinceau, sur-tout, sont les plus foibles. Quelle force y a-t-il à remarquer que Pigmalion ne connoît ni l'amitié, ni les plaisirs ni la joie, quand on a peint sa solitude et sa tristesse ? Les tours sont lâches : *si on lui parle de chercher la joie, il sent qu'elle fuit loin de lui, et qu'elle refuse d'entrer dans son cœur.* Pourquoi, *si on lui parle ?* d'ailleurs la gradation des idées étoit, *la joie refuse d'entrer dans son cœur, et fuit loin de lui.*

Télémaque fait ensuite des réflexions très-sages ; mais les accessoires rendent son discours traînant et y répandent du désordre.

Voilà, dit-il, *un homme qui n'a cherché qu'à se rendre heureux : il a cru y parvenir par les richesses et par son autorité absolue. Il fait tout ce qu'il veut, et cependant il est misérable par ses richesses et par son autorité même. S'il étoit berger, comme je l'étois naguère, il seroit aussi heureux que je l'ai été, et jouiroit des plaisirs innocens de la campagne, et en jouiroit sans remords.*

Il ne craindroit ni le fer, ni le poison.
Il aimeroit les hommes et en seroit aimé.
Il n'auroit pas ces grandes richesses,
qui lui sont aussi inutiles que du sable,
puisqu'il n'ose y toucher : mais il jouiroit des fruits de la terre, et ne souffri-
roit aucun véritable besoin. Cet homme
paroît faire tout ce qu'il veut : mais il
s'en faut bien qu'il le fasse : il fait tout
ce que veulent ses passions. Il est toujours entraîné par son avarice, ses soupçons : il paroît maître de tous les autres
hommes : mais il n'est pas maître de lui-
même, car il a autant de maîtres et de
bourreaux qu'il a de desirs violens.

Il y a ici deux idées principales : l'une
que Pigmalion est malheureux par ses richesses et par son autorité même; et l'autre
qu'il seroit plus heureux, s'il n'étoit que
berger. Aucun des accessoires propres à les
développer, n'échappe à Fénélon : il sent
tout ce qu'il faut dire : il le dit, et il attache.
Il seroit difficile de le trouver en faute à
cet égard. Mais pourquoi ne pas rapprocher
de chaque idée principale les accessoires
qui lui conviennent ? Pourquoi, après avoir

remarqué que Pigmalion est misérable par ses richesses et par son autorité même, passer tout-à-coup à la seconde idée, *s'il étoit berger*, la développer et renvoyer à la fin les accessoires de la première ? Il me semble que si, avant cette seconde idée, il eût transporté tout ce qu'il fait dire à Télémaque depuis *cet homme paroît faire tout ce qu'il veut*, il auroit mis plus d'ordre dans ce discours, et qu'il auroit senti la nécessité de l'élaguer.

Un beau morceau est celui où les foiblesses de Télémaque, dans l'île de Chypre sont peintes par lui-même avec une candeur, qui inspire l'amour de la vertu. C'est à de pareils traits qu'on reconnoît sur-tout et l'esprit et le cœur de Fénélon. Pour être sûr de plaire, cet homme respectable n'a eu qu'à peindre son ame. Je critiquerai cependant encore ; mais en pareil cas on voit avec plaisir qu'on n'a à reprendre que des fautes de style.

Le discours de Télémaque roule sur trois choses principales. L'une est l'impression que font sur lui les plaisirs de l'île de Chypre ; l'autre, son abattement, l'oubli de sa raison et des malheurs de son père ; la dernière, ses remords qui ne sont pas tout-à-fait étouffés. C'est dommage que ces objets ne soient pas développés avec assez d'ordre.

D'abord j'eus horreur de ce que je voyois : j'eus horreur de voir que ma pudeur servoit de jouet à ces peuples effrontés, et qu'ils n'oublioient rien pour tendre des piéges à mon innocence : mais insensiblement je commençois à m'y accoutumer : le vice ne me faisoit plus aucune peine : toutes les compagnies m'inspiroient je ne sais quelle inclination pour le désordre. On se moquoit de mon innocence ; ma retenue et ma pudeur servoient de jouet à des peuples effrontés. On n'oublioit rien pour exciter toutes mes passions, pour me tendre des piéges, et pour réveiller en moi le goût des plaisirs. Je me sentois affoiblir tous les jours ; la bonne éducation que j'avois reçue ne me soutenoit presque plus ; toutes mes bonnes résolutions s'évanouissoient ; je ne me sentois plus la force de résister au mal qui me pressoit de tous côtés ; j'avois même une mauvaise honte de la vertu. J'étois comme un homme qui nage dans une rivière profonde et rapide : d'abord il fend les eaux, et remonte contre le torrent : mais si les bords sont escarpés, et s'il ne peut se reposer sur le rivage, il se lasse enfin peu-à-peu ; ses forces l'abandonnent, ses membres s'engourdissent, et le cours du fleuve l'entraîne. Ainsi mes yeux commençoient à s'obscurcir, mon cœur tomboit en défaillance, je ne pouvois plus rappeler ni ma raison, ni le souvenir des malheurs de mon père. Le songe où je croyois avoir vu le sage Mentor descendre aux Champs Elysées, achevoit de me décourager ; une secrette et douce langueur s'emparoit de moi ; j'aimois déjà le poison qui se glissoit de veine en veine, et qui pénétroit jusques à la moëlle de mes os. Je poussois néanmoins encore de profonds soupirs, je versois des larmes amères, je rugissois comme un lion dans ma fureur. O malheureuse jeunesse, disois-je ! O dieux, qui vous jouez cruellement des hommes, pourquoi les faites-vous passer *par cet âge qui est un temps de folie, ou de fièvre ardente? O! que ne suis-je couvert de cheveux blancs, courbé et proche du tombeau, comme Laërte, mon ayeul? La mort me seroit plus douce que la foiblesse honteuse où je me vois.*

Il y a des longueurs dans ce morceau, parce que Télémaque appuie trop long-temps sur les mêmes accessoires; et il me semble que tout seroit beaucoup mieux lié si, avant *je ne me sentois plus la force*, on transposoit *une secrette et douce langueur s'emparoit de moi: j'aimois déjà le poison qui se glissoit de veine en veine, et qui pénétroit jusques à la moëlle de mes os.* Cette image, ainsi transposée, prépareroit ce que Télémaque dit de sa foiblesse, de son impuissance à résister au torrent, de l'oubli de sa raison et des malheurs de son père. Il peint parfaitement ses efforts et sa foiblesse, lorsqu'il se compare à un homme qui nage contre le cours d'une rivière; mais cette comparaison porte sur une supposition fausse, qu'on peut remonter un torrent rapide. Quand il ajoute *ainsi mes yeux commençoient à s'obscurcir*, la figure ne paroît pas assez soutenue. D'ailleurs, il y a quelque chose de louche dans ce tour, car il semble d'abord qu'il compare ses yeux à l'homme qui nage, et dans le vrai il ne les compare qu'à l'épuisement où il se le représente.

Mais malgré les critiques, ce morceau, je le répète, est fort beau. Il est aisé d'être plus correct que Fénélon; mais il est difficile de penser mieux que lui : il y a des principes pour l'un, il n'y en a point pour l'autre.

Voici une suite d'idées principales.

<small>Exemple d'un discours bien tissu.</small> *La chûte des empires vous fait sentir qu'il n'est rien de solide parmi les hommes.*

Mais il vous sera sur-tout utile et agréable de réfléchir sur la cause des progrès et de la décadence des empires.

Car tout ce qui est arrivé étoit préparé dans les siècles précédens.

Et la vraie science de l'histoire est de remarquer les dispositions qui ont préparé les grands changemens.

En effet, il ne suffit pas de considérer ces grands événemens ; il faut porter son attention sur les mœurs, le caractère des peuples, des princes et de tous les hommes extraordinaires qui y ont quelque part.

Toutes ces idées sont liées. Si un esprit ordinaire ne trouvoit rien à y ajouter, il feroit mieux de s'y borner que d'alonger ses phrases sans donner plus de jour ni plus de force à ses pensées. Mais à un homme de génie, elles se présentent avec tous les accessoires qui leur conviennent, et il en forme des tableaux où tout est parfaitement lié. Il n'appartient qu'à lui d'être plus long sans être moins précis. Ecoutons Bossuet.

Quand vous voyez passer comme en un instant devant vos yeux, je ne dis pas les rois et les empereurs, mais les grands empires qui ont fait trembler tout l'univers ; quand vous voyez les Assyriens anciens et nouveaux, les Mèdes, les Perses, les Grecs, les Romains, se présenter devant vous successivement, et tomber, pour ainsi dire, les uns sur les autres ; ce fracas effroyable vous fait sentir qu'il n'y a rien de solide parmi les hommes, et que l'inconstance et l'agi-

tation est le propre partage des choses humaines.

Mais ce qui rendra ce spectacle plus utile et plus agréable, ce sera la réflexion que vous ferez non seulement sur l'élévation et sur la chûte des empires, mais encore sur les causes de leurs progrès, et sur celles de leur décadence.

Car le même Dieu qui a fait l'enchaînement de l'univers, et qui, tout-puissant par lui-même, a voulu, pour établir l'ordre, que les parties d'un si grand tout dépendissent les unes des autres : ce même Dieu a voulu aussi que le cours des choses humaines eût sa suite et ses proportions : je veux dire que les hommes et les nations ont eu des qualités proportionnées à l'élévation à laquelle ils étoient destinés, et qu'à la réserve de certains coups extraordinaires où Dieu vouloit que sa main parût toute seule, il n'est point arrivé de grand changement qui n'ait eu ses causes dans les siècles précédens.

Et comme dans toutes les affaires il y a ce qui les prépare, ce qui détermine à les entreprendre, et ce qui les fait réussir : la vraie science de l'histoire est de remarquer dans chaque temps les secrettes dispositions qui ont préparé les grands changemens, et les conjectures importantes qui les ont fait arriver.

En effet, il ne suffit pas de regarder seulement devant ses yeux, c'est-à-dire, de considérer les grands événemens qui décident tout-à-coup de la fortune des empires. Qui veut entendre à fond les choses humaines, doit les reprendre de plus haut; et il lui faut observer les inclinations et les mœurs, ou, pour dire tout en un mot, le caractère tant des peuples dominans en général, que des princes en particulier, et enfin de tous les hommes extraordinaires qui, par l'importance du personnage qu'ils ont eu à faire dans le monde, ont contribué en bien ou en mal au changement des états, et à la fortune publique.

Il n'y a rien à désirer dans ce passage; tout y est conforme à la plus grande liaison des idées; je n'y vois pas même un mot qu'on puisse retrancher ou changer de place.

On pourroit comparer le tableau que Bossuet fait des Égyptiens avec celui que Fénélon fait des Crétois ; mais ces morceaux seroient longs à transcrire. Si vous faites vous-même cette comparaison, vous remarquerez facilement que le style de Bossuet a l'avantage de la précision et de l'ordre, et que, par conséquent, le tissu en est mieux formé.

CHAPITRE III.

De la coupe des phrases.

La liaison des idées, si on sait la consulter, doit naturellement varier la coupe des phrases, et les renfermer chacune dans de justes proportions. Les unes seront simples, les autres composées, et plusieurs formées de deux membres, de trois ou davantage. La raison en est, que toutes les pensées d'un discours ne sauroient être susceptibles d'un même nombre d'accessoires. Tantôt les idées, pour se lier, veulent être construites ensemble ; d'autres fois, elles ne veulent que se suivre : il suffit de savoir faire ce discernement. Le vrai moyen d'écrire d'une manière obscure c'est de ne faire qu'une phrase où il en faut plusieurs, ou d'en faire plusieurs où il n'en faut qu'une. Si deux idées doivent se modifier, il faut les réunir ; si elles ne doivent pas se modifier, il faut les séparer.

Le même Dieu qui a fait l'enchaîne-

<small>Exemple de plusieurs idées, qui doivent former une seule période.</small>

ment de l'univers, et qui, tout-puissant par lui-même, a voulu, pour établir l'ordre, que les parties d'un si grand tout dépendissent les unes des autres; ce même Dieu a voulu aussi que le cours des choses humaines eût sa suite et ses proportions: je veux dire, que les hommes et les nations ont eu des qualités proportionnées à l'élévation à laquelle ils étoient destinés; et qu'à la réserve de certains coups extraordinaires où Dieu vouloit que sa main parût toute seule, il n'est point arrivé de grand changement qui n'ait eu ses causes dans les siècles précédens.

Vous voyez que tout le premier membre de la période de Bossuet est destiné à modifier l'idée de Dieu; et cela doit être, parce que c'est comme ordonnateur de l'univers que Dieu a marqué aux choses humaines leur suite et leurs proportions. L'unique objet de Bossuet est d'expliquer comment il n'arrive rien qui n'ait ses causes dans les siècles précédens. En rassemblant dans une période toutes les idées qui concourent au développement de sa pensée, il forme un tout dont les parties se lient sans se confondre.

Je vais substituer plusieurs phrases à la période de Bossuet ; et vous verrez que sa pensée perdra une partie de sa grace et même de sa lumière.

Dieu a fait l'enchaînement de l'univers. Tout-puissant par lui-même ; il en a établi l'ordre. Il a voulu que toutes les parties d'un si grand tout dépendissent les unes des autres ; ce même Dieu a déterminé aussi le cours des choses humaines ; il en a réglé la suite et les proportions : je veux dire qu'il a donné aux hommes et aux nations leurs qualités ; et qu'il les a proportionnées à l'élévation, à laquelle il les destinoit ; qu'il n'est point arrivé de grand changement qui n'ait eu ses causes dans les siècles précédens, et qu'il n'a réservé que certains coups extraordinaires où il vouloit que sa main parût toute seule.

Bossuet connoissoit parfaitement la coupe du style. Quelquefois il va rapidement par une suite de phrases très-courtes ; d'autres fois, ses périodes sont d'une grande page, et elles ne sont pas trop longues, parce que tous les membres en sont distincts et sans embarras. Soit qu'il accumule les idées, soit qu'il les sépare, il a toujours le style de la chose. Il va me fournir un exemple d'une autre espèce.

Exemple de plusieurs idées qui doivent former plusieurs phrases.

Les Egyptiens sont les premiers où l'on ait su les règles du gouvernement. Cette nation grave et sérieuse, connut d'abord la vraie fin de la politique qui est de rendre la vie commode et les peuples heureux. La température toujours uniforme du pays y faisoit les esprits solides et constans. Comme la vertu est le fondement de toute la société, ils l'ont soigneusement cultivée. Leur principale vertu a été la reconnoissance ; et la gloire qu'on leur a donnée d'être les plus reconnoissans de tous les hommes, fait voir qu'ils étoient les plus sociables.

Ce passage est formé de plusieurs assertions qui veulent chacune être énoncées séparément ; et ce seroit leur faire violence que de les réunir dans une seule période. En voici la preuve :

Les Egyptiens, cette nation grave,

sérieuse, la première qui ait su les règles du gouvernement, connut d'abord la vraie fin de la politique, qui est de rendre la vie commode et les peuples heureux : si la température toujours uniforme du pays rendoit leur esprit solide et constant, ils se formoient l'ame par le soin qu'ils avoient de cultiver la vertu, qui est le vrai fondement de toute société; et faisant leur principale vertu de la reconnoissance, ils ont eu la gloire d'être regardés comme les plus reconnoissans de tous les hommes; ce qui fait voir qu'ils étoient aussi les plus sociables.

En lisant cette période, on ne trouve plus la même netteté dans les pensées de Bossuet.

La règle générale pour les périodes, c'est que plusieurs idées ne sauroient se réunir à une idée principale pour former un tout dans une proportion exacte, qu'elles ne produisent naturellement des membres distingués par des repos marqués. Telles sont, en général, les périodes de Bossuet. Vous en trouverez des exemples dans les passages que j'ai cités. En voici un tiré de Racine: c'est Mithridate qui parle.

<small>Règle générale pour les périodes.</small>

> Ah ! pour tenter encor de nouvelles conquêtes,
> Quand je ne verrois pas des routes toutes prêtes,
> Quand le sort ennemi m'auroit jeté plus bas,
> Vaincu, persécuté, sans secours, sans états,
> Errant de mers en mers, et moins roi que pirate,
> Conservant pour tous biens le nom de Mithridate,
> Apprenez que suivi d'un nom si glorieux,
> Par-tout de l'univers j'attacherois les yeux ;
> Et qu'il n'est point de rois, s'ils sont dignes de l'être,
> Qui, sur le trône assis n'enviassent peut-être,
> Au-dessus de leur gloire un naufrage élevé,
> Que Rome et quarante ans ont à peine achevé.

Je ne m'arrêterai pas à distinguer les périodes, suivant le nombre de leurs membres. La règle est la même pour toutes : les parties en seront toujours dans de justes proportions, si le principe de la liaison des idées est bien observé.

Les longues phrases sont vicieuses.

Mais il y a des écrivains qui, affectant le style périodique, confondent les longues phrases avec les périodes. Leurs phrases sont d'une longueur insupportable. On croit qu'elles vont finir, et elles recommencent sans permettre le plus léger repos. Il n'y a ni unité ni proportion, et il faut une application bien soutenue pour n'en rien laisser échapper. Pellisson, tout estimé qu'il est, va me fournir des exemples : il en est plein.

Les blessures étoient plus mortelles pour les Maures ; car ils se contentoient de les laver dans l'eau de la mer, et disoient, par une manière de proverbe ou de centon de leur pays, que Dieu qui les leur avoit données les leur ôteroit : cela toutefois moins par le mépris que par l'ignorance des remèdes ; car ils estimoient au dernier point un renégat leur unique chirurgien, à qui, par une politique bizarre, à chaque blessé de conséquence qui mouroit entre ses mains, ils donnoient un certain grand nombre de coups de bâton, pour le châtier plus ou moins, suivant l'importance du mort ; puis autant de pièces de huit réales pour le consoler, et l'exhorter à mieux faire à l'avenir.

Ce n'est pas une période que fait Pellisson ; ce sont plusieurs phrases qu'il ajoute les unes aux autres, et qu'il lie mal. Voici un autre exemple du même écrivain.

Louis XIV ne pouvoit souffrir que

la Hollande, élevée, pour ainsi dire, dès le berceau, comme à l'ombre et sous la protection de la France, soutenue en tant de rencontres par les deux rois ses prédécesseurs, sauvée fraîchement par lui-même du plus grand péril qui l'eût jamais menacée, oubliât tant de grâces reçues, à la première imagination d'un mal qu'il n'avoit aucun dessein de lui faire, et sans se confier ni à sa bienveillance dont elle avoit tant de preuves, ni à sa parole dont toute l'Europe venoit de reconnoître la fermeté, ne trouvât de sûreté pour elle qu'à lui faire des ennemis en tous lieux : sonnant la trompette pour la guerre sous le nom de la paix, et troublant par avance la tranquillité publique qu'elle feignoit de vouloir maintenir, non parce qu'elle eût peut-être véritablement à cœur l'intérêt commun ; mais par une espèce de vanité, comme si c'étoit à elle de régler les rois, ou que son intérêt seul fût l'unique mesure des choses ; et que les conquêtes les plus étendues dussent être comptées pour rien quand elles tournoient d'un *autre côté ; mais que tout fût perdu, aussitôt qu'on blessoit, en quelque sorte, son commerce, ou qu'on gagnoit un pouce de terre vers ses états.* Pellisson.

Il semble plusieurs fois que Pellisson va finir, et cependant il continue toujours. Voilà le défaut où l'on tombe lorsqu'on veut lier ensemble des phrases qui ne se lient pas naturellement. Il seroit bien mieux de les séparer par des repos.

Il y a des écrivains qui s'occupent à entremêler les phrases longues et les phrases courtes; mais l'esprit qui s'arrête à ce petit méchanisme, n'est pas capable de se porter sur le fond des choses. Si on considère que les pensées qui forment le tissu du discours, n'ont pas chacune le même nombre d'accessoires, on jugera que les phrases seront naturellement inégales toutes les fois qu'on les aura rendues avec les accessoires qui leur sont propres.

CHAPITRE IV.

Des longueurs.

<small>On est long parce que l'on conçoit mal.</small>

DANS tout discours il y a une idée par où l'on doit commencer, une par où l'on doit finir, et d'autres par où l'on doit passer. La ligne est tracée ; tout ce qui s'en écarte est superflu. Or on s'en écarte en insérant des choses étrangères, en répétant ce qui a déja été dit, en s'arrêtant sur des détails inutiles. Ces défauts, s'ils sont fréquens, refroidissent le discours, l'énervent, ou même l'obscurcissent. Le lecteur fatigué perd le fil des idées qu'on n'a pas su lui rendre sensible : il n'entend plus, il ne sent plus, et les plus grandes beautés auroient peine à le tirer de sa léthargie.

On seroit court et précis si on concevoit bien, et dans leur ordre, toutes les pensées qui doivent développer le sujet qu'on traite. C'est donc de la manière de concevoir que naissent les longueurs du style, vice contre lequel on ne sauroit trop se précautionner.

et qu'on n'évitera pas si on s'écarte des règles que nous avons tirées du principe de la liaison des idées. Venons à des exemples.

L'abbé du Bos veut dire que l'imitation ne nous remue que parce que les objets imités nous auroient remués ; mais que l'impression en est moins durable, parce qu'elle est moins forte. Voici comment il expose cette pensée.

Les peintres et les poëtes excitent en nous les passions artificielles, en présentant des imitations des objets capables d'exciter en nous des passions véritables. Comme l'impression que ces imitations font sur nous est du même genre que l'impression que l'objet imité par le peintre ou par le poëte feroit sur nous : comme l'impression que l'imitation fait n'est différente de l'impression que l'objet imité feroit, qu'en ce qu'elle est moins forte, elle doit exciter dans notre ame une passion qui ressemble à celle que l'objet imité auroit pu exciter: la copie de l'objet doit, pour ainsi dire, exciter en nous une copie de la passion que l'objet y auroit excitée. Mais comme l'impression que l'imitation fait n'est pas aussi profonde que l'impression que l'objet même auroit faite... Cette impression superficielle, faite par une imitation, disparoît sans avoir des suites durables comme en auroit une impression faite par l'objet que le peintre ou le poète a imité.

L'embarras des constuctions de l'abbé du Bos, et ses répétitions prouvent les efforts qu'il fait pour rendre une pensée qu'il ne conçoit pas nettement. Il est long dans le dessein d'être plus clair ; il en est plus obscur.

Cet écrivain avoit des connoissances, du jugement et même du goût : il est étonnant qu'il ne se soit pas fait un meilleur style. Il mérite d'être lu pour le fond des choses ; il sera même utile à ceux qui veulent apprendre à écrire. Il les instruira par ses fautes, comme un pilote instruit par ses naufrages. Il fourniroit bien des exemples. Je n'en rapporterai plus que deux.

La ressemblance des idées que le poète ou le peintre tire de son génie, avec les idées que peuvent avoir des hommes qui se trouveroient dans la même situation où le poëte place ses personnages, le pathétique des images qu'il a conçues avant que de prendre la plume ou le pinceau, sont donc le plus grand mérite des poésies, ainsi que le plus grand mérite des tableaux. C'est à l'invention du peintre et du poëte; c'est à l'invention des idées et des images propres à nous émouvoir, et qu'il met en œuvre pour exécuter son intention, qu'on distingue le grand artisan du simple manœuvre, qui souvent est plus habile ouvrier que lui dans l'exécution. Les plus grands versificateurs ne sont pas les plus grands poëtes, comme les dessinateurs les plus réguliers ne sont pas les plus grands peintres.

Vous voyez le détour que prend cet écrivain pour dire qu'en peinture et en poésie tout le talent consiste dans le choix des sentimens et des images; et vous sentez la lourdeur de toutes ces distinctions, *plume* et *pinceau*, *tableau* et *poëme*, *peintre* et *poëte*.

Il étoit facile de dire, que comme la poésie du style consiste dans le choix des idées, la méchanique de la poésie consiste dans le choix et dans l'arrangement des mots ; et que si l'une cherche les images, l'autre cherche l'harmonie. Cela eût été court, et le discours de l'abbé du Bos est bien long. Le voici :

Comme la poésie du style consiste dans le choix et dans l'arrangement des mots, considérés en tant que les signes des idées : la méchanique de la poésie consiste dans le choix et dans l'arrangement des mots, considérés en tant que de simples sons, auxquels il n'y auroit point une signification attachée. Ainsi comme la poésie du style regarde les mots du côté de leur signification, qui les rend plus ou moins propres à réveiller en nous certaines idées ; la méchanique de la poésie les regarde uniquement comme des sons plus ou moins harmonieux, et qui, étant combinés diversement, composent des phrases dures ou mélodieuses dans la prononciation. Le but que se propose la poésie du style, est de faire des images, et de plaire à l'imagination. Le but que la méchanique de la poésie se propose, est de faire des vers harmonieux, et de plaire à l'oreille.

Les longueurs naissent encore du penchant qu'on a à redire les mêmes choses de plusieurs manières. Il ne faut ajouter à une pensée rendue clairement que les images convenables aux circonstances.

<small>On est long parce qu'on s'arrête sur une pensée qu'on répète de plusieurs manières.</small>

Fénélon conseille aux écrivains d'être simples, et il prend ce moment là pour ne l'être point lui-même. Il tourne autour d'une même pensée, et il la répète sans la rendre ni plus vive ni plus sensible. Il s'explique ainsi :

On ne se contente pas de la simple raison, des graces naïves, du sentiment le plus vif, qui font la perfection réelle. On va un peu au-delà du but par amour-propre. On ne sait pas être sobre dans la recherche du beau. On ignore l'art de s'arrêter tout court en-deçà des ornemens ambitieux. Le mieux auquel on aspire, fait qu'on gâte le bien, dit un proverbe italien. On tombe dans le défaut de répandre un peu trop de sel, et de vouloir donner un goût trop relevé à ce qu'on assaisonne. On fait comme ceux qui chargent une étoffe de trop de broderie.

Cette habitude de s'arrêter sur une pensée, fait tomber dans le précieux : occupé à épuiser ses idées, on la subtilise ; et on ne la quitte, que quand on l'a tout-à-fait gâtée.

Lorsqu'on veut émouvoir, on peut et on doit même multiplier les figures et les images. On peut aussi, dans les ouvrages destinés à éclairer, joindre à un tour simple un tour figuré, propre à répandre la lumière. Mais il y a des écrivains qui ont de la peine à quitter une pensée, et qui font un volume de ce dont un autre feroit à peine quelques feuillets. C'est le style de l'abbé du Guet.

Tout le monde, dit-il, *est capable de comprendre quelle seroit la félicité d'une nation, où toute la force et toute l'autorité seroient accordées à la vertu ; où toutes les menaces et tous les châtimens ne seroient que contre le vice ; dont le prince ne seroit terrible qu'à quiconque feroit le mal, et jamais à ceux qui* aiment et font le bien ; où l'épée que Dieu lui a confiée seroit la protection des justes, et ne feroit trembler que leurs ennemis ; où la vérité et la clémence s'uniroient ; où la justice et la paix se donneroient un mutuel baiser ; et où l'on verroit accomplir ce qu'a dit l'apôtre : la vertu respectée et comblée d'honneurs, et le vice humilié et couvert d'ignominie.

Voilà bien des mots pour répéter une même chose. Les derniers tours n'ajoutent aux premiers ni lumière ni image. On voit seulement que l'écrivain s'applaudit d'une fécondité qui ne produit que des sons.

On pourroit dire que la gloire d'une nation éclairée rejaillit sur le souverain.

Qu'elle s'étend avec les sciences qu'il protége, porte au loin son nom, fait respecter sa personne parmi les étrangers, lui soumet des cœurs, même parmi ses ennemis.

Qu'on vient de toutes parts dans un pays, où l'on peut tout apprendre, et qu'on retourne dans sa patrie pour y parler du mérite du prince et du bonheur du peuple.

Ces réflexions sont justes : mais l'abbé

du Guet les alonge si fort, que le lecteur fatigué peut à peine se rendre compte de ce qu'il a lu.

La gloire de la nation rejaillit sur le prince qui la conduit : tout ce qu'il y a de lumière et de sagesse dans son état lui devient propre, comme faisant partie du bien public qui lui est confié ; et quand il sait connoître et estimer un trésor d'un si grand prix, il s'attire l'admiration et l'amour de toutes les personnes qui aiment les lettres, et qui sont par conséquent les dispensateurs de la gloire, et de cette espèce d'immortalité que la reconnoissance et les ouvrages d'esprit peuvent donner.

Cette gloire n'est pas bornée à ses seuls états. Elle s'étend aussi loin que les sciences. Elle pénètre où elles ont pénétré. Elle lui soumet, parmi les étrangers, tous ceux qui le regardent comme le protecteur de ce qu'ils aiment. Elle lui conserve parmi les peuples ennemis un grand nombre de serviteurs zélés, capables, quand ils ont du crédit, de porter leurs citoyens à la paix, et de leur inspirer pour le prince le même respect dont ils sont pénétrés.

On vient de toutes parts dans un royaume où l'on peut tout apprendre. On y séjourne avec plaisir et avec fruit. On rapporte en différens pays ce qu'on y a vu, les personnes savantes qu'on y a connues, les secours qu'on y a reçus pour toutes sortes de connoissances. On parle dans toutes les nations du mérite accompli du prince, de son discernement, de son goût exquis pour toutes les belles choses, de la protection qu'il donne aux lettres, de sa bonté pour tous ceux qui se distinguent par le savoir, du bonheur du peuple qu'il conduit avec tant de sagesse, et qui devient tous les jours par ses soins plus parfait et plus éclairé.

Ce même écrivain emploie une douzaine de pages pour dire qu'un souverain doit se mettre à la place de ses sujets, n'avoir d'autre intérêt, et se regarder comme le père du peuple. Mais on a bien de la peine a donner son attention à des discours écrits de la sorte. Elle échappe à tout instant, et quand on a fini un volume, il est presque impossible de se rendre compte de ce qu'on a lu. Pour éclairer et pour attacher, il faut rapprocher les idées, il faut qu'elles se suivent sans interruption et que rien ne les retarde. Quand on s'arrête pour répéter tant de fois une même chose, le lecteur fatigué n'entend plus ce qu'on lui dit.

LIVRE QUATRIÈME.

Du caractère du style, suivant les différens genres d'ouvrages.

Le premier livre, Monseigneur, vous a fait connoître ce qui est nécessaire à la netteté des constructions; le second vous a montré comment les tours doivent varier suivant le caractère des pensées; et le troisième a développé à vos yeux le tissu qui se forme par la suite des idées principales et des idées accessoires : il nous reste à examiner le style par rapport aux différens genres d'ouvrages. *Objet de ce livre.*

Vous voyez d'abord que le principe doit être le même. En effet, un discours ne diffère d'une phrase que comme un grand nombre de pensées diffère d'une seule; et, par conséquent, l'on donne un caractère à tout un discours, comme on en donne un à une phrase : dans l'un et l'autre cas la chose dépend également de l'ordre des idées et de leurs accessoires. Il faut donc connoître en général quel est cet ordre, et quels sont ses accessoires. Nous allons commencer par quelques réflexions sur la méthode.

CHAPITRE PREMIER.

Considérations sur la méthode.

On méprise la méthode, ou on l'exalte. Bien des écrivains regardent les règles comme les entraves du génie. D'autres les croient d'un grand secours, mais ils les choisissent si mal, et les multiplient si fort, qu'ils les rendent inutiles ou même nuisibles. Tous ont également tort : ceux-là de blâmer la méthode, parce qu'ils n'en connoissent pas de bonne ; ceux-ci de la croire nécessaire lorsqu'ils n'en connoissent que de fort défectueuse.

Un ouvrage sans ordre peut réussir par les détails, et placer son auteur parmi les bons écrivains ; mais plus d'ordre le rendroit digne de plus de succès. Dans les matières de raisonnement, il est impossible que la lumière se répande également sur toutes les parties, si la méthode manque ; dans les choses d'agrément, il est au moins

Utilité de la méthode.

certain que tout ce qui n'est pas à sa place perd de sa beauté.

Mais sans nous arrêter sur toutes ces discussions, définissons la méthode, et sa nécessité sera démontrée. Je dis donc que la méthode est l'art de concilier la plus grande clarté et la plus grande précision avec toutes les beautés dont un sujet est susceptible.

<small>Les uns aiment les écarts.</small>
Il y a des écrivains qui ne sauroient se renfermer dans leur sujet. Ils se perdent dans des digressions sans nombre, ils ne se retrouvent que pour se répéter : il semble qu'ils croient, par des écarts et par des répétitions, suppléer à ce qu'ils n'ont pas su dire.

<small>Les autres sortent du ton de leur sujet.</small>
D'autres changent de ton, sans consulter la nature du sujet qu'ils traitent. Ils se piquent d'être éloquens, lorsqu'ils devroient se contenter de raisonner. Ils analysent, lorsqu'ils devroient peindre, et leur imagination s'échauffe et se refroidit presque toujours mal-à-propos.

<small>Pour dire ce qu'il faut, où il faut, et comme il faut, il est nécessaire d'embrasser son sujet tout entier.</small>
Pour ne point s'égarer dans le cours d'un ouvrage, pour dire chaque chose à sa place, et pour l'exprimer convenablement, il est

absolument nécessaire d'embrasser son objet d'une vue générale. L'obscurité, lorsqu'elle est rare, peut naître d'une distraction; mais lorsqu'elle est fréquente, elle vient certainement de la manière confuse dont on saisit la matière qu'on traite. On ne juge bien des proportions de chaque partie que lorsqu'on voit le tout à-la-fois.

Les poëtes et les orateurs ont de bonne heure senti l'utilité de la méthode. Aussi a-t-elle fait chez eux les progrès les plus rapides. Ils ont eu l'avantage d'essayer leurs productions sur tout un peuple : témoins des impressions qu'ils causoient, ils ont observé ce qui manquoit à leurs ouvrages.

Les poëtes et les orateurs ont de bonne heure la méthode.

Les philosophes n'ont pas eu le même secours. Regardant comme au-dessous d'eux d'écrire pour la multitude, ils se sont fait long-temps un devoir d'être inintelligibles. Souvent ce n'étoit-là qu'un détour de leur amour-propre : ils vouloient se cacher leur ignorance à eux-mêmes, et il leur suffisoit de paroître instruits aux yeux du peuple, qui, plus fait pour admirer que pour juger, les croyoit volontiers sur leur parole. Les philosophes n'ayant donc pour juges

Il n'en est pas de même des philosophes.

que des disciples qui adoptoient aveuglément leurs opinions, ne devoient pas soupçonner leur méthode d'être défectueuse : ils devoient croire, au contraire, que quiconque ne les entendoit pas, manquoit d'intelligence. Voilà pourquoi leurs travaux ont produit tant de disputes frivoles, et si peu contribué aux progrès de l'art de raisonner.

<small>Comment les poëtes se sont fait des règles.</small>

Les premières poésies n'ont été que des histoires tissues sans art : beaucoup d'expressions louches, beaucoup d'écarts et des répétitions sans nombre. Des faits aussi mal digérés ne pouvoient pas facilement se conserver dans la mémoire, et l'expérience apprit insensiblement à les dégager, et à les présenter avec plus de précision.

Quand on sut mettre de l'ordre dans les faits, on voulut y ajouter des ornemens, et on les chargea de fictions. Pour écrire l'histoire, on écrivit des romans en vers, c'est-à-dire, des poëmes.

Depuis que la prose est consacrée à l'histoire, on a eu le même penchant pour les fictions. On a donc fait des poëmes en prose, c'est-à-dire, des romans. C'est ainsi que les romans et les poëmes sont nés de l'histoire.

Quand on commença à faire des poëmes, on sentit combien il étoit important d'intéresser. On remarqua que l'intérêt augmente à proportion qu'il est moins partagé, et on reconnut combien l'unité d'action est nécessaire. D'autres observations découvrirent d'autres règles, et les poëtes eurent, sur la méthode, des idées si exactes, que c'eût été à eux à en donner des leçons aux philosophes.

Quoique leurs règles soient le fruit de l'expérience et de la réflexion, quelques écrivains les ont combattues comme si elles n'étoient que de vieux préjugés. Ils ont cru établir des opinions nouvelles, en renouvelant les erreurs des premiers artistes, et en rappelant les arts à leur première grossièreté.

Ce n'est pas rendre un service aux génies que de les dégager de l'assujettissement à la méthode : elle est pour eux ce que les lois sont pour l'homme libre.

Les poëmes ne plairont qu'autant qu'on s'écartera moins de ces règles. Si l'on trouve de l'agrément dans les écarts, c'est que chacun d'eux est un, et que par conséquent, séparé de l'ouvrage auquel il ne tient pas, il a sa beauté. Tous ensemble ils font un poëme où il y a de belles choses, et ne font pas un beau poëme : en effet, si, descendant de détails en détails, on ne voyoit l'unité nulle part, l'ouvrage entier ne seroit qu'un chaos. Toutes les parties doivent donc former un seul tout.

<small>Les philosophes n'ont pas connu l'art de raisonner, parce qu'ils n'ont pas eu de bons modèles.</small>

Les règles sont les mêmes pour l'éloquence. Mais tandis que l'expérience guidoit les orateurs et les poëtes, qui cultivoient leur art, sans se piquer d'en donner les préceptes, les philosophes écrivoient sur la méthode qu'ils n'avoient pas trouvée et dont ils croyoient donner les premières leçons. Ils ont fait des rhétoriques, des poétiques et des logiques. Sans être poëtes ni orateurs, ils ont connu les règles de la poésie et de l'éloquence, parce qu'ils les ont cherchées dans des modèles où elles étoient en exemples. S'ils avoient eu de bonne heure de pareils modèles en philosophie, ils n'auroient pas tardé à connoître l'art de raisonner. C'est parce qu'ils ont été privés de ce secours, qu'ils ont mis dans leurs logiques si peu de choses utiles et tant de subtilités.

La méthode qui apprend à faire un tout est commune à tous les genres. Elle est surtout nécessaire dans les ouvrages de raisonnement : car l'attention diminue à proportion qu'on la partage, et l'esprit ne saisit plus rien, lorsqu'il est distrait par un trop grand nombre d'objets. *La liaison des idées détermine la place et l'étendue de chaque partie d'un ouvrage.*

Or l'unité d'action dans les ouvrages faits pour intéresser, et l'unité d'objet dans les ouvrages faits pour instruire, demandent également que toutes les parties soient entre elles dans des proportions exactes, et que, subordonnées les unes aux autres, elles se rapportent toutes à une même fin. Par-là, l'unité nous ramène au principe de la plus grande liaison des idées ; elle en dépend. En effet, cette liaison étant trouvée, le commencement, la fin et les parties intermédiaires sont déterminées : tout ce qui altère les proportions est élagué ; et on ne peut plus rien retrancher, ni déplacer, sans nuire à la lumière ou à l'agrément.

Pour découvrir cette liaison, il faut fixer *Précaution pour saisir cette liaison.*

son objet jusqu'à ce qu'on puisse en déterminer les principales parties, et tout comprendre dans la division générale. Il faut éviter les divisions purement arbitraires, et même les divisions préliminaires où l'on décompose un objet dans toutes ses parties; l'esprit du lecteur se fatigueroit dès l'entrée de l'ouvrage ; les choses qu'il lui seroit le plus essentiel de retenir, lui échapperoient ; et les précautions que l'auteur auroit prises pour se faire entendre, le rendroient souvent inintelligible. Commencer par des divisions sans nombre, pour afficher beaucoup de méthode, c'est s'égarer dans un labyrinthe obscur pour arriver à la lumière : la méthode ne s'annonce jamais moins que lorsqu'il y en a davantage.

Le début d'un ouvrage ne sauroit donc être trop simple, ni trop dégagé de tout ce qui peut souffrir quelque difficulté.

La division générale étant faite, on doit chercher l'ordre où les parties contribuent davantage à se prêter mutuellement de la lumière et de l'agrément. Par-là, tout sera dans la plus grande liaison.

Ensuite chaque partie veut être considérée

en particulier, et soudivisée autant de fois, qu'elle renferme d'objets qui peuvent faire chacun un tout. Rien ne doit entrer dans ces soudivisions qui puisse en altérer l'unité, et les parties ne connoissent d'autre ordre que celui qui est indiqué par la gradation la plus sensible. Dans les ouvrages faits pour intéresser, c'est la gradation de sentiment ; dans les autres, c'est la gradation de lumière.

Mais afin de se conduire sûrement, il faut savoir choisir parmi les idées qui se présentent : le choix est nécessaire pour ne rien adopter, qui ne contribue à la plus grande liaison. *Le sujet qu'on traite, et la fin qu'on se propose, déterminent ce qu'on doit dire.*

Tout ce qui n'est pas lié au sujet qu'on traite, doit être rejeté : les choses mêmes qui ont avec lui quelque liaison, ne méritent pas toujours qu'on en fasse usage. Ce droit n'appartient qu'à ce qui peut lier plus sensiblement à la fin qu'on se propose.

Le sujet et la fin, voilà donc les deux points de vue qui doivent nous régler.

Ainsi quand une idée se présente, nous avons à considérer, si, étant liée à notre sujet, elle le développe relativement à la fin pour laquelle nous le traitons; et si elle nous conduit par le chemin le plus court.

En prenant notre sujet pour un seul point fixe, nous pouvons nous étendre indifféremment de tous côtés. Alors plus nous nous écartons, moins les détails où notre esprit s'égare ont de rapport entre eux : nous ne savons plus où nous arrêter, et nous paroissons entreprendre plusieurs ouvrages, sans en achever aucun.

Mais lorsqu'on a pour second point fixe une fin bien déterminée, la route est tracée, chaque pas contribue à un plus grand développement, et l'on arrive à la conclusion sans avoir fait d'écarts.

Si l'ouvrage entier a un sujet et une fin, chaque chapitre a également l'un et l'autre, chaque article, chaque phrase. Il faut donc tenir la même conduite dans les détails. Par-là, l'ouvrage sera un dans son tout, un dans chaque partie, et tout y sera dans la plus grande liaison possible.

En se conformant au principe de la plus grande liaison, un ouvrage sera donc réduit au plus petit nombre de chapitres, les chapitres au plus petit nombre d'articles, les articles au plus petit nombre de phrases, et les phrases au plus petit nombre de mots.

Dans la nature tous les objets sont liés pour ne former qu'un seul tout. C'est pourquoi il nous est si naturel de passer légèrement des uns aux autres. Nous sommes, jusques dans nos plus grands écarts, toujours conduits par quelque sorte de liaison. Il faut donc continuellement veiller sur nous pour ne pas sortir du sujet que nous avons choisi. Il y faut donner d'autant plus d'attention, que, toujours en combat avec nous-mêmes pour nous prescrire des limites ou pour les franchir, nous nous croyons, sur le moindre prétexte, autorisés dans nos plus grands écarts. Il semble souvent que nous soyons plus curieux de montrer que nous savons beaucoup de choses, que de faire voir que nous savons bien celles que nous traitons.

Combien il est difficile de se borner à ce qu'on doit dire.

Les digressions ne sont permises que lorsque nous ne trouvons pas dans le sujet sur lequel nous écrivons, de quoi le présenter avec tous les avantages qu'on y désire. Alors nous cherchons ailleurs ce qu'il

Usage qu'on doit faire des digressions.

ne fournit pas; mais c'est dans la vue d'y revenir bientôt, et dans l'espérance d'y répandre plus de lumière, ou plus d'agrément. Les digressions, les épisodes ne doivent donc jamais faire oublier le sujet principal; il faut qu'elles aient en lui leur commencement, leur fin, et qu'elles y ramènent sans cesse. Un bon écrivain est comme un voyageur qui a la prudence de ne s'écarter de sa route que pour y rentrer avec des commodités propres à la lui faire continuer plus heureusement.

Vous vous familiariserez, Monseigneur, avec ces vues générales, lorsque dans nos lectures nous en ferons l'application aux meilleurs écrivains. Il n'est pas encore temps de vous donner des exemples : ils ne seroient pas à votre portée, et il suffira, pour le présent, que vous considériez un grand ouvrage comme un discours de peu de phrases : car la méthode est la même pour l'un et pour l'autre.

Comment on peut obéir à la méthode sans s'y assujétir.

On peut travailler aux différentes parties d'un ouvrage, suivant l'ordre dans lequel on les a distribuées; et on peut aussi, lorsque le plan est bien arrêté, passer indifféremment du commencement à la fin ou au milieu, et au lieu de s'assujettir à aucun ordre, ne consulter que l'attrait qui fait saisir le moment où l'on est plus propre à traiter une partie qu'une autre.

Il y a dans cette conduite une manière libre qui ressemble au désordre sans en être un. Elle délasse l'esprit en lui présentant des objets toujours différens, et elle lui laisse la liberté de se livrer à toute sa vivacité. Cependant la subordination des parties fixe des points de vue qui préviennent ou corrigent les écarts, et qui ramènent sans cesse à l'objet principal. On doit mettre son adresse à régler l'esprit, sans lui ôter la liberté. Quelque ordre que les gens à talent mettent dans leurs ouvrages, il est rare qu'il s'y assujettissent, lorsqu'ils travaillent.

Il nous reste à traiter des différens genres d'ouvrages. Il y en a trois en général; le didactique, la narration, les descriptions : car on raisonne, on narre, ou l'on décrit.

Il y a en général trois genres d'ouvrages

Dans le didactique on pose des questions et on les discute : dans la narration on expose des faits vrais ou imaginés, ce qui comprend l'histoire, le roman et le poëme : dans les descriptions on peint ce qu'on voit ou ce qu'on sent ; c'est ce qui appartient plus particulièrement à l'orateur et au poëte. Nous allons considérer le style sous ces différens égards.

CHAPITRE II.

Du genre didactique.

Il y a des écrivains qui ne sauroient entrer en matière sans arrêter le lecteur sur des notions préliminaires qu'ils disent absolument nécessaires à l'intelligence du sujet qu'ils traitent. C'est une espèce de dictionnaire qu'ils mettent à la tête de leurs ouvrages. Ils emploient des mots savans pour exprimer les choses les plus communes, ils changent la signification des termes les plus usités; en sorte que plusieurs traités sur un même sujet, écrits dans une même langue, ne paroissent que la traduction les uns des autres, et ne diffèrent que par la variété des idiômes.

Chaque art, chaque science a des termes qui lui sont propres; mais on les a souvent trop multipliés. Il est ridicule d'avoir recours à une langue savante pour des idées qui ont des noms dans une langue vulgaire; c'est opposer un obstacle au progrès des connoissances, et vouloir persuader qu'on sait beaucoup quand on sait des mots.

Il est encore fort inutile de ramasser à la tête d'un ouvrage les termes propres au sujet que l'on traite : il sera toujours temps de les expliquer quand on sera dans la nécessité de les employer. Alors l'application en rendra la signification plus sensible, et les gravera plus profondément dans la mémoire.

<small>Abus qu'on fait des définitions.</small> Si on abuse des mots, on abuse aussi des définitions. Un défaut où l'on tombe, c'est de les offrir au lecteur dans un moment où il ne peut pas encore les comprendre. A la vérité, l'explication suit de près; mais pourquoi commencer par dire une chose qui ne sera pas entendue ? Ne seroit-il pas mieux de présenter les idées dans l'ordre où elles s'expliqueroient d'elles-mêmes ? Cet abus vient de ce qu'on prend les définitions pour les principes de ce qu'on va dire, et on devroit plutôt les prendre pour le précis de ce qu'on a dit. Il faut que les analyses en préparent l'intelligence. C'est alors qu'elles répandront du jour, et que propres à rappeler en peu de mots toutes les propriétés

d'une chose, elles prépareront à de nouvelles recherches, et faciliteront de nouvelles analyses.

Mais il ne faut pas se faire une loi de tout définir. Il y a des choses qui sont claires par elles-mêmes, parce que ce sont des impressions qui sont connues par sentiment : il y en a, au contraire, qui sont obscures, qui se confondent entre elles, et où il est impossible de démêler des qualités par où elles puissent se distinguer. Il ne faut définir ni les unes ni les autres. *Usage qu'on doit faire des définitions.*

Au nombre des premières sont la lumière, le son, la saveur et en général toutes les affections que l'ame reçoit par les sens, et qu'elle conserve telles qu'elle les reçoit. Toutes ces choses ne peuvent être connues que par le sentiment que produit l'action des objets sur nos organes. Dire que la lumière, le son, etc., est une matière plus ou moins subtile, dont les parties ont telle figure, tel mouvement, ce n'est pas définir ce que nous sentons, c'est en donner la cause physique, et cette explication est même bien imparfaite.

Lorsqu'un sentiment est composé de

plusieurs affections, il peut se définir, c'est-à-dire, qu'on peut faire l'analyse des différentes affections dont il est formé : c'est pourquoi les opérations de l'esprit et les passions de l'ame sont susceptibles de définitions.

Si nous considérons les choses par les côtés par où elles diffèrent davantage, nous les distribuons en différentes classes, et nous les définissons par les propriétés qui les distinguent. Alors la loi que nous devons nous faire, c'est de mettre de l'ordre dans nos idées pour nous les rappeler plus facilement. Il faut se tenir en garde contre le préjugé où l'on est communément, que les définitions dévoilent la nature des choses. Il seroit dangereux de s'y méprendre; les erreurs des physiciens en sont une preuve sensible. Ce n'est que dans les mathématiques, dans la morale et dans la métaphysique, que les définitions peuvent renfermer la nature des choses, c'est-à-dire, de quelques notions abstraites.

Quand nous considérons les différentes espèces que nous avons définies, nous voyons comment elles se distinguent plus ou moins.

Lorsqu'elles sont plus générales, il y a moins de rapports entre elles, moins de choses communes. Lorsqu'elles le sont moins, il y a plus de rapports, plus de choses communes. Ainsi les notions d'esprit et de corps sont très-distinctes; celles d'animal et de plante le sont encore : mais il y a telle espèce d'animal et telle espèce de plante qui se distinguent si peu, que les naturalistes s'y trompent, et c'est alors qu'il faut sur-tout se méfier des définitions. Pour faire des classes qui marquent exactement la différence de chaque espèce, il faudroit diviser et soudiviser jusqu'à ce qu'on fût parvenu à distinguer autant d'espèces que d'individus. Mais nos connoissances ne peuvent pas s'étendre jusques-là; et si, par des divisions renfermées dans de justes bornes, on met de l'ordre dans les idées, on brouille tout lorsqu'on veut trop diviser. Il m'eût, par exemple, été aisé de multiplier à l'infini les espèces de figures, je n'aurois eu qu'à copier les grammairiens et les rhéteurs; mais je n'aurois pas fait assez de soudivisions pour épuiser la matière, et j'en aurois trop fait pour l'intelligence de mon système.

Abus des préfaces. Les préfaces sont une autre source d'abus. C'est-là que se déploie l'ostentation d'un auteur qui exagère quelquefois ridiculement le prix des sujets qu'il traite. Il est très-raisonnable de faire voir le point où ceux qui ont écrit avant nous, ont laissé une science sur laquelle nous croyons pouvoir répandre de nouvelles lumières. Mais parler de ses travaux, de ses veilles, des obstacles qu'on a eus à surmonter, faire part au public de toutes les idées qu'on a eues ; non content d'une première préface, en ajouter encore à chaque livre, à chaque chapitre ; donner l'histoire de toutes les tentatives qui ont été faites sans succès ; indiquer sur chaque question plusieurs moyens de la résoudre, lorsqu'il n'y en a qu'un dont on veuille, et dont on puisse faire usage ; c'est l'art de grossir un livre pour ennuyer son lecteur. Si l'on retranchoit de ces ouvrages tout ce qui est inutile, il ne resteroit presque rien. On diroit que ces auteurs n'ont voulu faire que la préface des sujets qu'ils se proposoient de traiter : ils finissent, et ils ont oublié de résoudre les questions qu'ils avoient agitées.

Après avoir élagué les préfaces, les définitions inutiles, les mots dont on peut se passer, et mis les définitions à leur place et dans leur jour, il faut penser aux détails du style : car il y a des observations particulières au genre didactique.

Le principe de la plus grande liaison des idées doit être ici considéré par rapport à la capacité de l'esprit. En effet, moins les idées sont familières, moins l'esprit en peut embrasser à-la-fois. Ce ne sera donc pas assez de ne faire entrer dans une phrase que les idées qui peuvent naturellement s'y construire, il faudra encore examiner jusqu'à quel point elles doivent être étrangères au lecteur. Plus elles lui seront difficiles à saisir, moins on doit en faire entrer dans une même phrase. En suivant cette règle, on ne s'écartera pas du principe de la plus grande liaison, mais on l'observera d'une manière plus convenable.

Application du principe de la liaison des idées.

Le style des ouvrages didactiques demande donc qu'ordinairement les phrases en soient courtes. Il veut encore qu'il y ait entre elles une gradation sensible. Il n'aime point les passages brusques, à moins que les idées intermédiaires ne se suppléent facilement ; et il rejette les transitions, lorsqu'elles ne semblent faites que pour rapprocher des choses qui ne doivent pas naturellement se suivre. Il ne connoit qu'une manière de lier les idées; c'est de les mettre chacune à leur place. Par-là, il évite les longueurs et les redites, et il atteint à la plus grande précision.

Il est vrai que cette précision présentera quelquefois les choses si rapidement qu'elles échapperont aux lecteurs qui ne lisent pas avec assez de réflexion. Mais si on vouloit se mettre à leur portée, on seroit diffus à l'excès, et on le seroit souvent en pure perte. Un écrivain qui tend à la perfection, se contente d'être entendu de ceux qui savent lire. Il viendra un temps où personne n'osera lui faire le reproche d'obscurité.

Usage des exemples. Ce n'est pas assez que les pensées soient présentées dans tout leur jour, il est nécessaire que des exemples les rendent plus sensibles, mais il faut qu'il n'y en ait point trop pour les lecteurs instruits, et qu'il y en ait assez pour les autres. Ceux qui à la lumière joindront l'agrément, seront très-propres à cet effet; car on craindra moins de les prodiguer. Tout consiste à puiser dans de bonnes sources. J'ajouterai encore que si un exemple est nécessaire pour faire entendre une pensée, ce n'est pas par la pensée qu'il faut commencer, comme on fait communément, c'est par l'exemple.

L'instruction est sèche quand elle n'est pas ornée. Un écrivain doit imiter la nature qui donne de l'agrément à tout ce qu'elle veut nous rendre utile. Elle n'eût rien fait pour notre conservation, si les sensations qui nous instruisent n'eussent pas été agréables. Tracez-vous donc une route à travers les plus beaux paysages; que ce que l'architecture, la peinture ont de plus beau, y forme mille points de vues; en un mot, empruntez des arts et de la nature tout ce qui est propre à embellir la vérité. Cependant prenez garde de ne pas l'obscurcir; elle veut être ornée, mais elle ne veut rien qui la cache. Le voile le plus léger l'embarrasse. *Usage des ornemens.*

On ne sauroit donc trop étudier son sujet. D'abord il le faut dépouiller de tout ce qui lui est étranger, ensuite le considérer par *Le style didactique doit marquer l'intérêt qu'on prend aux vérités qu'on enseigne.*

rapport à la fin qu'on se propose, et n'employer pour l'embellir et pour le développer, que des idées qui se lient également à ces deux points fixes.

Dans les détails du style, il faut, parmi les tours qui se conforment à la plus grande liaison des idées, choisir ceux qui expriment l'intérêt qu'il est raisonnable de prendre aux vérités qu'on enseigne. Le style seroit ridicule, si les expressions marquoient un intérêt trop grand : il seroit froid, si elles n'en marquoient aucun. Quoique le propre du philosophe soit de voir, il n'est pas condamné à être privé de sentiment; et on s'intéresse peu aux matières qu'il traite, s'il ne paroit pas s'y intéresser lui-même.

Il doit se conformer aux règles exposées dans les livres précédens. Il observera tout ce que nous avons dit dans le premier livre, sur les constructions, et dans le second, sur les différentes espèces de tours; et il employera les figures, moins pour donner de l'agrément à son style, que pour répandre une plus grande lumière.

———

CHAPITRE III.

De la narration.

Les préceptes sont ici les mêmes. Toute narration a un objet, et dès-lors les circonstances et les ornemens sont déterminés, ainsi que les tours propres à inspirer l'intérêt qu'elle mérite. *Les règles sont les mêmes que celles que nous avons déjà exposées.*

Ce qu'il y a de particulier à l'histoire, c'est que la nécessité de rapporter des faits qui sont arrivés en même temps, ne permet pas de se passer de transitions. Mais les transitions ne doivent pas être des morceaux appliqués uniquement pour passer d'un fait à un autre : il faut les tirer du fond du sujet. Elles doivent exprimer les rapports qui sont entre toutes les parties, les lier par ce qu'elles ont de commun, ou par les oppositions qu'on remarque entre elles : époques, causes, effets, circonstances, etc. *Les transitions doivent être tirées du fond du sujet.*

Ce qui rend l'histoire difficile à écrire, c'est la multitude des choses dont elle fait *Règle pour choisir les faits.*

son objet et le grand nombre de connoissances nécessaires pour les traiter : religion, législation, gouvernement, droit public, politique, usages, mœurs, arts, sciences, commerce. C'est relativement à tous ces objets que les faits doivent être choisis et detaillés, et on doit négliger tout ce qui ne sert point à les faire connoître.

Celui qui entreprend d'écrire l'histoire d'un peuple est libre de ne pas l'embrasser dans toutes les parties. Mais, quoiqu'il se borne à quelques-unes, il faut qu'il ait étudié les autres; il faut sur-tout qu'il connoisse le gouvernement, auquel tout le reste est en quelque sorte subordonné. Car le gouvernement favorise les progrès de chaque chose ou y met obstacle ; mais lui-même il dépend du climat et de mille influences étrangères, morales et physiques. Il faut donc le considérer sous ce point de vue.

Si le gouvernement influe sur les mœurs, les mœurs influent sur le gouvernement. Quel que soit donc l'objet qu'un historien se propose, il doit encore connoître les mœurs. S'il les ignore, il n'aura pas de règle assez certaine pour le choix des faits, ou du moins il ne les développera qu'imparfaitement.

Il seroit à souhaiter que chaque historien écrivit sur les choses qu'il sait le mieux, et dont il est capable de faire connoître les commencemens, les progrès et la décadence. L'un s'appliqueroit à donner la connoissance des lois, l'autre du commerce, le troisième de l'art militaire, et ainsi du reste. *Un historien devroit avoir en vue un objet principal.*

Il est vrai, et je viens de le dire, qu'aucune de ces parties ne pourroit être bien traitée par celui qui ignoreroit tout-à-fait les autres; mais si on n'a pas assez étudié le gouvernement, les lois, la politique, pour en faire des tableaux bien détaillés, on pourra du moins les connoître assez pour écrire, par exemple, l'histoire militaire.

Par-là, on auroit du même peuple plusieurs histoires également curieuses et toutes propres à instruire chaque citoyen, suivant son état.

En général, Monseigneur, on ne peut bien écrire que sur les matières qu'on a approfondies. En effet, comment traiter un *Il faudroit qu'il l'eût approfondi.*

sujet, si on ne le connoît pas assez pour déterminer l'objet qu'on se propose; si on ne voit pas par où on doit commencer, par où on doit finir, et par où on doit passer? N'est-ce pas là ce qui doit déterminer jusqu'aux accessoires, dont il faut accompagner chaque pensée?

Style des récits. Le style de l'histoire doit être rapide dans les récits, précis dans les réflexions, grand et fort dans les descriptions et dans les tableaux. L'ordre doit régner par-tout, et les transitions ne sauroient être trop simples.

La rapidité des récits veut que les phrases soient courtes, et qu'on élague tous les détails inutiles à l'objet qu'on a en vue.

Des réflexions. La précision des réflexions consiste dans des maximes qui sont les résultats d'un grand nombre d'observations.

Des descriptions. Le style périodique convient particulièrement aux descriptions; car celui qui décrit peut rassembler plus d'idées que celui qui narre ou qui raisonne; et même il le doit. Une description est le tableau de plusieurs choses qui sont réunies, et qui ne font qu'un tout.

Il faut peindre d'après les faits. C'est d'après les faits qu'il faut peindre un homme, et non d'après l'imagination ; car les portraits ne sont intéressans qu'autant qu'ils sont vrais. La touche en doit être forte, les couleurs bien fondues. Un pinceau maniéré fait des peintures froides ; il s'appesantit sur des détails inutiles, et il dégrossit à peine les principaux traits. Il y a des écrivains qui ressemblent à ces peintres qui font bien une coëffure, une draperie, tout, excepté la figure.

Il faut un grand fonds de jugement pour bien faire un portrait, et la plupart de ceux qui se piquent d'exceller en ce genre, ont tout au plus ce qu'on appelle par abus *esprit*. Ils courent après les antithèses, ils s'épuisent pour trouver des distinctions fines, ils ne songent qu'à faire de jolies phrases, et la ressemblance est la seule chose dont ils ne sont pas occupés.

Les lois sont les mêmes pour les ouvrages d'invention, tels que les romans : car, soit que vous imaginiez les faits, soit que vous les preniez dans l'histoire, c'est toujours à l'objet que vous vous proposez à marquer les détails dans lesquels vous devez entrer, à mettre chaque chose à sa place, à donner

{Les lois sont les mêmes pour les romans.}

à chacune l'expression convenable, en un mot, à faire un ensemble dont toutes les parties soient bien proportionnées. La seule différence qu'il y ait entre celui qui écrit l'histoire et celui qui écrit des romans, c'est que le premier peint les caractères d'après les faits, et que le second imagine les faits d'après les caractères supposés.

Voilà les principes généraux : nous aurons plus d'une fois occasion de les appliquer.

CHAPITRE IV.

De l'éloquence.

Les peintres ont deux manières d'exécu- *L'éloquence veut*
ter un tableau destiné à être vu de loin. *de l'exagération dans le discours et dans l'action.*
Quoiqu'ils s'accordent tous à donner aux
figures une grandeur au-dessus du naturel,
les uns les finissent avec plus de détail, les
autres ne font, pour ainsi dire, que les dégrossir, assurés que l'air qui les sépare du
spectateur achèvera leur ouvrage. Vues de
près, les formes sont monstrueuses, les
couleurs sont discordantes; à mesure qu'on
s'éloigne, tout s'arrondit, tout s'adoucit;
les objets sont colorés et terminés comme
ils doivent l'être.

Or un discours oratoire est un tableau
vu dans l'éloignement. L'expression doit
donc en être un peu exagérée, ainsi que
l'action qui l'accompagne. L'une et l'autre
s'affoiblissent en venant jusqu'à nous.

L'orateur peut même négliger la correction. Si les traits propres à nous remuer ne sont pas oubliés, s'ils sont chacun à leur place, nous ne nous appercevrons ni des liaisons trop prononcées, ni des passages trop brusques, et son ouvrage nous paroîtra achevé. Mais il faut qu'il se souvienne que ses discours ne sont faits que pour être déclamés. Ils seroient trop près de nous si nous les lisions; nous n'y verrions que des masses informes, et nous serions choqués d'y trouver si peu d'accord.

Elle en veut même aux discours faits pour être lus.

Celui qui destine ses ouvrages à l'impression doit donc les corriger avec soin; mais qu'il prenne garde de les affoiblir ou d'en altérer le caractère.

Quand je lis en titre, *sermon*, *oraison funèbre*, *etc.*, je me mets naturellement à la place de l'auditeur, et je m'attends à trouver le style d'un orateur qui m'adresse la parole. C'est une illusion à laquelle je me prête, et dans laquelle le ton de tout le discours doit m'entretenir. Il faut donc que les traits, dessinés avec force, soient toujours un peu au-dessus du naturel. Mon imagination sera portée à les placer à un certain éloignement, et je les verrai dans leur véritable grandeur.

Avant même de parler, l'orateur doit émouvoir. L'action est la principale partie; elle nous prépare aux sentimens dont il veut nous pénétrer; elle frappe les premiers coups, et le discours qu'elle accompagne encore, achève l'impression.

L'action est la principale partie de l'orateur.

Un orateur sans action n'est qu'un beau discoureur; nous pouvons cueillir les fleurs qu'il sème, nous ne pouvons pas être émus. Mais aussi une action véhémente seroit ridicule si le discours n'y répondoit pas. Ces deux langages n'ayant qu'un objet, doivent y contribuer également; il faut qu'il y ait entre eux la plus grande harmonie.

L'orateur doit donc avoir une touche plus forte et plus grande, lorsque son caractère le porte à déclamer avec beaucoup d'action. Ses images seront plus exagérées, les contours seront dessinés plus rudement, et toutes les parties seront unies par des liens plus grossiers. La composition, néanmoins, n'aura rien de choquant pour l'auditeur, parce que tout y sera d'accord.

Un discours fait pour être prononcé, et un discours fait pour être lu, doivent être écrits avec quelque différence.

Il n'en sera pas de même aux yeux du lecteur. Quoique le seul titre de *sermon* ou *d'oraison funèbre* mette en quelque sorte sous les yeux l'action de celui qui déclamoit; cependant si cette action étoit forte et véhémente, il n'est pas naturel que l'imagination s'en présente toute la force et toute la véhémence. Elle ne placera donc pas les objets dans l'éloignement, d'où ils devroient être apperçus. Voilà pourquoi les figures qui ne paroissent pas exagérées à l'auditeur pourroient le paroître au lecteur. Il faut donc que l'orateur qui se fait imprimer diminue les figures, adoucisse les contours, et prononce moins les liaisons. Mais quelle règle se fera-t-il?

Les peintres, en pareil cas, ont un avantage : ils connoissent les rapports de la diminution des grandeurs aux distances; ils n'ont en quelque sorte qu'à prendre le compas, et, l'éloignement étant donné, ils savent la grandeur qu'ils doivent donner à chaque figure. S'ils ignoroient tout-à-fait l'optique, ils seroient privés d'un grand secours; mais le coup-d'œil que l'expérience leur donneroit, suffiroit peut-être pour conduire leur pinceau.

C'est aussi l'expérience qui doit éclairer l'orateur, lorsqu'il veut se faire imprimer.

S'il se met à la place des lecteurs, et s'il se lit de sang-froid, le sentiment lui apprendra comment il doit remanier ses compositions. Celles qui seront fort susceptibles d'action, il les retouchera davantage; il se contentera de donner de la correction aux autres. Il n'y a pas d'autres règles à suivre.

Les anciens, nos maîtres en éloquence, mettoient une grande différence entre les discours faits pour être prononcés et les discours faits pour être lus. C'est Aristote qui le remarque; et il ajoute que les premiers paroissent plats quand on les lit, et les autres secs quand on les récite. Cela devoit être, parce que l'accord étoit détruit.

Chez les Grecs et chez les Romains, l'éloquence n'étoit pas renfermée dans les objets dont elle s'occupe aujourd'hui, et en conséquence, elle avoit un caractère que nous n'avons pas pu lui conserver. Elle ne parloit pas à une populace ignorante; elle traitoit des affaires du gouvernement devant un peuple qui avoit part à la souveraineté. L'orateur, monté dans la tribune, trouvoit les esprits préparés par les

L'éloquence des anciens étoit différente de la nôtre.

circonstances. Il pouvoit, sans proférer un mot, émouvoir par sa seule attitude; et tout, jusqu'au silence qui régnoit, contribuoit à l'éloquence de son action. On juge quels devoient être alors ses discours pour entretenir et pour augmenter la première impression qu'il avoit faite; et on voit combien ils devoient perdre lorsqu'ils n'étoient plus dans sa bouche.

<small>C'est pourquoi nous n'adoptons pas l'idée qu'ils se faisoient de l'éloquence.</small>
Les anciens pensoient que l'éloquence emprunte toute sa force de l'action. L'action, selon eux, est la principale partie de l'orateur; elle est presque la seule nécessaire. En effet, quand on parle comme eux devant une multitude que divers intérêts agitent, il ne faut qu'émouvoir. Quelque instruite qu'on la suppose, elle ne raisonne pas, ou du moins elle ne raisonne pas de sang-froid; et pour la conduire, il suffit de paroître devant elle avec les passions qui la remuent.

L'action est également nécessaire à l'éloquence chrétienne, lorsque l'orateur se trouve dans ces temps malheureux où le zèle d'une part et le fanatisme de l'autre animent les partis. Mais lorsque tout est tranquille, et qu'on ne vient l'écouter que par devoir ou par curiosité, les grands mouvemens paroîtroient des convulsions. Aussi nos meilleurs orateurs ne se les permettent pas; ils se bornent presque à l'éloquence du discours; et parce que cette éloquence n'est pas à la portée de la multitude, ils ne parlent qu'à la partie la plus éclairée de leur auditoire; c'est-à-dire, à des hommes qui blâmeroient une action forte et véhémente, parce que l'usage du monde la leur interdit à eux-mêmes.

Voilà pourquoi nous n'adoptons pas les idées que les anciens se faisoient de l'éloquence. Bien loin de croire que l'action en soit la principale partie, à peine la jugeons-nous nécessaire, et nous admirons des orateurs qui n'en ont pas.

La plupart de nos orateurs pourroient imprimer leurs discours à-peu-près tels qu'ils les ont récités. Mais si le discours le plus éloquent est celui qui veut être accompagné de plus d'action, il est certain qu'il doit être écrit avec quelque différence, suivant qu'il est fait pour être prononcé ou pour être lu.

Règles que l'orateur doit suivre.

L'orateur doit connoître à fond la matière qu'il veut traiter, l'intérêt qu'y prennent ceux devant qui il parle, leur caractère, et toutes les circonstances qui ont quelque rapport à la situation où ils se trouvent et au sujet qu'il traite. Voilà ce qui doit tracer le plan de son discours et déterminer le choix des expressions propres à persuader et à émouvoir. Tour-à-tour il raisonnera, il peindra; mais il ne perdra jamais de vue la fin qu'il se propose, ni les hommes qu'il veut persuader. C'est par-là qu'il liera parfaitement toutes ses idées, et qu'il observera jusques dans le détail des phrases, les lois dont les livres précédens ont montré la nécessité.

CHAPITRE V.

Observations sur le style poétique, et par occasion, sur ce qui détermine le caractère propre à chaque genre de style (1).

En quoi la poésie diffère-t-elle de la prose? Cette question, difficile à résoudre, en fera naître plusieurs autres qui ne le seront guère moins; il n'y en a pas d'aussi compliquée. Si nous considérions la poésie et la prose d'une manière générale, la comparaison que nous en ferions ne nous donneroit que des résultats bien vagues; et si, considérant dans chacune les genres différens, nous voulions comparer genre à genre, il faudroit faire des analyses sans fin. Bornons-nous à quelques observations.

La question en quoi la poésie diffère de la prose est une des plus compliquées.

―――――――――

(1) Ce chapitre, tel qu'il est, n'auroit pas été à la portée du prince dans le temps que je lui ai fait lire l'Art d'écrire. Aussi n'a-t-il été fait que long-temps après.

Nous avons vu que le style doit varier suivant les sujets qu'on traite. Donc autant la poésie aura de sujets à traiter, autant elle aura de styles différens.

La poésie a un style différent de celui de la prose, lorsqu'elle traite des sujets différens;

Donc, encore, elle aura un style à elle toutes les fois que les sujets ne seront qu'à elle. Mais son style sera-t-il, au méchanisme près, le même que celui de la prose, toutes les fois qu'elle traitera les mêmes sujets?

Et lorsqu'en traitant les mêmes sujets, elle a une fin différente.

Il faut considérer si, en traitant les mêmes sujets, la poésie et la prose se font chacune une fin particulière, ou si toutes deux elles ont la même. Dans le premier cas, autant de fins différentes, autant de styles différens.

Comment la fin de la poésie diffère en général de la fin de la prose.

La fin de tout écrivain est d'instruire ou de plaire, ou de plaire et d'instruire tout-à-la-fois. Il plaît en parlant aux sens, en frappant l'imagination, en remuant les passions; il instruit en donnant des connoissances, en dissipant des préjugés, en détruisant des erreurs, en combattant des vices et des ridicules.

Ces deux fins, quoique différentes, ne s'excluent pas. Cependant, lorsqu'on a l'une et l'autre, on peut paroître n'avoir que l'une des deux ; on peut afficher qu'on ne veut que plaire, et néanmoins chercher encore à instruire; on peut afficher qu'on ne veut qu'instruire, et néanmoins chercher encore à plaire.

Telle est donc, en général, la différence qu'on peut remarquer entre le poëte et le prosateur; c'est que le premier affiche qu'il veut plaire ; et s'il instruit, il paroît cacher qu'il en ait le projet ; le second, au contraire, affiche qu'il veut instruire ; et s'il plaît, il ne paroît pas en avoir formé le dessein.

Les genres tendent toujours à se confondre. En vain nous les écartons pour les distinguer, ils se rapprochent bientôt, et aussitôt qu'ils se touchent nous n'appercevons plus entre eux les limites que nous avons tracées. Quelquefois le poëte, empiétant sur le prosateur, paroît afficher qu'il ne veut qu'instruire; quelquefois aussi le prosateur, empiétant sur le poëte, paroît afficher qu'il ne veut que plaire. Ils peuvent donc, en traitant les mêmes sujets, avoir encore la même fin.

Elles ont quelquefois la même fin.

Alors le style de l'un rentre dans le style de l'autre, et il est difficile de bien déterminer en quoi ils diffèrent. Cependant il doit y avoir encore quelque différence. En effet, si le méchanisme du vers annonce plus d'art, il faut, pour que tout soit d'accord, qu'il y ait aussi plus d'art dans le choix des expressions.

Lorsqu'une poésie traite les mêmes sujets que la prose et qu'elle a la même fin, elle doit encore avoir un style différent, parce qu'elle doit s'exprimer avec plus d'art.

Il y a donc trois choses à considérer dans le style, le sujet qu'on traite, la fin qu'on se propose, et l'art avec lequel on s'exprime. Les deux premiers peuvent être absolument les mêmes pour le poëte et pour le prosateur; il n'en est pas ainsi de la dernière. Elle est commune à l'un et à l'autre; mais elle ne l'est pas dans le même degré: le poëte doit écrire avec plus d'art.

Si, par conséquent la poésie a, comme la prose, autant de styles que de sujets, elle a encore un style à elle, lors même qu'elle traite les mêmes sujets que la prose et qu'elle a la même fin. Ce qui la caractérise, c'est de se montrer avec plus d'art et de n'en paroître pas moins naturelle.

Les analyses d'un côté et les images de l'autre, sont les genres les plus opposés.

Les genres les plus opposés sont, d'un côté, les analyses, et de l'autre les images;

et c'est en observant ces deux genres qu'on remarque une plus grande différence dans le style des écrivains.

Le philosophe analyse pour découvrir une vérité ou pour la démontrer. S'il emploie quelquefois des images, c'est moins parce qu'il veut peindre que parce qu'il veut rendre un vérité plus sensible, et les images sont toujours subordonnées au raisonnement.

Un écrivain qui veut peindre, et qui ne veut que peindre, écrit sur des vérités connues ou sur des opinions qu'on regarde comme autant de vérités. N'ayant pas besoin de décomposer ses idées, il les présente par masses ; ce sont des images où son sujet se retrouve jusques dans les écarts qu'il paroît faire. S'il raisonne, c'est uniquement pour donner plus de vérité aux tableaux qu'il fait; et ses raisonnemens, toujours surbordonnés au dessein de peindre, ne sont que des résultats précis, rapides et renfermés quelquefois dans une expression qui est une image elle-même.

La poésie lyrique est celle à qui ce caractère convient davantage. La plus grande différence est donc entre le style du philosophe et celui du poëte lyrique.

Entre ces deux genres sont tous ceux qu'on peut imaginer.

Dans l'intervalle que laissent ces deux genres sont tous ceux qu'on peut imaginer, et les styles diffèrent suivant qu'ils s'éloignent du style d'analyse pour se rapprocher du style d'images, ou qu'ils s'éloignent du style d'images pour se rapprocher du style d'analyse. L'ode, le poëme épique, la tragédie, la comédie, les épitres, les contes, les fables, etc., tous ces genres ont un caractère qui leur est propre, en sorte que le ton naturel à l'un est étranger à tous les autres; et si nous descendons aux espèces dans lesquelles chacun se soudivise, nous trouverons encore autant de styles différens.

Souvent il n'est pas possible de nous accorder sur les jugemens que nous portons du style propre à chaque genre.

Le style varie donc en quelque sorte à l'infini, et il varie quelquefois par des nuances si imperceptibles, qu'il n'est pas possible de marquer le passage des uns aux autres. Alors il n'y a point de règles pour s'assurer de l'effet des couleurs qu'on emploie; chacun en juge différemment, parce qu'on en juge d'après les habitudes qu'on s'est faites; et souvent on a bien de la peine à rendre raison des jugemens qu'on porte.

Nous n'avons tant de peine à nous accorder à ce sujet, que parce que les règles que nous nous faisons changent nécessairement comme nos habitudes, et sont, par conséquent, fort arbitraires. Nous voulons, tout-à-la-fois, dans le style, de l'art et du naturel; nous voulons que l'art s'y montre jusqu'à un certain point; nous en exigeons plus dans quelques genres, moins dans d'autres, et lorsqu'il est dispensé suivant les mesures arbitraires que nous nous sommes faites, il constitue le naturel, bien loin de le détruire. C'est ainsi que le langage d'un esprit cultivé est naturel, quoique bien différent du langage d'un esprit sans culture. *C'est que nous nous faisons des règles différentes, suivant les habitudes que nous avons contractées.*

Or nous entendons, par un esprit cultivé, un esprit qui joint l'élégance aux connoissances; et quand nous disons *élégance*, nous nous servons d'un mot dont l'idée soumise au caprice des usages, varie comme les mœurs, et n'est jamais bien déterminée. Mais comme il est donné à quelques personnes d'être des modèles de ce que nous *Les bons modèles dans chaque genre nous tiennent lieu de règles.*

appelons manières élégantes, il est donné à quelques écrivains d'être, dans leur genre, des modèles de ce que nous appelons style élégant, et leurs écrits nous tiennent lieu de règles.

Quoi qu'on entende donc par cette élégance, il est certain qu'elle ne doit jamais cesser de paroître naturelle; et cependant il n'est pas douteux qu'il ne faille beaucoup d'art pour la donner toujours au style. Si elle étoit uniquement fondée dans la nature des choses, il seroit facile d'en donner des règles; ou plutôt l'unique règle seroit de se conformer au principe de la plus grande liaison des idées. Mais parce qu'elle est, en partie, fondée sur des usages qui ne plaisent que par habitude, il arrive que si elle est, à certains égards, la même pour toutes les langues et pour tous les temps, elle est, à d'autres égards, différente d'une langue à l'autre, et elle change avec les générations. Voilà pourquoi l'étude des écrivains qui sont devenus des modèles est l'unique moyen de connoître l'élégance dont chaque genre de poésie est susceptible.

L'art entre donc plus ou moins dans ce que nous nommons naturel. Tantôt il ne craint pas de paroître, tantôt il semble se cacher; il se montre plus dans une ode que, dans une épître, dans un poëme épique que dans une fable. Si quelquefois il disparoit dans la prose, s'il faut même qu'il disparoisse, ce n'est pas qu'on écrive bien sans art, c'est que l'art est devenu en nous une seconde nature. En effet, pour juger combien il est nécessaire, il suffit de considérer que nous ne saurions écrire si nous n'avions pas appris.

Quand le style n'a pas tout l'art que le genre d'un ouvrage annonce, il est au-dessous du sujet; et, au lieu de paroître naturel il paroît trop familier ou trop commun; quand il en a plus, il est forcé ou affecté. Il n'est donc naturel, qu'autant que l'art est d'accord avec le genre dans lequel on écrit, et cet accord en fait toute l'élégance. Mais ce sont là des choses difficiles à déterminer lorsqu'il s'agit du style poétique, parce qu'il y entre plus d'arbitraire que dans celui de la prose.

Nous nous imaginons volontiers avoir

turel, parce qu'on est porté à prendre ce mot dans un sens absolu.

des idées absolues de toutes les choses dont nous parlons, jusques-là qu'il faut quelque réflexion pour remarquer que les mots *grand* et *petit* ne signifient que des idées relatives. Ainsi, lorsque nous disons que Racine, Despréaux, Bossuet et Madame de Sévigné écrivent naturellement, nous sommes portés à prendre ce mot dans un sens absolu, comme si le naturel étoit le même dans tous les genres; et nous croyons toujours dire la même chose, parce que nous nous servons toujours du même mot.

Nos jugemens à cet égard dépendent des dispositions où nous sommes.

Nous ne tombons dans cette erreur que parce que nous ne remarquons pas tous les jugemens que nous portons, et que néanmoins nos jugemens sont différens, suivant les dispositions où nous sommes; dispositions que nous ne remarquons pas davantage, et auxquelles nous obéissons à notre insu.

En effet, au seul titre d'un ouvrage, nous sommes disposés à désirer dans le style plus ou moins d'art, parce que nous voulons que tout soit d'accord avec l'idée que nous nous faisons du genre. Nous ne disons pas, à la vérité, ce que nous entendons par cet accord, nous ne déterminons rien à cet effet;

contens de sentir confusément ce que nous désirons, nous approuvons, nous condamnons, et nous supposons que le naturel est toujours le même, parce que la notion vague que nous attachons à ce mot se retrouve dans toutes les acceptions dont il est susceptible. Mais si nous savions observer le sentiment qui, en pareil cas, nous conduit mieux que la réflexion, nous verrions que toutes les fois que les genres diffèrent, nous sommes disposés différemment, et qu'en conséquence nous jugeons d'après des règles différentes.

Lorsque je vais commencer la lecture de Racine, mes dispositions ne sont pas les mêmes que lorsque je vais commencer celle de madame de Sévigné. Je puis ne pas le remarquer, mais je le sens; et, en conséquence, je m'attends à trouver plus d'art dans l'un et moins dans l'autre. D'après cette attente, dont même je ne me rends pas compte, je juge qu'ils ont écrit tous deux naturellement; et, en me servant du même mot, je porte deux jugemens qui diffèrent autant que le style d'une lettre diffère de celui d'une tragédie.

<small>Ce que nous nommons naturel, n'est que l'art tourné en habitude.</small>

Pour achever de déterminer nos idées sur ce que nous nommons *naturel*, il faut considérer que nous devons à l'art tout ce que nous avons acquis, et que proprement il n'y a de naturel en nous que ce que nous tenons immédiatement de la nature.

Or la nature ne nous fait pas avec telle ou telle habitude ; elle nous y prépare seulement, et nous sommes, au sortir de ses mains, comme une argile qui, n'ayant par elle-même aucune forme arrêtée, reçoit toutes celles que l'art lui donne. Mais parce qu'on ne sait démêler ce que ces deux principes sont, chacun séparément, on attribue au premier plus qu'il ne fait, et on croit naturel ce que le second produit. Cependant l'art nous prend au berceau, et nos études commencent avec le premier exercice de nos organes. Nous en serions convaincus si nous jugions des choses que nous avons apprises dans notre enfance par les choses que nous sommes obligés d'apprendre aujourd'hui, ou par celles que nous nous souvenons d'avoir étudiées.

Quand nous admirons, par exemple, dans un danseur le naturel des mouvemens et des attitudes, nous ne pensons pas sans doute qu'il se soit formé sans art ; nous jugeons seulement que l'art est en lui une habitude, et qu'il n'a plus besoin d'étude pour danser, comme nous n'en avons plus besoin pour marcher. Or l'art se concilie avec le naturel de la poésie comme avec celui de la danse ; et le poëte est, en quelque sorte, au prosateur, ce qu'est le danseur à l'homme qui marche.

Le naturel consiste donc dans la facilité qu'on a de faire une chose, lorsqu'après s'être étudié pour y réussir, on y réussit enfin sans s'étudier davantage ; c'est l'art tourné en habitude. Le poëte et le danseur sont également naturels lorsqu'ils sont parvenus l'un et l'autre à ce degré de perfection qui ne permet plus de remarquer en eux aucun effort pour observer les règles qu'ils se sont faites.

Mais à peine on a résolu une question sur cette matière qu'il s'en présente plusieurs autres. Qu'est-ce que l'art, demandera-t-on ? qu'est-ce que le beau qui en est l'effet ? et comment s'acquiert le goût qui juge du beau ? Il est certain que le naturel

<small>Pour déterminer le naturel propre à chaque genre de poésie, il faut observer les circonstances qui ont concouru à former le style poétique.</small>

propre à chaque genre de poésie, ne peut être déterminé qu'après qu'on aura répondu à toutes ces questions. Mais comment y répondre si on n'a pas des idées précises de ce qu'on nomme *art, beau* et *goût*? et comment donner de la précision à ces idées, si elles changent de peuple en peuple et de génération en génération? Il n'y a qu'un moyen de s'entendre sur un sujet si compliqué, c'est d'observer les circonstances qui concourent, suivant les temps et suivant les lieux, à former ce qu'on appelle dans chaque langue style poétique.

L'art n'est que la collection des règles dont nous avons besoin pour apprendre à faire une chose. Il faut du temps avant de les connoître, parce qu'on ne les découvre qu'après bien des méprises. Lorsque la découverte en est encore nouvelle, on s'applique à les observer, et les chef-d'œuvres se multiplient dans chaque genre. Bientôt, parce qu'on ne sait plus faire aussi bien en les observant, on les néglige dans l'espérance de faire mieux, et on fait plus mal. On finit comme on a commencé, c'est-à-dire, sans avoir de règles. Ainsi l'art a ses commencemens, ses progrès et sa décadence.

Il subit toutes les variations des usages et des mœurs. Il obéit sur-tout au caprice de ces écrivains qui, ayant tout-à-la-fois de la singularité et du génie, sont faits pour donner le ton à leur siècle. Ils changent donc continuellement nos habitudes ; et notre goût, qui varie avec elles, change aussi continuellement les idées que nous nous faisons du beau. C'est une mode qui succède à une autre, et qui, passant bientôt elle-même, est remplacée par une plus nouvelle. Alors on a pour toute règle que ce qui plait est beau, et on ne songe pas que ce qui plaît aujourd'hui ne plaira plus demain.

Notre goût éprouve les mêmes variations.

Ainsi que le mot *naturel*, les mots *beau* et *goût*, considérés dans la bouche de tous les peuples et de toutes les générations, n'offrent qu'une idée vague que nous ne saurions déterminer. Cependant tous les hommes parlent de la belle nature, et ils ne connoissent pas d'autre modèle ; mais ils ne la voient pas également bien, soit que tous n'aient pas la même habitude d'observer, soit qu'ils en jugent lorsqu'ils l'ont à peine

Ainsi que le mot naturel, les mots beau et goût n'ont d'ordinaire qu'un sens vague.

apperçue, soit enfin qu'ils l'observent d'après des préjugés qui ne permettent pas à tous de la voir de la même manière. Nos pères ont admiré des poëtes que nous méprisons. Ils les ont admirés, parce qu'ils ont cru voir la belle nature dans des poëmes informes ; nous les méprisons parce que nous trouvons la nature plus belle dans des poëmes écrits avec plus d'art.

Le beau se trouve dans les derniers progrès qu'ont fait les arts.

Du peu d'accord, à cet égard, entre les âges et les nations, il ne faudroit pas conclure qu'il n'y a point de règles du beau. Puisque les arts ont leurs commencemens et leur décadence, c'est une conséquence que le beau se trouve dans le dernier terme des progrès qu'ils ont faits. Mais quel est ce dernier terme ? Je réponds qu'un peuple ne le peut pas connoître lorsqu'il n'y est pas encore ; qu'il cesse d'en être le juge lorsqu'il n'y est plus, et qu'il le sent lorsqu'il y est.

Nous nous en ferons une idée, en observant un peuple chez qui les arts ont eu leur enfance et leur décadence.

Nous avons un moyen pour en juger nous-mêmes ; c'est d'observer les arts chez un peuple où ils ont successivement leur enfance, leurs progrès et leur décadence. La comparaison de ces trois âges donnera l'idée du beau, et formera le goût ; mais il faudroit, en quelque sorte, oubliant ce que nous avons vu, revivre dans chacun de ces âges.

Transporté dans celui où les arts étoient à leur enfance, nous admirerions ce qu'on admiroit alors. Peu difficiles, nous exigerions peu d'invention, encore moins de correction. Il suffiroit, pour nous plaire, de quelques traits heureux ou nouveaux ; et comme nous n'aurions encore rien vu, ces sortes de traits se multiplieroient facilement pour nous. *Jugemens que nous porterions si nous vivions dans le premier âge des arts.*

Dans le suivant, accoutumés à remarquer dans les ouvrages plus d'invention et plus de correction, il ne suffiroit plus de quelques traits pour nous plaire. Nous comparerions ce qui nous plairoit alors avec ce qui nous auroit plu auparavant. Nous nous confirmerions tous les jours dans la nécessité des règles ; et notre plaisir, dont les progrès seroient les mêmes que ceux des arts, auroit comme eux son dernier terme. *Jugemens que nous porterions dans le second âge.*

Nous verrions que ce qui a plu peut cesser de plaire ; que le plaisir, par conséquent, n'est pas toujours le juge infaillible de la bonté d'un ouvrage ; qu'il faut savoir comment et à qui on plaît, et que pour s'assurer un succès durable il faut, sans s'écarter des règles que les grands maîtres se sont prescrites, mériter les suffrages des hommes dont le goût s'est perfectionné avec les arts. Ils sont les seuls juges, parce que dans tous les temps on jugera comme eux, quand on aura comme eux beaucoup senti, beaucoup observé, beaucoup comparé.

Comment dans le second âge, on se fait l'idée du beau.

Les chef-d'œuvres du second âge nous offrent donc, à quelques défauts près, des modèles du beau. Ils sont ce que nous appelons la belle nature; ils en sont au moins l'imitation, et c'est en les étudiant que nous découvrons le caractère propre au genre dans lequel nous voulons écrire.

Je dis *à quelques défauts près*, parce que dans le second âge nous apprenons à connoître des défauts, ce qu'on ne sait pas faire dans le premier, où tout ce qui fait quelque sorte de plaisir est regardé comme parfait. Il faut avoir vu des chef-d'œuvres pour être capable de sentir ce qui manque, à certains égards, à ce qui est en général bien. C'est alors que, retranchant les défauts, nous imaginons un ouvrage correct dans toutes ses parties.

Il faut donc apporter dans l'étude des arts un esprit d'observation et d'analyse, pour imaginer un modèle d'un beau parfait. Par conséquent, il ne suffit pas de concevoir ce modèle pour en donner l'idée à d'autres ; il faut encore que ceux à qui on la veut communiquer soient également capables d'observer et d'analyser. Si on se contentoit de définir le beau, on ne le feroit pas connoître, parce que l'expression abrégée d'une définition ne sauroit répandre la même lumière qu'une analyse bien faite. Mais parce qu'une méthode analytique demande une explication dont peu d'esprits sont capables, les uns veulent des définitions, les autres en donnent, et on ne s'entend pas.

Tant que le goût fait des progrès, la passion pour les arts croît avec le plaisir qu'ils font. Lorsqu'il est parvenu à son dernier terme, cette passion cesse de croître, parce que le plaisir ne croît plus, et qu'il

Jugement que nous portons dans le troisième âge.

décroît au contraire, le beau n'ayant plus pour nous l'attrait de la nouveauté. Il arrive alors que, comme on juge avec plus de connoissance, on s'applique plus à voir les défauts qu'à sentir les beautés; or nous en voyons toujours, parce que les ouvrages de l'art ne sont jamais aussi parfaits que les modèles que nous imaginons. Cependant le plaisir de discerner jusqu'aux plus légères fautes, affoiblit, éteint même le sentiment, et ne nous dédommage pas des plaisirs qu'il nous enlève. Il en est ici de l'analyse comme en chymie ; elle détruit la chose en la réduisant à ses premiers principes. Nous sommes donc entre deux écueils. Si nous nous abandonnons à l'impression que le beau fait sur nous, nous le sentons sans pouvoir nous en rendre compte ; si, au contraire, nous voulons analyser cette impression, elle se dissipe, et le sentiment se refroidit. C'est que le beau consiste dans un accord dont on peut encore juger quand on le décompose ; mais qui ne peut plus produire le même effet.

Le goût commence donc à tomber aussitôt qu'il a fait tous les progrès qu'il peut faire; et sa décadence a pour époque le siècle qui se croit plus éclairé. Alors, parce qu'on raisonne mieux sur le beau, on le sent moins. On cherche des défauts dans les modèles qu'on a admirés; on se flatte de surpasser ces modèles, parce qu'on croit pouvoir éviter leur défaut; mais comme on les suit de loin, sans jamais les atteindre, on se dégoûte bientôt de marcher sur leurs traces: et prenant alors une autre route, dans l'espérance de les devancer, on s'égare tout-à-fait. C'est ainsi que le goût se déprave dans le troisième âge des arts; et il se déprave lorsque la carrière qui s'ouvre paroît ouvrir un champ plus libre; lorsqu'on plaint ceux qui se sont donné des entraves en se donnant des règles, et lorsque, se croyant plus éclairé, on ne veut plus suivre ce qu'on appelle son génie. Quelques beaux détails, souvent déplacés, peu d'accord, peu d'ensemble, point de naturel, un ton maniéré, recherché, précieux, voilà ce qu'on remarque alors dans les ouvrages.

De tout ce que nous avons dit, il résulte que le beau se trouve dans les chef-d'œuvres

Les chef-d'œuvres du second âge déterminent le naturel propre à chaque genre de style.

du second âge. Voulez-vous donc savoir en quoi la poésie diffère de la prose, et comment elle varie son style dans chaque espèce de poëme? Lisez les grands écrivains qui ont déterminé le naturel propre à chaque genre ; étudiez ces modèles ; sentez, observez, comparez. Mais n'entreprenez pas de définir les impressions qui se font sur vous, craignez même de trop analyser. Il faut le dire, rien n'est plus contraire au goût que l'esprit philosophique : c'est une vérité qui m'échappe.

<small>L'accord entre le sujet, la fin et les moyens, fait toute la beauté du style.</small>

Il ne s'agit donc pas de nous engager jusques dans les dernières analyses. Il suffit de considérer, en général, que ce n'est pas assez, pour bien écrire, de produire des sentimens agréables ; il faut produire ceux qui doivent naître du sujet qu'on traite, et qui doivent tendre à la fin qu'on se propose. En un mot, l'accord entre le sujet, la fin et les moyens fait toute la beauté du style.

<small>Il suppose que les idées s'offrent dans la plus grande liaison.</small>

Cet accord suppose que les idées s'offrent dans une si grande liaison, qu'elles paroissent s'être arrangées d'elles-mêmes et sans étude de notre part. C'est un principe que nous avons suffisamment développé. Mais si ce principe détermine, en général, ce qui rend le style naturel, il ne suffit pas pour déterminer le naturel propre à chaque genre.

Pourquoi trouve-t-on dans la Henriade de M. de Voltaire le style de l'épopée; dans les tragédies de Racine, celui de la tragédie; et dans les odes de Rousseau, celui du poëme lyrique? et pourquoi serions-nous choqués si ces genres différens empruntoient le style les uns des autres? c'est que chacun d'eux est dans notre esprit le résultat de différentes associations d'idées, d'après lesquelles nous jugeons, quoiqu'il nous soit difficile de dire en quoi elles consistent. Nous voyons seulement qu'elles sont l'ouvrage des grands écrivains qui ont su nous plaire; et que, les ayant adoptées parce qu'elles nous ont plu, le seul moyen de nous plaire encore est de les adopter avec nous.

Il dépend de différentes associations d'idées, qui déterminent le caractère propre à chaque genre.

Le style poétique est donc, plus que tout autre, un style de convention; il est tel dans chaque espèce de poëme. Nous le distinguons de la prose au plaisir qu'il nous

Ces associations d'idées varient comme l'esprit des grands poëtes, et rendent le style poétique tout-à-fait arbitraire.

fait, lorsque l'art, se conciliant avec le naturel, lui donne le ton convenable au genre dans lequel un poëte a écrit ; et nous jugeons de ce ton d'après les habitudes que la lecture des grands modèles nous a fait contracter. C'est tout ce qu'on peut dire à ce sujet. En vain tenteroit-on de découvrir l'essence du style poétique ; il n'en a point. Trop arbitraire pour en avoir une, il dépend des associations d'idées qui varient comme l'esprit des grands poëtes ; et il y en a d'autant d'espèces qu'il y a d'hommes de génie capable de donner leur caractère à la langue qu'ils parlent.

Elles varient comme l'esprit des peuples.

Si ces associations varient comme l'esprit des poëtes, elles varient, à plus forte raison, comme l'esprit des peuples qui, ayant des usages, des mœurs et des caractères différens, ne sauroient s'accorder à associer toutes leurs idées de la même manière. C'est pourquoi de deux langues également parfaites, chacune a ses beautés, chacune a des expressions dont l'autre n'a point d'équivalent ; elles luttent, pour ainsi dire, dans la traduction, tour-à-tour avec avantage, et rarement, à forces égales.

Cependant, soit que les beautés appartiennent exclusivement à une langue, soit qu'elles puissent passer d'une langue à une autre, elles n'en sont pas moins naturelles ; c'est que rien n'est plus naturel que des associations d'idées dont nous nous sommes fait un habitude.

Si ces associations étoient les mêmes chez tous les peuples, les genres de style auroient dans toutes les langues, chacun le même caractère, et il seroit plus facile de remarquer en quoi ils se distingueroient les uns des autres. Mais puisqu'elles varient, il est évident que les observations qu'on feroit sur ce sujet donneroient d'une langue à l'autre des résultats tout différens.

<small>Les observations qu'on feroit à ce sujet donneroient d'une langue à l'autre des résultats différens.</small>

L'accord dont nous avons parlé, et qui, comme nous l'avons dit, fait tout le naturel du style, consiste donc, en partie, dans le développement des pensées, suivant la plus grande liaison des idées, et en partie, dans certaines associations qui sont particulières à chaque genre de poëme.

<small>C'est donc une chose sur laquelle ou ne peut point donner de règles générales.</small>

Le développement des pensées doit se faire dans toutes les langues, suivant la plus grande liaison des idées. Toutes, à cet égard, sont assujetties aux mêmes lois, parce que ce sont, comme nous l'avons fait voir, autant de méthodes analytiques qui ne diffèrent que parce qu'elles se servent de signes différens. Les associations d'idées, au contraire, sont différentes d'une langue à l'autre, et par conséquent elles ne sauroient être soumises à aucune loi générale. On voit donc que les observations dans lesquelles elles nous engageroient, se multiplieroient à l'infini, et qu'il faut se borner à les étudier dans les écrivains qui sont devenus des modèles.

Ces associations d'idées font que le style de la poésie différoit pour les anciens tels de la nôtre, qu'il n'en diffère pour nous.

On remarque sur-tout une grande différence entre les associations d'idées, quand on compare les langues mortes aux langues modernes, et on sent que, pour les anciens, le style de la poésie différoit plus que pour nous de celui de la prose. Pourquoi donc n'en paroissoit-il pas moins naturel? C'est qu'il avoit emprunté son caractère des usages, des mœurs et de la religion; et que les choses les plus étonnantes, ou même les plus absurdes, sont naturelles pour un peuple lorsqu'elles sont dans l'analogie de ses habitudes et de ses préjugés. La fable étoit un champ fécond, sur-tout pour les poëtes grecs, qui, en qualité d'historiens et de théologiens, ont été long-temps les seuls dépositaires des traditions et des opinions. Nés avec le génie de l'invention, ils ont voulu intéresser, par le merveilleux, des peuples à qui le merveilleux paroissoit seul vraisemblable, et, changeant les traditions au gré de leurs caprices, ils ont créé un système de poésie, où tout est à-la-fois extraordinaire et naturel, et qui, par cette raison, est le plus ingénieux qu'on pût imaginer.

Les fables devoient naître chez des peuples aussi crédules que les Grecs, et elles devoient être ingénieuses pour plaire à des hommes dont le genre de vie étoit simple, qui avoient en général des mœurs douces, dont le goût se portoit à la culture des arts, et chez qui l'allégorie devenoit la langue de la morale et le dépôt de la tradition.

Comment le langage de fiction est devenu pour les Grecs le langage de la poésie.

Comment le monde a-t-il été formé ? quel culte les dieux exigent-ils de nous ? quels ont été les commencemens de chaque société ? et quel gouvernement est plus favorable au bonheur des citoyens ? Voilà les premiers objets de la curiosité des Grecs dans le temps même où leur ignorance étoit la plus profonde. La poésie qui seule pouvoit alors répandre les connoissances et les préjugés, se chargea de répondre à toutes ces questions. Elle enseigna la religion, la morale, l'histoire; et paroissant avoir présidé dans le conseil des dieux, elle expliqua la formation de l'univers.

Ignorante elle-même, elle ne pouvoit répondre que par des allégories ingénieuses. Mais enfin elle répondoit, et c'en étoit assez pour contenter des peuples qui n'étoient pas moins ignorans. Elle prit ses premières fictions dans la tradition confuse des événemens, dont l'éloignement ne permettoit de connoître ni les causes ni les circonstances. Elle en imagina d'autres sur ce modèle, et se voyant applaudie, elle s'enhardit à en imaginer encore. C'est ainsi qu'elle se fit ce langage allégorique qui intéressa tout-à-la-fois et par les objets dont elle s'occupoit, et par la manière dont elle les traitoit; et la passion avec laquelle elle fut cultivée, consacra d'autant plus ce langage, qu'elle lui dut les succès les plus grands et les plus rapides.

Les nations qui ont envahi l'empire romain, quoique assez ignorantes pour avoir des fables, n'avoient pas et ne pouvoient pas avoir ce génie qui embellit jusqu'aux traditions les plus absurdes. Passant tout-à-coup de la privation des choses les plus nécessaires aux superfluités du luxe, tout les éloignoit de cette vie simple où les Grecs avoient été placés par d'heureuses circonstances. Les lois leur manquoient; elles ne s'en appercevoient pas, et, par conséquent, elles ne pensoient pas à rendre intéressantes des études qu'elles n'imaginoient pas de faire. Sans aucune sorte de curiosité, elles se trouvoient, au sortir des forêts, dans des provinces abondantes où elles jouissoient brutalement des richesses dont elles ne connoissoient pas encore l'usage. Enfin elles ne sentoient que le besoin d'envahir, et l'avidité les rendant tous les jours plus féroces, elles ne paroissoient armées que pour détruire les arts.

Les peuples modernes n'ont pas pu imaginer de pareilles fictions.

Quand elles auroient été capables d'imaginer des fictions, la religion chrétienne n'auroit pas permis d'en mêler à ses dogmes. La vérité, qui se conservoit dans la tradition, ne pouvoit souffrir qu'on l'altérât. D'ailleurs une religion qui ne parloit pas aux sens ne pouvoit pas enrichir la langue de la poésie.

Ils ont adopté celles des anciens et ils les ont cru essentielles à la poésie.

Les circonstances ne nous ayant pas donné, à cet égard, le génie ni même le désir d'inventer, nous avons puisé chez les anciens, et nous nous sommes crus poëtes en adoptant leur système de poésie, comme nous nous sommes crus savans en adoptant leurs opinions. Mais les fictions de la mythologie ne peuvent être à leur place que dans des sujets où les anciens les employoient eux-mêmes. Hors de-là, elles sont tout-à-fait déplacées, parce qu'elles ne sont analogues ni à nos mœurs, ni à nos préjugés. La poésie n'en a donc plus le même besoin, et si on n'avoit aujourd'hui que le talent d'en faire usage, il seroit aussi ridicule de se croire poëte qu'il le seroit de se croire bien mis avec les vêtemens des anciens.

Je conviens que, lorsque nous lisons les Grecs ou les Romains, ces fictions ont le même droit de nous plaire qu'à eux ; parce qu'alors nous nous représentons leurs mœurs, leurs usages, leur religion, et que nous devenons en quelque sorte leurs contemporains. Voilà sans doute ce qui les a fait juger essentielles à la poésie, comme si la poésie devoit être nécessairement dans tous les temps ce qu'elle a d'abord été. On n'a pas vu que lorsque ces fictions sont transportées dans des temps où elles sont en contradiction avec les idées reçues, elles perdent toutes leurs graces, et qu'elles n'ont plus ce naturel d'opinion qui en fait tout le prix. Cependant on auroit pu remarquer que les poëmes où elles sont plus nécessaires sont, aujourd'hui, ceux qui réussissent le moins.

Enfin nous commençons à faire, tous les jours, moins usage de la mythologie, et il me semble que c'est avec raison. Pour être poète, Rousseau n'en a pas besoin, lorsqu'il est soutenu par les grandes idées de l'écriture; mais lorsque cet appui lui manque, il en trouve un bien foible dans des fables trop peu analogues à nos opinions, et trop usées pour embellir des pensées communes.

Des circonstances différentes ont donné à notre poésie un caractère différent de celui de la poésie ancienne.

La poésie, changeant de caractère suivant les temps et les circonstances, a cherché, dans la philosophie, un dédommagement aux secours qu'elle ne trouve plus dans la fable, et elle s'est ouvert une nouvelle carrière. Tout préparoit cette révolution. Comme la langue grecque s'est perfectionnée, lorsque les fables étoient chères aux Grecs et s'en faisoient respecter, parce qu'elles faisoient partie du culte religieux, notre langue s'est perfectionnée précisément dans le siècle où la vraie philosophie a pris naissance parmi nous. Voilà pourquoi, toujours jalouse d'être claire et précise, elle est, plus qu'aucune autre, attachée au choix des expressions. Elle n'aime que le mot propre ; elle est peut-être la seule qui ne connoisse point de synonymes ; elle veut que les métaphores soient de la plus grande justesse ; elle rejette tous les tours qui ne disent pas, avec la dernière précision, ce qu'elle veut dire.

On a dit que Pascal a deviné ce que deviendroit notre langue. Il seroit mieux de dire qu'il est un de ceux qui a le plus contribué à la rendre telle qu'elle est aujourd'hui.

Il a fait ce qu'on veut qu'il ait deviné. Son goût cherchoit l'élégance, son esprit philosophique cherchoit la clarté et la précision, et son génie a trouvé tout ce qu'il cherchoit. Ses ouvrages, qui étoient entre les mains de tout le monde, ne pouvoient manquer de faire goûter ce choix d'expressions qui en fait le prix ; et dès-lors on s'accoutumoit à exiger de tous les écrivains la même clarté, la même précision et la même élégance.

Depuis Pascal, la vraie philosophie a fait de nouveaux progrès, et elle en a fait faire de semblables à notre langue ; il falloit même que la lumière qui croissoit se répandit également sur toutes deux, s'il est vrai comme nous l'avons dit dans la grammaire, qu'il n'y a de clarté dans l'esprit qu'autant qu'il y en a dans le discours. Notre langue est donc devenue simple, claire et méthodique, parce que la philosophie a appris à écrire, même aux écrivains qui n'étoient pas philosophes.

Quand une fois la clarté et la précision font le caractère d'une langue, il n'est plus possible de bien écrire sans être clair et précis. C'est une loi à laquelle les poëtes mêmes sont forcés de se soumettre, s'ils veulent s'assurer des succès durables. Ils se tromperoient s'ils s'en reposoient sur leur enthousiasme ou sur leur réputation. Il n'y a que la justesse des expressions qui puisse accréditer les tours qu'il leur est permis de hasarder; et, à cet égard, la poésie française est une des plus scrupuleuses.

Nous jugeons les poëtes plus de sévérité que ne faisoient les Grecs.

Les poëtes grecs écrivoient pour la multitude qui les écoutoit et qui ne les lisoit pas. Nos poëtes, au contraire, écrivent pour un petit nombre de lecteurs qui ne les jugent qu'après les avoir lus. Il est donc à présumer que la poésie est aujourd'hui jugée plus sévèrement.

Il est vrai qu'il ne faudroit pas confondre le peuple d'Athènes avec la populace de nos grandes villes. Mais les peuples à qui Homère récitoit ses poésies n'avoient pas le goût des Athéniens du temps de Périclès. D'ailleurs une multitude qui écoute n'est jamais aussi difficile qu'un lecteur.

Peut-être, dira-t-on, que ceux qui lisoient alors pouvoient juger avec autant de sévérité que nous-mêmes. Mais il est plus naturel de penser qu'accoutumés à applaudir dans la place publique à des choses que nous blâmerions, ils continuoient d'y applaudir dans leur cabinet; ou que, si quelquefois ils les critiquoient, il leur étoit plus ordinaire de les approuver par préjugé.

Quelque éclairée d'ailleurs que fût la multitude qui faisoit en Grèce le succès des poëmes, pouvoit-elle l'être autant qu'un petit nombre de lecteurs dont le goût s'est formé tout-à-la-fois par la lecture des grands modèles anciens et modernes, par l'usage du monde, et par les progrès de la vraie philosophie?

Jugés aujourd'hui plus sévèrement, les poëtes se jugent eux-mêmes avec plus de sévérité. Ils donnent donc plus de soin à leurs ouvrages ; ils sont plus scrupuleux sur le choix des expressions ; et la plus grande correction est devenue le caractère distinctif de leur style. Autrefois, assurés de plaire, lorsqu'ils entretenoient la Grèce de ses jeux, de son histoire et de ses fables, ils l'étoient encore lorsqu'ils flattoient des oreilles délicates portées à faire au moins quelques sacrifices à l'harmonie.

Par conséquent les poëtes eux mêmes se jugent aujourd'hui plus sévèrement.

Aujourd'hui que ces ressources leur manquent, ils sont forcés de chercher un dédommagement dans l'exacte vérité des images et dans la plus grande correction du style.

Ils perdent les ressources que la mythologie leur offroit, et ils en cherchent d'autres dans la philosophie.

En rejetant la mythologie, la poésie a perdu bien des fictions. Si le Tasse en a fait trouver de nouvelles dans d'autres préjugés, elle les perd encore parce que ces préjugés ne subsistent plus. Voilà bien des images qui cessent de se former sous son pinceau, et cependant, elle doit toujours peindre. Il est vrai que ses ressources diminuent à cet égard; elles se multiplient d'un autre côté, à mesure que les progrès de la philosophie lui offrent de nouveaux objets. Mais les vérités ne se peignent pas avec la même facilité que les préjugés; elles n'ouvrent pas la même carrière à l'imagination; elles obligent à une précision plus scrupuleuse, et, par conséquent, il faut plus de génie pour être poëte. M. de Voltaire est un modèle dans ce genre de poésie.

La poésie italienne a un caractère différent de la poésie française, parce qu'elle a commencé dans des circonstances différentes.

La poésie a commencé en Italie avec le quatorzième siècle, c'est-à-dire, long-temps avant la naissance de la vraie philosophie; et, par conséquent, dans des circonstances bien différentes de celles où elle a commencé en France. C'est pourquoi les poëtes italiens prenant, comme les nôtres, les anciens pour modèles, n'ont pas pu les imiter avec le même discernement. Ils ont mêlé le sacré et le profane ; ils ont forcé leur langue à se plier au génie de la langue latine; ils n'ont pas senti la nécessité d'être toujours précis.

N'ayant pas une seule capitale dont l'usage fût la règle du goût, et dans la nécessité néanmoins de se faire une règle quelconque, les italiens ont établi pour principe qu'une expression est poétique lorsqu'elle se trouve dans un poëte qui a laissé un nom après lui. Ainsi le Dante et Pétrarque sont pour eux des autorités infaillibles. Si les mots, si les tours dont ils se sont servis l'un et l'autre ne sont plus usités, la prose seule les a perdus, et la poésie les revendique. On est convenu de les lui conserver, et la langue qu'elle parle est une langue morte.

Aujourd'hui cependant, même en Italie, peu de personnes étudient cette langue ; et peut-être n'est-il pas possible de la savoir parfaitement. Si nous avons de la peine à saisir la vraie différence entre des expressions analogues qui nous sont familières, et s'il nous arrive quelquefois de ne savoir laquelle choisir, cet inconvénient se répétera bien plus souvent lorsque nous écrirons dans une langue que nous ne parlons plus. Parce qu'une même idée sera commune à plusieurs mots, on supposera qu'ils ont exactement la même signification. On n'imaginera donc pas de chercher les accessoires qui leur donnent des acceptions différentes ; on les regardera comme de vrais synonymes ; on les emploiera indifféremment ; l'harmonie seule décidera du choix, et la poésie ne sera plus que dans les mots.

Cependant les Italiens se vantent d'avoir une langue pour la poésie, une autre pour la prose, et ils nous plaignent de n'en avoir qu'une pour les deux. Mais au temps du Dante et de Pétrarque, ils n'en avoient qu'une comme nous, et aujourd'hui, s'ils en ont deux, c'est plutôt pour la commodité des versificateurs que pour l'avantage de la poésie. Le poëte le plus élégant que l'Italie ait produit, Métastase, a cru en avoir assez d'une seule; il n'affecte pas ce langage poétique qui tiendroit lieu de génie à tout autre.

Comme nous avons connu les poëtes grecs et latins avant d'avoir des poëtes nous-mêmes, le style poétique, tel que nous l'avons conçu, n'a pu avoir assez d'analogie ni avec nos préjugés, ni avec nos mœurs. Supposant néanmoins qu'il doit toujours être le même, nous avons imaginé une espèce d'essence qui, selon nous, le détermine, et dont nous ne saurions nous faire aucune idée. Delà ces préjugés, qu'il n'y a plus de poésie si on renonce au merveilleux de la fable; qu'on ne peut être juge d'un poëme si on n'a pas lu les anciens; et qu'on n'est pas poë'e si on ne suit pas scrupuleusement leurs traces. On ne doute pas qu'il ne faille se connoître en vers latins ou en vers grecs pour se connoître en vers français.

Cependant, lorsque nous-mêmes nous n'avions pas encore de poëtes, nous lisions ceux de la Grèce ou de Rome, sans avoir le goût que demande cette lecture. Peu capables d'en sentir les beautés, nous les

L'idée vague qu'on a eue de la poésie a occasioné bien des préjugés.

jugions sur leur réputation. Nous ne pouvions donc nous faire de la poésie qu'une idée bien confuse, et nous ne la connoissons mieux que depuis que nous avons des poëtes et que nous en avons de bons.

Plus les langues qui méritent d'être étudiées se sont multipliées, plus il est difficile de dire ce qu'on entend par poésie, parce que chaque peuple s'en fait une idée différente, et que tous étant convenus d'en trouver le vrai langage dans le style des poëtes de l'antiquité, tous s'accordent à le trouver dans un style qui n'est celui d'aucun d'eux en particulier.

Cet accord a jeté dans plusieurs erreurs. Il a empêché de voir que la poésie a un naturel de convention qui varie nécessairement d'une nation à l'autre. Il est cause que nous n'avons eu une poésie à nous, qu'après avoir vainement tenté d'en avoir une étrangère à notre langue. Enfin il a fait croire que nous pouvions nous essayer avec le même succès dans toutes les espèces de poëmes dont l'antiquité a laissé des modèles.

Les poëtes se forment en étudiant Les Grecs ont eu le bonheur de n'avoir pas eu à chercher la poésie chez d'autres peuples plus anciens. Ils l'ont trouvée chez eux ; elle est née de leurs préjugés et de leurs mœurs ; elle s'est perfectionnée sans qu'ils eussent prévu ce qu'elle deviendroit. En un mot, ils ne la cherchoient pas comme nous, et par cette raison, elle a pris sans effort, le caractère qu'elle devoit prendre. Malgré leur goût pour les subtilités et pour la dispute, on ne voit pas qu'ils aient imaginé d'agiter toutes les questions des modernes sur l'essence de la poésie et sur ses différentes espèces.

leur langue plutôt qu'en étudiant les anciens.

Il ne faut donc pas croire que nos poëtes se soient formés principalement en lisant les anciens. S'ils le disent quelquefois, c'est une modestie affectée ; ou si elle est sincère, ils se trompent eux-mêmes. Ils sont devenus poëtes comme ils le seroient devenus, s'il n'y avoit eu avant eux ni Grecs ni Romains. Ils le sont, parce qu'ils ont consulté la langue qu'ils parloient plutôt que les langues mortes. En un mot, ils le sont en France comme on l'a été en Grèce. Ce n'est pas qu'il faille *négliger d'étudier les anciens* ; mais cette étude n'est utile qu'aux poëtes déjà formés et qui, ayant assez de goût pour prendre le beau par-tout où il se trouve, ont assez d'art pour l'accommoder aux préjugés et aux mœurs de leur siècle. Si les langues mortes sont des sources où ils peuvent puiser, il faut qu'ils soient déjà grands poëtes pour adapter à leur langue des beautés étrangères.

<small>On condamne un nouveau genre de poësie parce qu'il n'a pas été connu des anciens.</small>

Comme nous avons cru pouvoir nous approprier tous les genres de poésie que les anciens ont créés, nous avons condamné ceux qui nous sont propres, lorsqu'ils n'en ont pas été connus. Voilà la raison des critiques qu'on a faites de l'opéra et du mépris qu'on a eu pour Quinault. Cependant tout le tort de ce grand poëte est d'avoir créé un genre; c'est, si je puis m'exprimer ainsi, d'avoir fait des opéra avant les anciens. On auroit dû lui savoir gré d'avoir imaginé un poëme qui met sous nos yeux le merveilleux de la mythologie.

<small>C'est au génie des poëtes à déterminer le naturel propre à chaque genre.</small>

L'épopée, la tragédie, la comédie, et tous les genres dont l'antiquité nous a laissé des modèles, ont subi, chez les nations de l'Europe, les révolutions qui se sont faites dans les mœurs. Les noms d'épopée, de tragédie, de comédie se sont conservés ; mais les idées qu'on y attache ne sont plus absolument les mêmes, et chaque peuple a donné, à chaque espèce de ces poëmes, différens styles, comme différens caractères. Des règles générales sur cette matière seroient donc sujettes à une infinité d'exceptions ; les questions naîtroient les unes des autres, et notre esprit ne sauroit où se fixer. Il ne reste qu'à observer les mœurs et les préjugés de la nation pour laquelle on écrit.

Si l'esprit national préfère les images à la lumière ; le langage sera susceptible de tours plus variés et plus hardis ; il sera plus circonspect, plus méthodique et plus uniforme, si l'esprit national préfère la lumière aux images. Les poëtes étudient cet esprit en observant les impressions qu'ils ont faites ; ils l'étudient en observant les tours que l'usage autorise. Ils s'appliquent à saisir le fil de l'analogie ; et, lorsqu'ils l'ont saisi, c'est à leur génie à déterminer le naturel propre au genre dans lequel ils écrivent.

Lorsqu'on s'obstine à disputer sur les *Les poëmes doivent être écrits en vers.*

essences, il arrive qu'on ne sait plus ce que les choses sont. Quelques modernes ont avancé qu'on peut faire des odes, des poëmes épiques et des tragédies en prose. Mais la gloire d'un pareil paradoxe ne pouvoit appartenir ni à un Corneille, ni à un Racine, ni à un Voltaire. Il a échappé aux Grecs qui étoient faits pour épuiser toutes les opinions, jusqu'aux plus étranges (1); et s'il a été soutenu de nos jours, c'est que plus on considère la poésie dans les variations qu'elle éprouve, plus il est difficile de s'arrêter à une même idée. a versification est nécessaire à l'ode et à l'épopée, parce que le ton de ces poëmes ne rentre dans le naturel qu'autant qu'on est continuellement averti que ce sont des ouvrages de l'art ; on n'y trouveroit plus la sorte de naturel qu'on y cherche, si la versification en étoit bannie. Le Télémaque, qu'on donne pour un poëme écrit en prose, est une nouvelle

---

(1) Les Grecs ont eu un préjugé bien différent ; car il a été un temps où ils n'imaginoient pas qu'on pût écrire l'histoire, ni haranguer le peuple, autrement qu'en vers.

preuve que les genres tendent à se confondre. On pourroit le regarder comme une espèce particulière qui tient de l'épopée et du roman.

La tragédie ne représente pas les hommes tels que nous les voyons dans la société ; elle peint un naturel d'un ordre différent, un naturel plus étudié, plus mesuré, plus égal. Le méchanisme du vers est donc nécessaire pour mettre de l'accord entre les personnages qu'elle introduit et les discours qu'elle leur prête ; elle plaira plus, étant versifiée médiocrement, qu'étant bien écrite en prose.

Il y a des comédiens qui, en récitant la tragédie, s'appliquent à rompre la mesure des vers, jugeant que le naturel, dans la bouche d'un personnage tragique, doit être le même que dans la leur. Mais les mêmes raisons qui demandent qu'elle ne soit pas écrite en prose, demandent aussi qu'on la déclame de manière à laisser appercevoir qu'on récite des vers. D'ailleurs, comme il n'est pas possible de rompre toujours la mesure, il en résulte que le comédien paroît parler tantôt en vers, tantôt en prose, et cette bigarrure ne peut pas le faire paroître plus naturel.

Dans la comédie, les objets, plus ou moins rapprochés, paroissent s'écarter des spectateurs avec des directions contraires, suivant les mœurs des personnages qu'elle introduit sur la scène. Quelquefois elle s'élève jusqu'au tragique, d'autres fois elle descend jusqu'au burlesque; d'ordinaire elle se tient entre ces deux extrêmes. Le ton qu'elle affiche décidera s'il est à propos de la versifier. On peut, par exemple, l'écrire en prose, on le doit même, lorsqu'elle peint la vie privée, sans rien exagérer, ou du moins en n'exagérant qu'autant qu'il est nécessaire pour faire ressortir toutes les parties des tableaux qu'elle met sous les yeux.

Conclusion. En général, il suffit d'observer qu'il y a dans la poésie, comme dans la prose, autant de naturels que de genres; qu'on n'écrit pas du même style une ode, un poëme épique, une tragédie, une comédie, et que cependant tous ces poëmes doivent être écrits naturellement. Le ton est déterminé par le sujet qu'on traite, par le dessein qu'on se propose, par le genre qu'on choisit, par le caractère des nations et par le génie des écrivains qui sont faits pour devenir nos modèles.

Il me paroît donc démontré que le naturel propre à la poésie et à chaque espèce de poëme, est un naturel de convention qui varie trop pour pouvoir être défini, et que, par conséquent, il faudroit l'analyser dans tous les cas possibles, si on vouloit l'expliquer dans toutes les formes qu'il prend; mais on le sent, et c'est assez.

CHAPITRE VI.

Conclusion.

Nous avons vu la liaison des idées présider à la construction des phrases, au choix des expressions, au tissu du discours, à l'étendue et à la forme de tout un ouvrage. Elle en marque le commencement, le milieu, la fin; elle le dessine en entier. Chaque phrase est un tout qui fait partie d'un article; chaque article est un tout qui fait partie d'un chapitre, et la méthode est pour tout un ouvrage la même que pour ses moindres parties. Cette règle est simple, elle tient lieu de toutes les autres, elle n'a point d'exceptions, et elle est telle que tout esprit juste en contractera l'habitude; mais, il faut l'avouer, elle est inutile aux autres.

Tel est l'avantage d'un précepte puisé dans la nature même des idées. Ce n'est pas imposer à l'esprit de nouvelles lois, c'est lui apprendre à obéir toujours à une loi à laquelle il obéit souvent et sans se faire violence; c'est la lui faire remarquer, afin qu'il se fasse une habitude de la suivre.

Tous ceux qui ont écrit sans avoir de règles pourront aisément se convaincre qu'ils se sont conformés au principe de la plus grande liaison, toutes les fois qu'ils ont donné à leurs pensées de la lumière, du coloris et de l'expression. Une pareille loi ne sauroit donc être un obstacle au génie; ce défaut ne peut être reproché qu'à ces règles que les rhéteurs et les grammairiens n'ont tant multipliées que parce qu'ils les ont cherchées ailleurs que dans la nature de l'esprit humain.

FIN DE L'ART D'ÉCRIRE.

DISSERTATION

SUR

L'HARMONIE DU STYLE.

DISSERTATION

SUR

L'HARMONIE DU STYLE.

CHAPITRE PREMIER.

Ce que c'est que l'harmonie.

L'HARMONIE, en musique, est le sentiment que produit sur nous le rapport appréciable des sons. Si les sons se font entendre en même temps, ils font un accord ; et ils font un chant ou une mélodie, s'ils se font entendre successivement. En quoi consiste l'harmonie.

Il est évident que l'accord ne peut pas entrer dans ce qu'on appelle harmonie du style ; il n'y faut donc chercher que quelque chose d'analogue au chant.

Or il y a deux choses dans le chant ; mouvement et inflexion. Deux choses contribuent à l'expression du chant : le mouvement,

Nos mouvemens suivent naturellement la première impression que nous leur avons donnée, et il y a toujours le même intervalle de l'un à l'autre. Quand nous marchons, par exemple, nos pas se succèdent dans des temps égaux. Tout chant obéit également à cette loi ; ses pas, si je puis m'exprimer ainsi, se font dans des intervalles égaux, et ces intervalles s'appellent mesures.

Suivant les passions dont nous sommes agités, nos mouvemens se ralentissent ou se précipitent, et ils se font dans des temps inégaux. Voilà pourquoi, dans la mélodie, les mesures se distinguent par le nombre et par la rapidité ou la lenteur des temps.

En effet, la nature et l'habitude ont établi une si grande liaison entre les mouvemens du corps et les sentimens de l'ame, qu'il suffit d'occasionner dans l'un certains mouvemens pour éveiller dans l'autre certains sentimens. Cet effet dépend uniquement des mesures et des temps auxquels le musicien assujettit la mélodie.

Et les inflexions. L'organe de la voix fléchit comme les autres, sous l'effort des sentimens de l'ame. Chaque passion a un cri inarticulé qui la transmet d'une ame à une ame ; et lorsque la musique imite cette inflexion, elle donne à la mélodie toute l'expression possible.

Chaque mesure, chaque inflexion a donc, en musique, un caractère particulier, et les langues ont plus d'harmonie, et une harmonie plus expressive, à proportion qu'elles sont capables de plus de variété dans leurs mouvemens et dans leurs inflexions.

CHAPITRE II.

Conditions les plus propres à rendre une langue harmonieuse.

<small>Comment une lang* epour oite x- priiner t autre* sor- te*demouvemens</small>

O<small>N</small> conçoit qu'une langue pourroit exprimer toutes sortes de mouvemens, si la durée de ses syllabes étoit dans le même rapport que les blanches, les noires, les croches, etc.; car elle auroit des temps et des mesures aussi variés que la mélodie.

<small>Comment la prosodie pourroit approcher du chant.</small>

Si cette langue avoit encore des accens, en sorte que, d'une syllabe à l'autre, la voix pût s'élever et s'abaisser par des inflexions déterminées, sa prosodie approcheroit d'autant plus du chant, qu'il y auroit, entre l'accent le plus grave et l'accent le plus aigu, un plus grand nombre d'intervalles appréciés.

<small>La langue grecque avoit à cet égard de l'avantage sur la nôtre.</small>

La langue grecque a été en cela supérieure à toutes les autres. Denis d'Halycarnasse, qui traite de la prosodie avec plus de soin qu'aucun rhéteur, distingue dans la musique la mélodie, le nombre, la

variété, le convenable ; et il assure que
l'harmonie oratoire a les mêmes qualités.
Il remarque seulement que le nombre n'y
est pas marqué d'une manière aussi sensible et que les intervalles n'y sont pas
aussi grands.

1°. Le nombre oratoire n'étoit pas aussi *Ils avoit plus de nombres.*
sensible ni aussi varié que le nombre musical, parce qu'il ne pouvoit renfermer que
deux temps, des longues et des brèves ;
c'étoit un chant qui n'étoit formé que de
noires et de croches. Les Grecs, à la vérité,
avoient des longues plus longues, des brèves
plus brèves ; mais cette différence étoit
inappréciable, et on n'y avoit aucun égard
dans la mesure.

La mesure contenoit un certain nombre
de pieds, et le pied un certain nombre de
temps, c'est-à-dire, deux ou trois syllabes,
toutes longues, toutes brèves, ou mêlées
de longues et de brèves. Par ce moyen,
l'harmonie oratoire ou poétique avoit ses
chûtes, comme la musique a ses cadences.
Quand on lit, dans Denis d'Halicarnasse,
que chaque pied avoit un caractère particulier, on comprend combien le nombre

pouvoit alors contribuer à l'expression des sentimens.

Elle voit plus d'inflexions.
2°. Lorsque cet écrivain dit que dans l'harmonie oratoire les intervalles ne sont pas aussi grands que dans l'harmonie musicale, il remarque qu'elle a toute l'étendue d'une quinte, c'est-à-dire, qu'elle parcourt trois tons et demi.

Dans cet intervalle on en distinguoit plusieurs autres ; car la voix s'élevoit, de l'accent le plus grave au plus aigu, par différentes inflexions. Ainsi, les trois tons et demi qui forment la quinte étoient plus ou moins divisés, et ces divisions étoient marquées par autant d'accens.

Elle n'a pas toujours eu le même nombre d'accens.
Les grammairiens ne s'accordent point sur le nombre des accens. Il est vraisemblable que ce peu de conformité vient des temps où ils ont écrit. Comme rien ne varie tant que la prononciation, le nombre des accens a dû augmenter ou diminuer. Ce qu'il y a de certain, c'est que les Grecs en avoient beaucoup, et que les Romains qui, dans les commencemens, en avoient fort peu, en ont, dans la suite, introduit dans leur langue autant qu'il leur a été possible.

Il faut considérer qu'il y avoit alors deux sortes d'inflexions, celles qui appartenoient à la syllabe, quelle que fût la signification du mot, et celle qui appartenoit à la pensée. Nous ne connoissons plus les inflexions syllabiques, et ce n'est pas sur le mot, mais sur la pensée que les orateurs élèvent ou abaissent la voix. Chez les Grecs, l'art de l'orateur consistoit encore dans le choix et dans l'arrangement des syllabes; il falloit que les inflexions syllabiques fussent d'accord avec les inflexions de la pensée. Alors le méchanisme du style avoit l'harmonie convenable, c'est-à-dire, une harmonie qui contribuoit à l'expression du sentiment, et qui avoit avec lui la plus grande liaison possible. Ainsi, dans cette partie comme dans tout le reste, l'art oratoire étoit subordonné au principe que nous avons établi.

Combien l'inflexion syllabique contribuoit à l'expression.

L'harmonie imite certains bruits, exprime certains sentimens, ou bien elle se borne seulement à être agréable. Dans les deux premiers cas, il y a un choix qui est déterminé; dans le dernier, le choix est arbitraire. Les écrivains n'étoient donc bornés à un certain genre de mélodie, que lorsqu'ils avoient quelque chose à peindre; dans tout le reste il leur suffisoit d'être harmonieux. L'harmonie expressive étoit plus particulière aux poëtes et aux orateurs. Peut-on croire qu'il n'y eut qu'une harmonie sans expression dans ces périodes dont les chûtes faisoient un si grand effet ? Sans doute on étoit remué par l'énergie des sons comme par la force de la pensée.

Erreur de Denis d'Halycarnasse. Une erreur de Denis d'Halycarnasse nous apprend quelle étoit la force des prestiges de l'harmonie du style. Lorsqu'il cherche ce qui fait la beauté des vers d'Homère, il demande si c'est le choix des expressions, et il ne le croit pas par une raison bien fausse. C'est, remarque-t-il, que ce poëte n'emploie que des mots qui sont dans la bouche de tout le monde. Il imagine ensuite que les mots doivent être arrangés suivant la subordination des idées ; le nom, puis le verbe, puis le régime, etc.; mais il change bientôt de sentiment, parce qu'il trouve des exemples où d'autres arrangemens plaisent davantage. Il continue, il épuise toutes les combinaisons, et parce qu'il voit que toutes les phrases qu'il est obligé d'admirer sont harmonieuses quoique construites différemment, il conclut que la beauté du style ne consiste pas dans les constructions, et il l'attribue uniquement à l'harmonie.

Pourquoi il est tombé dans cette erreur.

Il auroit dû voir qu'indépendamment de l'harmonie, il y a, suivant les cas, différens choix à faire dans les termes et dans les tours; que les plus communs ont des droits sur nous ; si l'application en est juste et que dans telle construction une inversion est un vice, tandis que dans une autre elle est une beauté. Mais il étoit frappé de l'harmonie ; et parce qu'elle se trouvoit dans tous les exemples, sur lesquels il faisoit ses observations, il croyoit qu'elle renfermoit seule tout le secret de l'art d'écrire.

L'harmonie étoit pour les Grecs et pour les Romains une des principales beautés du style.

Les langues grecque et latine ayant beaucoup d'harmonie, devoient avoir une énergie dont il n'est pas possible aujourd'hui de se faire une idée. Cette harmonie devenoit même souvent la principale partie du style, celle à laquelle l'orateur et le poëte sacrifioient tout : plus proportionnée au grand nombre des auditeurs, l'effet en étoit plus sûr. C'est pourquoi il ne seroit pas étonnant de trouver dans les plus beaux endroits de ces écrivains des termes et des constructions qui ne s'accorderoient pas tout-à-fait avec le principe de la plus grande liaison des idées. Mais alors ce défaut étoit sauvé par un plus grand accord qui se trouvoit dans l'harmonie. Au reste, il n'est pas douteux que ces morceaux n'eussent été plus beaux encore, si, sans rien perdre d'ailleurs, ils s'étoient conformés en tout au principe que j'ai établi.

CHAPITRE III.

De l'harmonie propre à notre langue.

LE français n'ayant point d'accent, n'a point d'inflexion syllabique. Il n'a donc pas une prosodie propre à former un chant, et on ne comprend pas comment quelques écrivains ont pu penser qu'il est aussi susceptible d'harmonie que le grec et le latin. Nous ne l'imaginons pas seulement, cette harmonie des langues anciennes, et nous voulons, par des raisonnemens, la trouver dans la nôtre? Mais pourquoi disputer sur une chose dont le sentiment est le seul juge? Qu'on nous fasse entendre des poëtes et des orateurs qui fassent, sur notre oreille, de ces impressions qui ravissoient les Grecs et les Romains, et il sera prouvé que notre langue est aussi harmonieuse que les langues grecque et latine.

La longueur de nos syllabes est inappréciable. Nos longues et nos brèves sont comme ces longues plus longues, et ces brèves plus brèves, auxquels les anciens n'avoient nul égard. Il y a du nombre dans notre langue comme il y en a dans un chant composé de notes de même valeur. Tous les temps de chaque mesure sont égaux, ou du moins on compte pour rien la différence qui est entre eux. Les pieds de nos vers sont uniquement marqués par le nombre des syllabes, et ce n'est que dans la rime que nous consultons la longueur ou la briéveté. Aussi la mesure n'est-elle pas égale dans deux vers de même espèce.

Traçât à pas tardifs un pénible sillon

est plus long que

Le moment où je parle est déjà loin de moi.

Les hémistiches même ne sont pas égaux : *un pénible sillon* est plus court que *traçât à pas tardifs*. Nous sommes donc obligés d'altérer continuellement la mesure ; nous la retardons ou nous la précipitons. Les latins, au contraire, la

SUR L'HARMONIE DU STYLE. 441

conservoient toujours la même, et cependant ils avoient l'avantage d'exprimer à leur gré la rapidité ou la lenteur. Notre langue et donc beaucoup moins propre à peindre le mouvement.

Cependant elle n'est pas à cet égard sans expression. Nous exprimons la rapidité par une suite de syllabes brèves ; *Il exprime cependant la rapidité ou la lenteur.*

Le moment où je parle est déjà loin de moi.

et la lenteur par une suite de syllabes longues.

Traçât à pas tardifs un pénible sillon.

Quand Boileau dit :

Et lasse de parler, succombant sous l'effort,
Soupire, étend les bras, ferme l'œil et s'endort.

Il exprime le caractère de la mollesse par un mouvement lent. Car les repos du second vers ralentissent les syllabes *ire*, *bras*, *œil*, et le rendent sensiblement plus long que le premier. Le passage au sommeil se peint aussi dans la prononciation du mot *s'endort*, parce que la voix qui s'est soutenue sur le même ton jusqu'à la syllabe *s'en*, ... un peu et se laisse tomber sur la s...le *dort*.

Nous imitons aussi quelquefois des bruits ; mais c'est un avantage que nous avons si rarement, qu'il ne paroit être qu'un hasard.

Pour qui sont ces serpens qui sifflent sur vos têtes.

Les *s* répétées paroissent rendre le sifflement du serpent.

Fait siffler ses serpens, s'excite à la vengeance.

La qualité des sons contribue à l'expression des sentimens. Les sons ouverts et soutenus sont propres à l'admiration ; les sons aigus et rapides, à la gaieté; les syllabes muettes, à la crainte ; les syllables traînantes et peu sonores, à l'irrésolution. Les mots durs à prononcer expriment la colère ; plus faciles à prononcer, ils expriment le plaisir ou la tendresse. Les longues phrases ont une expression, les courtes en ont une autre ; l'expression est la plus grande lorsque les mots y contribuent, non-seulement comme signes des idées, mais encore comme sons.

C'est un effet du hasard, lorsqu'on peut faire concourir toutes ces choses. Il ne faut pas se faire une loi de les chercher ; il suffit de les connoître, afin de ne les pas laisser échapper quand elles se présentent.

En général, tout discours est agréable à l'oreille, lorsqu'il se prononce facilement. Il faut donc éviter la répétition des mêmes sons, et sur-tout des mêmes consonnes, les *hiatus*, et tout ce qui fait faire des efforts à celui qui lit. Mais, sur tout cela, il n'y a point de préceptes à donner à ceux qui ne sont pas heureusement organisés ; les autres ont l'oreille pour guide.

Il faut même remarquer que, lorsqu'on ne cherche pas uniquement ce qui rend la prononciation plus facile et plus agréable, on peut répéter les mêmes mots, préférer les plus durs, et se permettre les *hiatus*, car tout cela peut quelquefois contribuer à l'expression.

FIN DE L'HARMONIE DU STYLE ET DE CE VOLUME.

TABLE DES MATIÈRES.

TRAITÉ DE L'ART D'ÉCRIRE.

PAGE 1.

Deux choses à considérer dans le style ; la netteté et le caractère. Ce qui constitue la netteté du style. Ce qui constitue le caractère. Les mêmes pensées prennent différens caractères suivant les circonstances.

LIVRE PREMIER.

Des constructions, *pag.* 4.

Pour savoir comment nous devons écrire, il faut savoir comment nous concevons.

CHAPITRE I.

De l'ordre des idées dans l'esprit, quand on porte des jugemens, pag. 5

Quand on porte un jugement, toutes les idées qu'il renferme s'offrent en même temps à l'esprit. Deux jugemens sont même présens à-la-fois, lorsqu'on apperçoit quelque rapport entre eux. L'esprit peut se rendre capable d'apercevoir à-la-fois un grand nombre d'idées. Comment il y peut réussir. S'il n'y réussit pas, il s'expose à être faux. Ce qui caractérise l'esprit faux. Ce qui caractérise l'esprit juste. C'est la liaison des idées qui fait toute la netteté de nos pensées. Elle fait donc aussi toute la netteté des discours. Elle en fait même le caractère.

CHAPITRE II.

Comment dans une proposition, tous les mots sont subordonnés à un seul, pag. 14.

Subordination des mots dans le discours. A quoi se reconnoissent les rapports de subordination. Le nom est le premier terme d'une proposition. Construction directe et construction renversée, ou inversion. L'inversion est vicieuse pour peu qu'elle altère le rapport des mots. Ce qu'on entend par *régissant* et *régime*.

CHAPITRE III.

Des propositions simples et des propositions composées de plusieurs sujets ou de plusieurs attributs, pag. 18.

Propositions simples. Proposition qui en renferme plusieurs autres.

CHAPITRE IV.

Des propositions composées par la multitude des rapports, pag. 20.

La multitude des rapports rend une construction vicieuse. Le même rapport peut être répété. Dans quel ordre les rapports se lient au verbe. Idées nécessaires au sens de la phrase, idées sur-ajoutées. Une construction peut être terminée par une idée sur-ajoutée. Elle ne doit pas être terminée par plusieurs. Les idées sur-ajoutées n'ont pas de place marquée. On en peut construire deux dans une phrase, si on en transpose une au commencement. Il ne faut pas que cette transposition puisse faire équivoque. Le terme peut être une idée sur-ajoutée, et une circonstance peut être une idée nécessaire. Comment le terme et l'objet se construisent avec le verbe.

CHAPITRE V.

Des propositions composées par différentes modifications, pag. 32.

Pour mieux juger des choses composées, il en faut observer de plus simples.

DES MODIFICATIONS DU NOM, pag. 33.

Place de l'adjectif qui modifie un nom. Place du substantif précédé d'une préposition. Lorsque le substantif est déterminé, les transpositions donnent lieu à plusieurs constructions. Des constructions, lorsque la modification est une proposition, et lorsqu'elle est tout-à-la-fois une proposition, un adjectif et un substantif.

DES MODIFICATIONS DE L'ATTRIBUT, pag. 39.

Place des modifications de l'attribut, lorsqu'elles sont des adverbes. Lorsqu'elles sont des substantifs précédés d'une préposition. Cas où on ne peut les transposer. Cas où on peut les transposer. Construction de ces modifications avec les temps composés. Construction des modifications d'un attribut, qui est un substantif.

DES MODIFICATIONS DU VERBE, pag. 45.

Construction des modifications du verbe *être*.

DES MODIFICATIONS QU'ON AJOUTE A L'OBJET, AU TERME ET AU MOTIF, pag. 47.

Les inversions ont lieu lorsqu'un verbe a un autre verbe pour objet, pour terme ou pour motif.

CHAPITRE VI.

De l'arrangement des propositions principales, pag. 5o.

Les propositions principales se lient par la gradation des idées. Par la gradation et par les conjonctions. Par l'opposition. Par l'opposition et par des conjonctions. Parce qu'une est expliquée par d'autres.

CHAPITRE VII.

De la construction des propositions subordonnées avec la principale, pag. 54.

La phrase principale est la première dans l'ordre direct. Exemples où on suit l'ordre direct. Exemples où on suit l'ordre renversé. Suite de phrases principales qui ont chacune des phrases subordonnées. Deux phrases principales qui sont renfermées en une, et qui ont chacune une phrase subordonnée. Phrase subordonnée à une phrase subordonnée. Phrase enveloppée dans ses phrases subordonnées. Suite de phrases subordonnées à une principale. Il faut que le rapport de la phrase subordonnée soit toujours sensible. Exemple où il ne l'est pas assez. Un plus grand défaut c'est une suite de phrases subordonnées les unes aux autres. Quand deux propositions se lient naturellement, il ne les faut pas lier par des conjonctions. Différentes manières dont les phrases subordonnées se lient aux principales.

CHAPITRE VIII.
De la construction des propositions incidentes, pag. 68.

Place des propositions incidentes. L'adjectif conjonctif ne se rapporte pas toujours au substantif qui le précède immédiatement. Régle qu'on doit se faire à ce sujet. Plusieurs prepositions incidentes qui se rapportent à un même nom. Les constructions sont défectueuses lorsque plusieurs propositions sont successivement incidentes les unes aux autres.

CHAPITRE IX.
De l'arrangement des modifications exprimées par des propositions subordonnées par des propositions incidentes, ou par tout autre tour, pag. 84.

En observant les mauvaises constructions, on apprend à en faire de bonnes. Ce qu'on nomme *période*. Exemple d'une période bien faite. Autre période bien faite à quelques negligences près. Deux inconvéniens à eviter dans une période. Exemple ou ils sont évités. Tous les membres d'une période doivent être distincts, et en même temps liés entre eux. Exemple d'une période embarrassée et confuse. Autre exemple. Autre. Autre. Comment les idées se developpent dans une période. Exemple d'une période arrondie. Suite de périodes arrondies qui développent une idée principale.

Exemple où les propositions incidentes nuisent à l'arrondissement d'une période. Exemple d'une période traînante. Exemple d'une suite de phrases mal liées. Suite de phrases bien liées. Un mot déplacé rend une construction vicieuse. Exemple. Autre. Autre. Il ne suffit pas de concevoir bien pour s'énoncer clairement.

CHAPITRE X.

Des constructions elliptiques, pag. 103.

Il faut débarrasser le discours de tout mot qui se supplée facilement. On sous-entend un mot qu'on ne veut pas répéter. On le sous-entend avec des modifications qu'il n'avoit pas. On sous-entend des mots qui n'ont pas été énoncés. Difficultés peu fondées des grammairiens. Règle générale.

CHAPITRE XI.

Des amphibologies, pag. 111.

Cause des amphibologies. Exemple. Règles pour éviter les amphibologies. Les règles particulières varient à ce sujet. Le même pronom ne peut se rapporter au même nom, qu'autant qu'il est toujours dans la même subordination. Il ne faut pas que le genre et le nombre marquent seuls le rapport des pronoms. Le pronom doit toujours se rapporter à l'idée dont l'esprit est préoccupé. Cette règle donne lieu à des tours élégans. Il est quelquefois bien d'employer les pronoms dans un ordre renversé, à celui des noms auxquels ils se rapportent. Le pronom *il* doit toujours se rapporter à un nom déterminé. De l'usage des pronoms *y* et

DE L'ART D'ÉCRIRE.

et. Les pronoms relatifs à un même nom peuvent être subordonnés différemment. Comment on prévient les amphibologies des adjectifs *son*, *sa*, *ses*.

CHAPITRE DERNIER.

Exemples de quelques expressions qui rendent des constructions louches ou du moins embarrassées, pag. 129.

Premier exemple. Second. Troisième. Quatrième. Cinquième. Sixième. Derniers exemples.

LIVRE SECOND.

Des différentes espèces de tours, *pag*. 134.

La liaison des idées est le principe qui doit expliquer tout l'art d'écrire. En quoi consiste l'élégance.

CHAPITRE I.

Des accessoires propres à développer une pensée, pag. 136.

Il faut qu'une pensée se développe d'elle-même. Les accessoires sont les modifications des idées principales. Comment on les doit choisir. Regles pour le choix des accessoires du sujet. La regle est la même pour les accessoires de l'attribut. Le sujet et l'attribut déterminent les accessoires du verbe. Dans tous les cas, la plus grande liaison des idées est l'unique regle. Il ne faut pas s'appesantir sur une idée qu'on veut modifier. Pourquoi les critiques que je fais paroîtront trop sévères. Il ne faut pas employer des accessoires étrangers. Le vague des accessoires est un autre défaut. Il ne faut pas, en choisissant des accessoires, associer des idées contraires. Il faut que tout ce qu'on dit prépare ce qu'on va dire. Le développement d'une pensée doit faire un ensemble où tout se trouve dans une exacte proportion. Souvent les idées se lient et se développent par le contraste.

CHAPITRE II.
Des tours en général, pag. 156.

Une même pensée est, suivant les circonstances, susceptible de différens accessoires. Ce qu'on entend par tours. Différentes espèces de tours.

CHAPITRE III.
Des périphrases, pag. 159.

Ce qu'on entend par périphrases. Une périphrase caractérise la chose dont on parle. Le choix n'en est par indifférent. Les périphrases peuvent faire connoître le jugement que nous portons d'une chose. Précaution nécessaire lorsqu'on veut exprimer une chose par plusieurs périphrases. Occasion où la périphrase ne doit pas être préférée au terme propre. Usage des périphrases qui sont des définitions ou des analyses.

CHAPITRE IV.
Des comparaisons, pag. 168.

Comment les tours figurés font le charme du style. Avec quel discernement on les doit employer. Ce qui fait la beauté d'une comparaison.

Il faut prendre garde qu'elle ne soit mal choisie. Il ne faut pas comparer des choses qui ne se ressemblent pas. Il faut bien connoître les choses que l'on compare. Les longueurs gâtent une comparaison. Les écarts nuisent aux comparaisons. Il ne suffit pas qu'une comparaison soit juste.

CHAPITRE V.

Des oppositions et des antithèses, pag. 186.

Les pensées s'embellissent par le contraste. En quoi diffèrent les oppositions et les antithèses. Cas où l'opposition doit être préférée à l'antithèse. Cas où l'antithèse doit être préférée à l'opposition. Abus des antithèses.

CHAPITRE VI.

Des tropes, pag. 195.

Sens propre et sens emprunté. Les tropes sont des mots pris dans un sens emprunté. Différence entre le nom propre et le mot propre. Comment les mots passent à une signification empruntée. La nature des tropes est de faire image. Les images doivent répandre la lumière. Elles doivent donner à la chose le caractère qui lui est propre. Comment, du propre au figuré, un mot change de signification. Les tropes peuvent donner de la précision. Lorsqu'ils allongent le discours, ils peuvent être préférables au terme propre. Il faut substituer un trope à un trope qui ne paroît plus l'être. Comment un trope s'accommode au sujet. Comment un trope s'accommode au jugement que nous portons. Comment un trope s'accommode aux

… que nous éprouvons. De l'usage des métaphores. … de l'hyperbole. De l'usage des … Deux tropes qui se contrarient rendent mal une pensée. Un seul trope la rend mal, lorsqu'il n'a pas de rapport à la chose dont on parle. Il la rend mal, lorsqu'il n'a qu'un rapport vague. Il ne faut pas changer les accessoires établis par l'usage. On peut quelquefois employer une figure, quoiqu'elle fasse une image désagréable. Un trope n'est pas à blâmer, parce qu'il est tiré de loin. Il ne l'est pas non plus, parce qu'il n'a pas encore été employé.

CHAPITRE VII.

Comment on prépare et comment on soutient les figures, pag. 219.

Exemples de figures préparées. Exemples de figures soutenues. Exemples de figures mal préparées ou mal soutenues.

CHAPITRE VIII.

Considérations sur les tropes, pag. 228.

Deux sortes de tropes. Analogie qui fait passer les mots par différentes acceptions. Si on ne saisit pas cette analogie, les beautés du langage échappent. C'est à l'écrivain à rendre cette analogie facile à saisir. Les mêmes figures ne réussissent pas dans toutes les langues. Source des richesses d'une langue. Avantages des tropes. Peut-on craindre de les prodiguer?

CHAPITRE IX.

Des tours qui sont propres aux maximes et aux principes, pag. 234.

Les maximes et les principes ne sont que des résultats. Différence entre *principe* et *maxime*. L'expression d'une maxime est quelquefois susceptible de plusieurs sens. Ce défaut est une source d'abus. L'expression d'un principe et d'une maxime ne sauroit être trop simple.

CHAPITRE X.

Des tours ingénieux, pag. 240.

Un tour ingénieux doit être simple. Quelquefois ce n'est qu'une métaphore. D'autres fois un tableau. D'autres fois une allusion. D'autres fois une réponse fort simple. D'autres fois une expression singulière.

CHAPITRE XI.

Des tours précieux ou recherchés, pag. 245.

Il y a des écrivains qui aiment à envelopper une pensée. Il y en a qui aiment les figures qui ont des accessoires étrangers à la chose. Il y en a qui se font un style compassé et épigrammatique. D'autres prodiguent l'ironie.

CHAPITRE XII.

Des tours propres aux sentimens, pag. 252.

Le sentiment est exprimé suivant les différentes formes que prend le discours. L'expression du sentiment demande qu'on s'arrête sur les détails.

On exprime le sentiment en appuyant sur les raisons qui l'ont fait naître. On exprime le sentiment en appuyant sur les effets qu'il produit. L'interrogation, propre à exprimer les sentimens qui éclatent en reproches. L'ironie y contribue encore. L'exclamation est propre à exprimer les sentimens d'admiration, d'étonnement, etc. Le tour le plus simple est souvent celui qui exprime le mieux le sentiment. Il faut éviter dans l'expression du sentiment, les tours qui montrent de l'esprit ou de la recherche. Comment on peut s'assurer d'avoir pris le langage du sentiment.

CHAPITRE XIII.

Des formes que prend le discours pour peindre les choses telles qu'elles s'offrent à l'imagination, pag. 262.

Comment le langage donne du sentiment et de l'action à tout. Ce langage est celui d'une imagination vivement frappée. A ce quelle précaution il faut personnifier les êtres moraux. Comment on doit caractériser les êtres moraux.

CHAPITRE XIV.

Des inversions qui contribuent à la beauté des images, pag. 270.

Dans le discours chaque mot a une place qui est déterminée par le rapport des idées subordonnées aux idées principales. C'est un tableau où chaque personnage prend sa place et marque celle des autres. Comment on peut connoître la place des mots, en consultant le langage d'action. L'inversion fait ressortir les idées.

CHAPITRE XV.

Conclusion, pag. 281.

Le langage d'action décèle nos sentimens. Ce langage est l'étude du peintre. Il exprime mieux qu'aucun autre tout ce que nous sentons. Comment le langage des sons articulés doit le traduire. Comment le langage d'action s'est altéré. Il n'est pas absolument le même chez tous les peuples. Pourquoi les langues n'ont pas conservé toute l'expression du langage d'action. Toutes les langues doivent également s'assujettir au principe de la plus grande liaison des idées.

LIVRE TROISIÈME.

Du tissu du discours, *pag.* 287.

Comment se forme le tissu du discours. Inconvénient à éviter. Mauvaises règles qu'on se fait.

CHAPITRE I.

Comment les phrases doivent être construites les unes pour les autres, pag. 290.

Le discours peut être mal tissu, quoique toutes les phrases soient séparément bien construites. Il n'y a qu'une construction pour rendre chaque pensée d'un discours.

CHAPITRE II.

Des inconvéniens qu'il faut éviter pour bien former le tissu du discours, pag. 297.

Les accessoires mal choisis nuisent au tissu du discours. Exemple. Il ne faut pas que les accessoires rallentissent la suite des idées principales et y mettent du désordre. Exemple d'un discours bien tissu.

CHAPITRE III.
De la coupe des phrases, pag. 317.

Exemple de plusieurs idées qui doivent former une seule période. Exemple de plusieurs idées qui doivent former plusieurs phrases. Règle générale pour les périodes. Les longues phrases sont vicieuses.

CHAPITRE IV.
Des longueurs, pag. 326.

On est long, parce que l'on conçoit mal. On est long, parce qu'on s'arrête sur une pensée, qu'on répète de plusieurs manières.

LIVRE QUATRIÈME.
Du caractère du style, suivant les différens genres d'ouvrages, *pag.* 337.

Objet de ce livre.

CHAPITRE I.
Considérations sur la méthode, pag. 339.

Utilité de la méthode. Les uns aiment les écarts. Les autres sortent du ton de leur sujet. Pour dire ce qu'il faut, où il faut, et comme il faut, il est nécessaire d'embrasser son sujet tout entier. Les poëtes et les orateurs ont connu de bonne heure la méthode. Il n'en est pas de même des philosophes. Comment les poëtes se sont fait des règles

Combien les règles sont nécessaires. Les philosophes n'ont pas connu l'art de raisonner, parce qu'ils n'ont pas eu de bons modèles. La liaison des idées détermine la place et l'étendue de chaque partie d'un ouvrage. Précaution pour saisir cette liaison. Le sujet qu'on traite et la fin qu'on se propose, déterminent ce qu'on doit dire. Combien il est difficile de se borner à ce qu'on doit dire. Usage qu'on doit faire des digressions. Comment on peut obéir à la méthode sans s'y assujettir. Il y a en général trois genres d'ouvrages.

CHAPITRE II.
Du genre didactique, pag. 353.

Abus qu'on fait des mots. Abus qu'on fait des définitions. Usage qu'on doit faire des définitions. Abus des préfaces. Application du principe de la liaison des idées. Usage des exemples. Usage des ornemens. Le style didactique doit marquer l'intérêt qu'on prend aux vérités qu'on enseigne. Il doit se conformer aux règles exposées dans les livres précédens.

CHAPITRE III.
De la narration, pag. 363.

Les règles sont les mêmes que celles que nous avons déjà exposées. Les transitions doivent être tirées du fond du sujet. Règle pour choisir les faits. Un historien devroit avoir en vue un objet principal. Il faudroit qu'il l'eût approfondi. Style des récits; des réflexions; des descriptions. Il faut peindre d'après les faits. Les lois sont les mêmes pour les romans.

CHAPITRE IV.

De l'… , pag. 369.

L'éloquence veut de … ration dans le discours et dans l'action… en veut même dans les discours faits pour être lus. L'action est la principale partie de l'orateur. Un discours fait pour être prononcé et un discours fait pour être lu, doivent être … avec quelques différences. L'éloquence des anciens étoit différente de la nôtre. C'est pourquoi nous n'adoptons pas l'idée qu'ils se faisoient de l'éloquence. Règles que l'orateur doit suivre.

CHAPITRE V.

Observations sur le style poétique et, par occasion, sur ce qui détermine le caractère propre à chaque genre de style, pag. 377.

La question, en quoi la poésie diffère de la prose, est une des plus compliquées. La poésie a un style différent de celui de la prose, lorsqu'elle traite des sujets différens ; et lorsqu'en traitant les mêmes sujets, elle a une fin différente. Comment la fin de la poésie diffère en général de la fin de la prose. Elles ont quelquefois la même fin. Lorsque la poésie traite les mêmes sujets que la prose, et qu'elle a la même fin, elle doit encore avoir un style différent, parce qu'elle doit s'exprimer avec plus d'art. Les analyses d'un côté, et les images de l'autre, sont les genres les plus opposés. Entre ces deux genres sont tous ceux qu'on peut imaginer. Souvent il n'est pas possible de nous accorder sur les jugemens que nous portons du style propre a chaque genre. C'est que nous nous faisons des règles différentes, suivant les habitudes que nous avons contractées. Les bons modèles, dans chaque genre, nous tiennent lieu de règles. L'art entre plus ou moins dans ce qu'on nomme *style naturel*. On se fait une idée vague du naturel, parce qu'on est porté à prendre ce mot dans un sens absolu. Nos jugemens, à cet égard, dépendent des dispositions où nous sommes. Ce que nous nommons *naturel*, n'est que l'art tourné en habitude. Pour déterminer le naturel propre à chaque genre de poésie, il faut observer les circonstances qui ont concouru à former le style poétique. L'art change lorsqu'il fait des progrès et lorsqu'il tombe en décadence. Notre goût éprouve les mêmes variations. Ainsi que le mot *naturel*, les mots *beau* et *goût* n'ont d'ordinaire qu'un sens vague. Le beau se trouve dans les derniers progrès qu'ont faits les arts. Nous nous en ferons une idée, en observant un peuple chez qui les arts ont eu leur enfance et leur décadence. Jugemens que nous porterions, si nous vivions dans le premier âge des arts. Jugemens que nous porterions dans le second âge. Comment, dans le second âge, on se fait l'idée du beau. Jugemens que nous portons dans le troisième âge. Les chef-d'œuvres du second âge déterminent le naturel propre à chaque genre de style. L'accord entre le sujet, la fin et les moyens fait toute la beauté du style. Il suppose que les idées s'offrent dans la plus grande liaison. Il dépend encore de différentes associations d'idées, qui déterminent le caractère propre à chaque genre. Ces associations d'idées varient comme l'esprit des grands poëtes, et rendent le style poétique tout-à-fait arbitraire. Elles varient comme l'esprit des peuples. Les observations qu'on feroit à ce sujet donneroient, d'une langue à l'autre, des résultats différens. C'est donc une chose sur laquelle on ne peut point donner de règles générales. Ces associations d'idées font que le style de la poésie différoit plus pour les anciens de celui de la prose, qu'il n'en diffère pour nous. Comment le laugage de fiction est devenu pour les Grecs le langage de la poésie. Les peuples modernes n'ont pas pu imaginer de pareilles fictions. Ils ont adopté celles des anciens, et ils les ont cru essentielles à la poésie. Des circonstances différentes ont donné à notre poésie un caractère différent de celui de la poésie ancienne. Nous jugeons les poëtes avec plus de sévérité que ne faisoient les Grecs. Par conséquent les poëtes eux-mêmes se jugent aujourd'hui plus sévèrement. Ils perdent les ressources que la mythologie leur offroit et ils en cherchent d'autres dans la philosophie. La poésie italienne a un caractère différent de la poésie française, parce qu'elle a commencé dans des circonstances différentes. L'idée vague qu'on a eue de la poésie a occasionné bien des préjugés. Les poëtes se forment en étudiant leur langue, plutôt qu'en étudiant les anciens. On condamne un nouveau genre de poésie, parce qu'il n'a pas été connu des anciens. C'est au génie des poëtes à déterminer le naturel propre à chaque genre. Les poèmes doivent être écrits en vers. Conclusion.

CHAPITRE VI.

Conclusion, pag. 424.

DISSERTATION

sur

L'HARMONIE DU STYLE.

CHAPITRE I.

Ce que c'est que l'harmonie, page 429.

En quoi consiste l'harmonie. Deux choses contribuent à l'expression du chant : le mouvement, et les inflexions.

CHAPITRE II.

Conditions les plus propres à rendre une langue harmonieuse, pag. 432.

Comment une langue pourroit exprimer toutes sortes de mouvemens. Comment sa prosodie pourroit approcher du chant. La langue grecque avoit à cet égard de l'avantage sur la nôtre. Elle avoit plus de nombre. Elle avoit plus d'inflexions. Elle n'a pas toujours eu le même nombre d'accens. Combien l'inflexion syllabique contribuoit à l'expression. Erreur de Denis d'Halycarnasse. Pourquoi il est tombé dans cette erreur. L'harmonie étoit pour les Grecs et pour les Romains une des principales beautés du style.

CHAPITRE III.

De l'harmonie propre à notre langue, pag. 439.

Le français n'a point d'inflexions syllabiques. La longueur de ses syllabes est inappréciable. Il exprime cependant la rapidité, ou la lenteur. Il imite quelquefois des bruits. La qualité des sons contribue à l'expression.

FIN DE LA TABLE DES MATIÈRES DE L'ART D'ÉCRIRE ET DE L'HARMONIE DU STYLE.

www.ingramcontent.com/pod-product-compliance
Lightning Source LLC
Chambersburg PA
CBHW070530230426
43665CB00014B/1635